AtV

Gret Haller, geb. 1947 in Zürich, Dr. jur., Dr. rer. publ. h.c., zunächst als Anwältin tätig. 1984–1988 Mitglied der Regierung der Stadt Bern. 1987–1994 Mitglied des Schweizerischen Parlamentes sowie der Parlamentarischen Versammlungen des Europarates und später der OSZE, 1993/94 Präsidentin des Schweizerischen Parlamentes. 1994–1996 Botschafterin der Schweiz beim Europarat in Straßburg, 1996–2000 Ombudsfrau für Menschenrechte des Staates Bosnien und Herzegowina in Sarajevo, gewählt durch die OSZE.

Weitere Publikationen unter www.grethaller.ch

In internationalen Verhandlungen sind es immer wieder die Vereinigten Staaten, die sich gegen die Abgabe von Souveränität sträuben. Was die Europäer als Instrument der Freiheits- und Friedenssicherung schätzen, erzeugt jenseits des Atlantiks Angst vor Abhängigkeit und Machtverlust. Statt dessen setzt die US-Regierung auf von der internationalen Gemeinschaft nicht getragene Feldzüge gegen Schurkenstaaten.

Scheinbar unüberwindbare Differenzen, die für transatlantischen Zündstoff sorgen. Ein sinnvoller Umgang mit diesen Unterschieden setzt eine Auseinandersetzung mit ihren ideengeschichtlichen Ursachen voraus. Der Westfälische Frieden von 1648 begründete in Europa eine Entwicklung hin zu einem auf Souveränitätsverzicht beruhenden Nationalstaat. In der neuen Welt markierte indes eine dem Staat gegenüber dominierende Gesellschaft den Bruch mit den Traditionen der europäischen Mutterländer.

»Was dieses Buch so ungeheuer wichtig macht, ist, daß der kultur- religions- und rechtshistorische Unterschied in der Entwicklung Amerikas und Europas aufgeblättert wird …«

Egon Bahr

»… geschichtlich fundiert, gedanklich brillant und ohne eurozentristische Tendenz.« *Neue Westfälische*

Gret Haller

Die Grenzen der Solidarität

Europa und die USA im Umgang mit Staat, Nation und Religion

Aufbau Taschenbuch Verlag

ISBN 3-7466-8108-1

1. Auflage 2004
Aufbau Taschenbuch Verlag GmbH, Berlin

Umschlaggestaltung Simone Leitenberger
unter Verwendung eines Fotos
von Yasuhito Nakagawa, photonica
Druck Clausen & Bosse, Leck
Printed in Germany

www.aufbau-taschenbuch.de

Inhalt

»Habe Mut, dich deines eigenen Verstandes zu bedienen.«

Immanuel Kant, im Aufsatz
»Beantwortung der Frage: Was ist Aufklärung?«[1]

Vorwort

Als am Nachmittag des 11. September 2001 das Radio die Nachricht von den Terroranschlägen in New York und Washington verbreitete, bestätigt später durch die grauenvollen Bilder des einstürzenden World Trade Centers, hatte ich eben die letzten Sätze eines Referates zum Thema »Deregulierung der Menschenrechte« geschrieben. Die Vorarbeiten zum vorliegenden Buch waren damals weitgehend abgeschlossen, und ich hatte einige Bemerkungen zu den transatlantischen Unterschieden im Verständnis von Staat und Nation aus dem Buchmanuskript ins Referat übernommen. Sogleich realisierte ich, daß die Darstellung der transatlantischen Differenzen in der gegebenen Aktualität so nicht präsentiert werden konnte, es wäre unvereinbar gewesen mit der Pietät den Opfern gegenüber. Ich schrieb den Text des Referates um und versuchte die rationale Analyse in eine Form zu bringen, die diese Pietät einschloß. Bald wurde mir klar, warum die Kommentatorinnen und Kommentatoren in den Medien jedenfalls kurzfristig recht hatten, wenn sie im Zusammenhang mit dem 11. September von einer Zeitenwende sprachen: Vieles ließ sich nicht mehr so formulieren wie bisher. Die Frage des Glaubens war so stark wie nie zuvor in den Vordergrund gerückt.

Zunächst hatte auch in mir das Bild des zusammenbrechenden Turmes im World Trade Center das ältere Bild der Turmruine der Zeitung »Oslobođenje« in Sarajevo verdrängt. Nach einigen Tagen begannen besonnene Kräfte öffentlich klarzustellen, daß es sich hier nicht um eine Konfrontation zwischen der islamischen und der christlichen Welt handelte. Hatte ich die Fragestellung, ob Islam und Moderne vereinbar seien, nicht bereits während Jahren mitdiskutiert, natürlich in bejahendem Sinne? Begann sich nun in mir die Zeit rückwärts zu drehen? Als ich mich wieder der Arbeit am Buchmanuskript zuwandte, kam es mir zunächst so vor, als würde ich plötzlich Geschichte schreiben, nicht wie vorher Bericht erstatten über Erlebtes, das eine gewisse Aktualität hatte. Und doch war da ein innerer Zusammenhang. Schon nach einigen Wochen kamen in der medienöffentlichen Verarbeitung des Schreckens zwar nicht die gleichen konkreten Fragestellungen auf wie jene, die ich bearbeitete, aber vor allem die politische Analyse des Geschehenen führte je länger desto mehr auf ähnliche Denkmuster zurück. Immer deutlicher zeigte sich, daß in den Vereinigten Staaten und in Europa auf dieselben Dinge nicht genau gleich reagiert wurde. Und immer mehr Leute begannen Fragen zu stellen zu den transatlantischen Unterschieden. Sie betrafen auch jene Bereiche, zu denen bereits im Nachkriegs-Bosnien Wahrnehmungen gemacht werden konnten. Es wäre zu wünschen gewesen, diese Wahrnehmungen, die im folgenden beschrieben werden, hätten kein so schreckliches Umfeld erhalten, wie dies im September 2001 tatsächlich der Fall war. Es wäre zu wünschen gewesen, das Thema dieses Buches wäre nicht auf diese Weise plötzlich so aktuell geworden.

Im Mai 2002 *Gret Haller*

1
Bosnien

Anfang Dezember 1995 läutete in meinem Büro das Telefon. Ich wurde gefragt, ob ich als Ombudsfrau für Menschenrechte nach Sarajevo gehen wolle. Das Friedensabkommen von Dayton sei zwar noch nicht unterzeichnet, es sehe aber eine solche Funktion vor, und daran werde sich bis zur Unterzeichnung nichts mehr ändern. In einer ersten spontanen Reaktion machte ich klar, daß ich diese Funktion nicht übernehmen wollte. Ich war damals Botschafterin beim Europarat, hatte in Straßburg ein interessantes Leben, und ich wußte nicht, was mich hätte bewegen sollen, dieses gegen eine Tätigkeit in einem Land einzutauschen, welches kaum den schrecklichsten Kriegsgreueln entkommen war. Als spätabends am selben Tag die Faxmaschine die Rechtsgrundlage für das neugeschaffene Amt ausspuckte, warf ich dennoch einen Blick darauf. Zunächst erschien mir die Sache als trockene Rechtsmaterie. Dann aber realisierte ich, daß hier Neuland betreten wurde: Die Europäische Menschenrechtskonvention sollte in Bosnien und Herzegowina direkt angewendet werden, ohne daß sie aber von diesem Staat völkerrechtlich ratifiziert werden konnte, weil dieses Land noch nicht Mitglied des Europarates war. Einzelpersonen in Bosnien würden sich also auf diese Konvention berufen und Beschwerden einreichen können, der Europäische Gerichtshof für Menschenrechte würde diese Fälle jedoch nicht beurteilen dürfen, wiewohl er sonst für ganz Europa zuständig war. Darin konnten Chancen liegen, aber auch Gefahren: Vielleicht wäre es gut, hier mitzuwirken, denn mit der europäischen Menschenrechtskultur war ich seit Jahren vertraut. So meine zweite spontane Reaktion, die schon am nächsten Morgen über die erste gesiegt hatte. Den Ausschlag für meine Zusage gaben aber schließlich die Menschen in Bosnien und die entsetzlichen Dinge, die sie erlebt hatten. Ob ich bei jener abendlichen Lektüre eines Annexes des Friedensabkommens von Dayton bereits geahnt hatte, daß ich in Bosnien schon bald mit vielfältigen kulturellen Unterschieden zwischen Europa und den Vereinigten Staaten konfrontiert sein würde? Wohl kaum. Rückblickend aber wurde mir klar, daß mir die zweite meiner damaligen spontanen Reaktionen einen bisher unbekannten Blickwinkel eröffnete, aus welchem ich in den folgenden Jahren durchaus widerwillig Beobachtungen anzustellen gezwungen war, die mich zunächst erstaunten, später ärgerten und schließlich veranlaßten, dieses Buch zu schreiben.

Noch vor Weihnachten ernannte mich die damals ungarische Präsidentschaft der Organisation für Sicherheit und Zusammenarbeit in Europa (OSZE) für mein neues Amt, welches mit der Unterzeichnung des Abkommens von Dayton im Dezember 1995 in Paris formell geschaffen worden war. Nebst dem Aufbau dieser Institution ging es in den folgenden Monaten auch darum, sich mit der Situation im Lande vertraut zu machen. Soweit sie medienwirksam geworden waren, hatten uns die Bilder der Kriegsgreuel aus Bosnien auch in Westeuropa erreicht. Aber welche Geschichte stand dahinter, welche Ausgangssituation hatte zu den Entsetzlichkeiten geführt? Und wo mußte man ansetzen, um den Ursachen zu begegnen? Wie reagierte die Internationale Gemeinschaft? Einerseits war ich Teil dieser Internationalen Gemeinschaft. Andererseits stand ich auch außerhalb, denn die Institution, welcher ich vorstand, war formell eine Institution des Staates »Bosnien und Herzegowina«*. Sie war nur insofern international, als der Amtsinhaber oder die Amtsinhaberin in den ersten fünf Jahren nicht die Staatsangehörigkeit Bosniens oder eines der benachbarten Länder haben durfte.

* »Bosnien und Herzegowina« lautet der Name des Staates, der durch das Friedensabkommen von Dayton geschaffen worden ist. Sowohl die Teilrepublik des früheren Staates Jugoslawien als auch die später ausgerufene unabhängige Republik trugen den Namen »Bosnien-Herzegowina«. Der Bestandteil »und« des heute geltenden Namens dient somit der Unterscheidung von vorangehenden Staaten beziehungsweise Staatsformen.

Schon zu Beginn waren die meisten Mitarbeiterinnen und Mitarbeiter der Institution bosnische Staatsbürgerinnen und Staatsbürger, assistiert zunächst durch internationale Juristinnen und Juristen, welche das Fachwissen in der Behandlung von Beschwerden gemäß der Europäischen Menschenrechtskonvention einbrachten, denn dieses war in Bosnien nicht Gegenstand der juristischen Ausbildung gewesen oder wenn schon, dann eher im Sinne eines negativen Beispiels von westlichem Imperialismus. Gegen Ende der ersten Hälfte meiner fünfjährigen Amtszeit arbeiteten die bosnischen Juristinnen und Juristen schon recht selbständig, so daß die Präsenz der Internationalen zurückging. Von Anfang an beurteilte ich die Geschehnisse deshalb auch aus der bosnischen Perspektive, was nicht heißt, daß die bosnischen Mitarbeiterinnen und Mitarbeiter meine Beurteilung vorbehaltlos geteilt hätten. Dennoch war es genau die bosnische Sicht, die mir zeigte, daß es transatlantische Differenzen in weit höherem Ausmaß gab, als ich zuvor angenommen hatte. Sie erstrecken sich vom Rechts- über das Staats- und Politikverständnis letztlich sogar bis zum Verständnis des Demokratiebegriffes.

Umfassend thematisiert worden sind transatlantische Unterschiede vor allem in den Bereichen Ökonomie sowie Sicherheitspolitik, gelegentlich auch im Bereich der Kultur, weniger jedoch im Bereich der Grundwerte, soweit sie nicht direkt die Frage nach mehr oder weniger Sozialstaat betreffen. Dies ist kein Zufall: In der Ökonomie, in der Kultur sowie in der Sicherheitspolitik bestehen unmittelbare Reibungsflächen zwischen Europa und den Vereinigten Staaten. Im Rechts-, Staats- und Politikverständnis hingegen gibt es solche Reibungsflächen nur mittelbar; man nimmt sie normalerweise erst dann wahr, wenn man in der individuellen Erlebnissituation damit konfrontiert ist. Die Aktivität der Internationalen Gemeinschaft in Bosnien bildete in dieser Hinsicht eine Ausnahme: Einerseits war sie stark US-dominiert, und andererseits ging es darum, trotz dieser Dominanz in Bosnien einen europäischen Staat aufzubauen, so daß transatlantische Differenzen im Rechts-, Staats- und Politikverständnis bei längerer

Beobachtung im Maßstab eins zu eins wahrgenommen werden konnten. Da ich meine Aufgabe über mehrere Jahre ausübte, was bei Missionen in solchen Gegenden eher unüblich ist, und ich als staatliche Institution im juristisch-politischen Bereich tätig war, mußten mir solche Differenzen über kurz oder lang auffallen.

Von Straßburg nach Sarajevo

Es war Mitte Januar 1996, als wir zum erstenmal nach Sarajevo flogen. Die Flugzeit von Straßburg nach Sarajevo betrug genau 80 Minuten, und an jenem Tag habe ich ein für allemal begriffen, wie falsch meine geographischen Vorstellungen seit Anfang der neunziger Jahre gewesen waren. Bosnien lag praktisch mitten in Europa, nicht etwa weit entfernt, wie ich es mir während der Kriegsjahre zur eigenen Beruhigung vorgestellt hatte. Landen konnten wir nach dieser kurzen Flugzeit aber doch erst wesentlich später, denn für Flugbewegungen außerhalb der NATO gab es offenbar nicht so leicht eine Landeerlaubnis, auch wenn sie vorangemeldet und genehmigt worden waren. Dies eine Erfahrung, die sich später unzählige Male wiederholen sollte. Schließlich landeten wir auf der holprigen Piste eines zum Militärflugplatz umfunktionierten Flughafens, dessen Gebäude weitgehend zerstört waren. Die Lettern »AERODROM … EVO« waren noch zu lesen, der Rest war offensichtlich weggeschossen worden. Durch hohe Mauern von Sandsäcken hindurch erreichten wir ein notdürftig eingerichtetes Büro – es befand sich in einem Teil des Flughafens mit immerhin im Erdgeschoß noch intakten Grundmauern. Hier begrüßten uns Mitarbeiterinnen und Mitarbeiter der örtlichen OSZE-Mission. Schon im Anflug hatten wir die völlig zerstörten Quartiere neueren Datums rund um den Flughafen gesehen, ein Teil dieser Gebäude hatte – wie wir später erfuhren – im Jahre 1986 als olympisches Dorf gedient.

Auf der Fahrt in die Stadt der nächste Eindruck von der Zerstörung, die Redaktion der Zeitung »Oslobođenje«, ein modernes Gebäude mit vormals ansprechender Architektur, nun zum eindrucksvollen Mahnmal geworden: Der zentrale Teil des Turmes ragt noch auf, Teile der Böden der einzelnen Stockwerke hängen am Turmskelett. Einprägsam schließlich vor allem die Ruine der Nationalbibliothek, die Außenmauern eines reich verzierten, im maurischen Stil errichteten Gebäudes, völlig ausgebrannt, so daß man durch die leeren Fensteröffnungen in den Himmel sehen konnte. Auch dies ein Eindruck, der sich in den folgenden Jahren immer gleichbleibend wiederholen sollte: Die Ringstraße um die Altstadt von Sarajevo, auf welcher die altehrwürdige Straßenbahn schon bald ratternd und klingelnd wieder ihre Runden drehen sollte, funktioniert als Einbahnverkehr im Gegenuhrzeigersinn, und dies um die Nationalbibliothek als östlichen Eckpunkt herum. Wer sich mit einem Auto in dieser Stadt bewegt, fährt regelmäßig zunächst an der Süd-, dann an der Ost- und schließlich an der Nordseite der Nationalbibliothek oder vielmehr ihrer Ruine vorbei, ein Ritual von wahrscheinlich nachhaltigerer Bedeutung, als viele internationale Besucher in der Hektik des Augenblicks realisiert haben mögen. Schon bei der zweiten oder dritten Fahrt durch die Stadt zeigte uns der Fahrer die Straßenecke am Ufer der Miljacka, des schmalen Flusses, der von Osten nach Westen durch Sarajevo fließt, wo der österreichische Erbprinz Franz Ferdinand und seine Gemahlin im Jahre 1914 erschossen worden waren. Dazu viele Fragen zu stellen, blieb keine Zeit, zu vieles mußte rasch organisiert werden. Geschichtliche Hintergründe waren später zu erfahren oder nachzulesen.

Die Vorgeschichte

Die Stadt Sarajevo war über Jahrhunderte hinweg ein Symbol für das friedliche Zusammenleben verschiedener Völker, Kulturen und Religionen. Hier lebten Bosnier islamischen Glaubens – sie bezeichnen sich heute als »Bosniaken« –, Bosnier serbischer Abstammung mit mehrheitlich christlich-orthodoxem

Glauben, Bosnier kroatischer Abstammung mit mehrheitlich christlich-katholischem Glauben, eine bis zum zweiten Weltkrieg zeitweilig recht große jüdische Gemeinde, und es gab vor allem eine Tradition der Toleranz. Dies war auch in Europa bekannt, und wer es zuvor nicht gewußt hatte, erfuhr es spätestens während der Belagerung der Stadt 1992 bis 1995: Kulturschaffende in Sarajevo – welcher ethnischen Gruppe sie auch immer angehören mochten – hielten nicht nur hartnäckig an ihrem Verbleiben in der belagerten Stadt fest, sondern auch daran, daß Kultur weiterhin stattfinden sollte, und dies unter unvorstellbar erschwerten Bedingungen wie Heckenschützen und Artilleriefeuer. Um es gleich vorwegzunehmen: Sarajevo hat seine Symbolik über den Krieg hinwegretten können, dank eines beispiellosen Einsatzes all derer, die sich weigerten, diese Stadt zu verlassen, oder sie nicht mehr verlassen konnten, auch wenn sie dies gerne getan hätten, und dann aus der Situation das Beste zu machen versuchten. Als »friedlich« kann das Zusammenleben nach dem Krieg wohl kaum bezeichnet werden; die Verhältnisse waren äußerst schwierig. Aber der Kern der Sache ist nach wie vor lebendig und hat sich nach dem Krieg – wenn auch langsam – wieder auszubreiten begonnen. Der Historiker Eric J. Hobsbawm bezeichnet das vergangene Jahrhundert als »das kurze 20. Jahrhundert«, welches von 1914 bis 1991 gedauert und sowohl in Sarajevo begonnen wie auch in Sarajevo geendet habe, von der bereits erwähnten Ermordung des Erzherzogs Franz Ferdinand von Österreich-Ungarn, die binnen weniger Wochen zum Ausbruch des ersten Weltkrieges führte, bis zur Belagerung der Stadt am Ende desselben Jahrhunderts, wodurch diese wieder zum Mittelpunkt des internationalen Interesses wurde.[2] Die Belagerung galt nicht nur der Stadt und ihrer Bevölkerung, angegriffen wurde auch die Symbolik des friedlichen Zusammenlebens der verschiedenen Völker, Kulturen und Religionen.

Wie unbekümmert dieses Zusammenleben vor dem Krieg in Sarajevo gewesen war, erfuhr ich nach und nach aus Erzählungen meiner bosnischen Mitarbeiterinnen und Mitarbeiter: Die katholischen, orthodoxen und islamischen Feiertage stimmen nicht überein, und manche fanden sich bei einer Familie oder Sippe der anderen Religion ein, um den Festtag gemeinsam zu begehen. Daß diese schöne Tradition für den einzelnen recht viele schul- oder arbeitsfreie Tage zur Folge hatte, wurde lediglich als Nebenwirkung empfunden. Interreligiöse Heiraten waren in vielen Familien völlig selbstverständlich, mehr noch, diese Interreligiosität war an sich gar kein Diskussionsthema, jedenfalls in den Städten, nicht nur in Sarajevo, sondern auch in Tuzla, Banja Luka, Travnik und anderswo. Kulturelle Durchmischung findet in Städten seit jeher günstigere Voraussetzungen als auf dem Lande. In ländlicheren Verhältnissen hat man über weite Strecken dieselbe interreligiöse Offenheit getroffen, doch gab es auch Dörfer mit einer ethnisch klar definierten Bevölkerungsmehrheit. Hier wurden jedoch die anderen Gruppen toleriert und über die religiösen Grenzen hinweg geheiratet. In gewissen Gegenden lagen Dörfer mit verschiedenen Mehrheiten bunt durcheinander, was den interethnischen Austausch ebenfalls erleichterte. Diese Durchmischung wurde einem schmerzlich bewußt, wenn man über Bosnien nach dem Krieg mit dem Flugzeug unterwegs war: Da konnte man wie in einem Flickenteppich völlig intakte Dörfer sehen und unmittelbar daneben solche, in denen alle Häuser bis auf die Grundmauern ausradiert waren, Zeichen und Resultat der »ethnischen Säuberung«, wenn dieses unsägliche Wort überhaupt Verwendung finden soll. In den Städten hingegen waren oft gar keine ethnisch zugeordneten Quartiere oder Straßenzüge auszumachen, hier fand die Durchmischung auch sehr kleinräumig statt. Es muß davon ausgegangen werden, daß das unkomplizierte interethnische Zusammenleben ein eher städtisches Phänomen war und daß es in Bosnien deshalb erst mit dem Aufkommen städtischer Lebensweisen für einen größeren Anteil der Bevölkerung möglich wurde. Dieses war auch durch die Industrialisierung bedingt, die in breiterem Rahmen erst ab 1945 stattfand.

Ethnisch begründete Wanderungsbewegungen hat es auf dem Balkan immer gegeben. Ethnisch begründete, systematische Vertreibungen setzten erst mit dem 20. Jahrhundert ein, erstmals in den Balkankriegen 1912/13. Ein erster jugoslawischer Vielvölkerstaat bestand bereits nach dem ersten Weltkrieg, nämlich das »Königreich der Serben, Kroaten und Slowenen«. Im Rahmen dieses Staates wurde versucht, eine gesamtjugoslawische Identität zu fördern, wobei die gemeinschaftliche Sprache »Serbokroatisch« geschaffen wurde. Im zweiten Weltkrieg zerfiel dieser Staat, und es folgte die nächste Phase ethnisch deklarierter, brutalster Grausamkeiten. Im Jugoslawien Titos wurde nach dem zweiten Weltkrieg nochmals versucht, den »Jugoslawismus« aufzuwerten. Dabei wurde die ethnische Zugehörigkeit und die Religion der Bewohner des Landes in den Hintergrund gedrängt. Dies geschah einerseits durch eine in Teilrepubliken organisierte föderalistische Struktur des neugeschaffenen Staates. Andererseits ließ die kommunistische Ideologie ohnehin wenig Attraktivität für ethnische oder insbesondere religiöse Identität, viel wichtiger war die Parteizugehörigkeit. Wurde in der Volkszählung nach der religiösen Zugehörigkeit gefragt, so figurierte neben der katholischen, der orthodoxen, der muslimischen und anderen Religionszugehörigkeiten immer auch der Atheismus in der Liste der ankreuzbaren Felder. Zum Beispiel für Personen aus gemischten Ehen oder für solche, die einer Identität aus der ethnischen Herkunft aus grundsätzlichen Erwägungen wenig abgewinnen konnten, bot ein Kreuz in diesem Feld einen einfachen Ausweg, der recht häufig gewählt worden sein soll. Es waren oft dieselben Leute, die sich als Jugoslawen bezeichneten, wenn sie nach ihrer ethnischen Zugehörigkeit befragt wurden, und dies waren nicht wenige. Ethnische und religiöse Zugehörigkeit verschwanden in der Identität also gleichsam hinter der Staatsangehörigkeit, wie es in Westeuropa im Laufe der letzten beiden Jahrhunderte mehr oder weniger üblich geworden ist, obwohl die Gründe dafür nicht dieselben waren: In Westeuropa entstanden echte staatsbürgerliche Identitäten, während in Jugoslawien diese »Identität« für viele den Ausweg aus einer illusorisch gewordenen oder bewußt abgelehnten nur ethnisch ausgerichteten Zuordnung bot. Immerhin entwickelte sich unbestrittenermaßen eine ethnisch tolerante Atmosphäre, wozu auch die Öffnung

Jugoslawiens gegen Westeuropa und die damit verbundene Wanderungsbewegung von Gastarbeiterinnen und Gastarbeitern beigetragen hat. Diese brachten neben einem Teil ihres Lohnes auch westliche Sichtweisen in ihr Heimatland zurück. Warum aber fand dieses relativ unbekümmerte Zusammenleben so plötzlich ein Ende?

Die Zeit nach Tito

Als nach Titos Tod im Jahre 1980 das Auseinanderbrechen Jugoslawiens zu einer möglichen Entwicklung und nach dem Fall der Berliner Mauer im Jahre 1989 auch klar wurde, daß die kommunistische Ideologie als Machtbasis ausgedient hatte, hielten einige, die in der kommunistischen Partei Jugoslawiens groß geworden waren, Ausschau nach einer neuen ideologischen Grundlage zur Bewahrung ihrer Macht. Es brauchte nicht viel Phantasie, sondern bedurfte eher der Erinnerungsfähigkeit oder der Geschichtskenntnisse über einige Jahrzehnte zurück, um den Ethnonationalismus als taugliche Grundlage zu entdecken, eine Ideologie, in welcher die Identität vollumfänglich aus der Abstammung von einer bestimmten Volksgruppe hergeleitet wird.[3] Verbunden ist diese Ideologie mit dem Anspruch auf ein eigenes territoriales Gebiet, das der beanspruchenden Volksgruppe in der Form eines eigenen Nationalstaates zur Verfügung stehen soll. Die Voraussetzungen für den Umbau der Machtbasis vom Kommunismus zum Ethnonationalismus waren im früheren Jugoslawien geschichtsbedingt geradezu »ideal«, man konnte vor allem auf die Geschehnisse im Zusammenhang mit dem zweiten Weltkrieg zurückgreifen. Die Bevölkerung wurde aufgerufen, sich auf ihre ethnische Herkunft zurückzubesinnen, und dies mit ganz verschiedenen Methoden, die von subtilen Verunglimpfungen anderer ethnischer Gruppen über pseudowissenschaftliche, rassistische Theorien bis zur ethnischen Volksverhetzung in Massenversammlungen reichten. Ziel war das Schüren des Hasses auf die anderen ethnischen Gruppen und die Herstellung von Gewaltbereitschaft gegenüber diesen. Eine bosnische Mitarbeiterin erzählte mir einmal etwas mehr über diese Verhetzungskampagnen. Sie war eine konsequente Anhängerin des friedlichen Zusammenlebens der Völker und war dies immer gewesen. Zu Beginn der Verhetzungskampagnen hatte sie längere Zeit an der Küste der Adria Ferien verbracht, d. h. in der damaligen kroatischen Teilrepublik Jugoslawiens. Dort sei sie als Bosnierin vom Beginn der kroatischen Kampagne überrascht worden, aber die Darstellungen im kroatischen Fernsehen seien so drastisch, so raffiniert und so überzeugend gewesen, daß sie die Aussagen fast geglaubt hätte, obwohl sie als Bosnierin nicht kroatischer Abstammung war.

So also wurde der Boden vorbereitet für das, was folgte: Nachdem die Teilrepubliken Slowenien und Kroatien in den späten achtziger und frühen neunziger Jahren durch Gesetze und Verfassungsänderungen eine Loslösung von Jugoslawien vorbereitet hatten, führten sie Referenden zur staatlichen Souveränität durch und erklärten sich beide am 25. Juni 1991 für unabhängig. Am 15. Januar 1992 erkannte die Europäische Union die beiden früheren Teilstaaten als souveräne Staaten an. Die Teilrepublik Bosnien-Herzegowina mit ihren drei Bevölkerungsgruppen – 1991 wurden 40% Bosniaken (Bosnier muslimischer Herkunft), 31% bosnische Serben und 17% bosnische Kroaten gezählt – kam damit in eine ausweglose Situation. Schon am 15. Oktober 1991 hatte das Parlament von Bosnien-Herzegowina in Sarajevo die Souveränität erklärt, jedoch ausdrücklich zugleich den Verbleib im bisherigen jugoslawischen Staatsverbund. Dies war allerdings nur denkbar, wenn Slowenien und Kroatien ebenfalls Mitglieder blieben. Die serbischen Mitglieder des bosnischen Parlamentes hatten bei jenem Beschluß den Saal demonstrativ verlassen und bereits am 24. Oktober 1991 eine eigene »Serbische Republik Bosnien-Herzegowina« ausgerufen. Nach der Anerkennung von Slowenien und Kroatien durch die Europäische Union trieben die Bosniaken und die bosnischen Kroaten nun ebenfalls die Schaffung eines souveränen Staates Bosnien-Herzegowina voran, da sie befürchteten, beim Verbleiben in Jugoslawien von den Serben dominiert zu werden. Dem mit 99,4% der Stimmen positiv beantworteten Referendum über die Unabhängigkeit vom 1. März 1992 – die bosnischen Serben hatten den Urnengang boykottiert – folgte am 3. März die Unabhängigkeitserklärung der »Republik von Bosnien-Herzegowina«. Noch bevor die Europäische Union und die Vereinigten Staaten am 7. April 1992 dazu gekommen waren, den neuen Staat anzuerkennen, hatten Truppen der serbisch beherrschten Jugoslawischen Volksarmee die bereits seit langem vorbereitete Belagerung Sarajevos in die Tat umgesetzt. Zwar wurden auf Befehl des jugoslawischen Staatspräsidiums alle aus Serbien und Montenegro stammenden Soldaten und Offiziere aufgefordert, Bosnien-Herzegowina zu verlassen, doch es war ein offenes Geheimnis, daß die Armee zu einer serbischen geworden war.

Es begann ein äußerst grausamer Krieg, in dessen Verlauf die Jugoslawische Volksarmee zusammen mit Freischärlern zunächst 70% des bosnischen Territoriums eroberte. Der Krieg in Bosnien dauerte fast vier Jahre. Er forderte Tausende von Toten und Verletzten, und er führte zu über einer Million Vertriebener und zu systematischen Menschenrechtsverletzungen. Die Ermordung von mehr als 7000 bosniakischen Männern in Srebrenica und die Vergewaltigung unzähliger muslimischer Frauen in eigens dazu eingerichteten Lagern haben der Weltöffentlichkeit das Grauen vor Augen geführt. Nicht unerwähnt bleiben kann in dieser kurzen Zusammenfassung das Vorrücken der bosnischen Kroaten und der Bosniaken in Westbosnien im Mai 1995 sowie die Offensive der kroatischen Armee im August 1995, durch welche die serbischen Verbände in Bosnien und in Kroatien zurückgedrängt wurden. Seinen formellen Abschluß fand dieser Krieg schließlich im Friedensabkommen, das in Dayton/Ohio in den USA ausgehandelt und am 14. Dezember 1995 in Paris unterzeichnet wurde. Dem Friedensabkommen war am 14. September 1995 die Aufhebung der Belagerung Sarajevos sowie ein regional begrenzter Waffenstillstand vorausgegangen, nachdem NATO-Verbände mit Ermächtigung der UNO massive Luftangriffe gegen serbische Verbände in der Gegend von Sarajevo und später im ganzen Land durchgeführt hatten.[4]

Der Krieg hinterließ die Menschen in Bosnien tief verwundet, und zwar ausnahmslos alle. Wer nicht selbst körperlich verwundet worden war, hatte dennoch Verwundete und Tote in der Familie zu beklagen, und vor allem ältere Menschen litten unter Einsamkeit nach der Flucht von Freunden und Angehörigen, insbesondere der jüngeren Generation, außer Landes. Hinzu kam die tiefe Verletzung durch den Umstand, daß Europa und die Weltöffentlichkeit etwas hatten geschehen lassen, das jeder vernünftige Mensch nie für möglich gehalten hätte und das unter allen Umständen hätte vermieden werden müssen. Was an den Menschen weiterhin nagte, das war die Angst vor erneuter Gewalt und eine ganz generelle wirtschaftliche Zukunftsangst, die sich rückblickend als sehr berechtigt erwiesen hat.

Es ist verständlich, daß viele Bosnierinnen und Bosnier nach Kriegsende nur noch in ethnischen Kategorien denken konnten. Viele hatten selbst erlebt, wie früher freundlich gesinnte Nachbarn praktisch von einem Tag auf den andern zu Feinden wurden, weil sie einer anderen Volksgruppe angehörten, wie sie sich plötzlich bewaffneten, einen bedrohten oder mit Waffengewalt aus dem eigenen Haus vertrieben. Andere hatten mit eigenen Augen ansehen müssen, wie plötzlich zu Feinden gewordene Nachbarn nicht einmal vor kaltblütigen Morden zurückschreckten, es waren sogar Angehörige vor den Augen von Eltern, Geschwistern oder Kindern umgebracht worden. Wer solches erlebt hat, ist traumatisiert, ganz zu schweigen von gefolterten Menschen und vergewaltigten Frauen. Einer Person mit derartigen Erlebnissen dürfte es auch mit gutem Willen und unter Aufbietung aller Vernunftgründe jedenfalls während einiger Zeit nicht mehr möglich sein, in der Gewißheit zu leben, daß die ethnische Zugehörigkeit für das Verhalten und die Grundwerte eines Menschen keine Rolle spiele oder spielen dürfe. Aber auch jene, die von derart ungeheuerlichen Erlebnissen verschont geblieben waren, hatten kaum die Möglichkeit, sich dem Denken in ethnischen Kategorien zu entziehen. Nicht nur wußten alle um die entsetzlichen Vorkommnisse, welche sie betroffen machten, ob ihnen die Opfer nun persönlich bekannt waren oder nicht. Schon allein aus Selbstschutz waren während des Krieges viele gezwungen gewesen, sich Gruppen anzuschließen, in denen sie aufgrund ihrer ethnischen Zugehörigkeit wenigstens nicht bedroht waren, denn es gab nicht viele Orte, in welchen das multiethnische Zusammenleben während der ganzen Zeit des Krieges möglich blieb. Der nicht serbisch besetzte Teil von Sarajevo war ein solcher Ort.

Es gab auch Orte, in denen »ethnische Säuberungen« stattgefunden hatten, in denen aber Angehörige einer ethnischen Minderheitsgruppe überlebten, nachdem sie sich grundsätzlich entschieden hatten, sich dem ethnischen Druck nicht zu beugen und lieber den Tod in Kauf zu nehmen als wegzuziehen. All jenen, die eine solche Entscheidung getroffen hatten, muß das Denken in nichtethnischen Kategorien ein wichtiges Anliegen gewesen sein, sonst hätten sie nicht so entschieden. Überlebten sie den Krieg, so hatten aber auch sie kaum die Möglichkeit, sofort und unbesehen zu einer Sicht zurückzufinden, in welcher das Ethnische ausgeblendet bzw. auf das vor dem Krieg übliche Maß reduziert war: Eine Lebenssituation in ständiger ethnisch bedingter Bedrohung hinterläßt Spuren, die desto tiefer sind, je länger die Situation gedauert hat. Und außerdem waren die Gefahren bei der formellen Beendigung des Krieges längst nicht gebannt. Noch Jahre nach Kriegsende konnten und können Angehörige von ethnischen Minderheitsgruppen nicht in alle Dörfer zurückkehren, auch wenn inzwischen Fortschritte feststellbar sind.

Das ethnisch verstandene Recht

Wie sich eine solche »Ethnisierung« im Rechtsdenken auswirkt, hat Edin Šarčević in einer kleinen Broschüre über die Schlußphase der bosnischen Verfassungsgebung dargestellt: Alle Handlungen der Menschen werden nicht mehr als Handlungen betrachtet, die der Betreffende als Mensch unternommen hat, sondern es wird vorausgesetzt, daß er die Handlung ausschließlich als Zugehöriger einer Ethnie unternommen habe. Dies kann so weit gehen, daß gewöhnliche Kleinkriminelle nicht mehr zur Rechenschaft gezogen werden, weil ihre Verhaftung als Angriff auf ihre ethnische Gruppe gelten würde.[5] Sogar das Kriterium der gewöhnlichen Kleinkriminalität ist in einer solchen Situation dem Kriterium der ethnischen Zugehörigkeit untergeordnet worden: Ein Angehöriger der eigenen Ethnie kann gar nicht kriminell sein, genauso wie der Angehörige der anderen Ethnie ohnehin kriminell ist. Der ethnisch definierte Mensch hat somit gar keine Autonomie als Mensch mehr, er wird völlig auf seine ethnische Zugehörigkeit reduziert. Er hat nicht einmal die Autonomie, straffällig zu werden und danach strafrechtlich neutral beurteilt zu werden. So entsteht die Grundlage der entsetzlichen Menschenrechtsverletzungen, die der Balkan erlebt hat: Der ethnisch definierte Mensch hat auch keine Würde mehr als Mensch, er hat lediglich noch eine »Würde« als Angehöriger einer Ethnie.

Zweifellos kann daran gearbeitet werden, das Denken in ethnischen Kategorien zu überwinden und zu einer Art Normalität zurückzukehren. Viele haben es versucht, und etliche haben es auch geschafft: Sie haben nicht vergessen, aber sie haben vergeben können. Andere können dies nicht oder lange nicht. Niemand hat ein Recht, ihnen deshalb Vorwürfe zu machen. Ich war bei der Veranstaltung persönlich nicht anwesend, die auf Einladung einer internationalen oder einer nichtstaatlichen Organisation ein oder zwei Jahre nach Kriegsende in einem bosnischen Dorf stattfand und dazu dienen sollte, das Gespräch zwischen den Volksgruppen wieder zu ermöglichen. Die Veranstalter waren vom Geschehen sehr betroffen, und kaum jemand der in Sarajevo arbeitenden Internationalen dürfte davon im nachhinein nicht erfahren haben. Das Gespräch sei langsam und vorsichtig in Gang gekommen, die Gratwanderung zwischen verletztem Schweigen einerseits und Haßausbrüchen andererseits sei zunächst gelungen. Kurz vor Ende der Veranstaltung habe sich dann ein Mann zu Wort gemeldet, auf den Knien seinen vier oder fünf Jahre alten Sohn. Nach der Schilderung, was seiner Familie durch Freischärler einer anderen Ethnie während des Krieges angetan worden sei, habe er sinngemäß folgendes erklärt: Er werde nie aufhören, seinem Sohn jeden Tag zu erklären, daß er einem Angehörigen dieser anderen Ethnie nie vertrauen dürfte, in keiner Lebenslage, und er werde dem Sohn in sein Erwachsenenleben die Pflicht mitgeben, sich, wann immer er könne, an beliebigen Angehörigen dieser Ethnie zu rächen, so wie es auch seine eigene, des Vaters, Pflicht bleibe, dies zu tun. Vater und Sohn hatten dem Gespräch zuvor ruhig zugehört, nach dieser Deklaration die Veranstaltung dann verlassen. Es muß nicht sein, daß dieser Mann einige Jahre später noch dasselbe denkt. Manchmal bilden derartige Deklarationen auch den Kulminationspunkt im Verarbeitungsprozeß und können ein Umdenken einleiten. Aber auch dies war eine Nachkriegsrealität, und es ist nicht auszuschließen, daß solche Reden heute noch geführt werden.

Dies war die Situation, in welcher sich die Bevölkerung Bosniens unmittelbar nach dem Krieg befand. Bewußt oder unbewußt, gewollt oder ungewollt waren die Menschen von einer »monolithischen« Identität aufgrund ethnischer Kriterien geprägt.[6] Dies bedeutet, daß das erste oder sogar das einzige Kriterium zur Beurteilung einer Person oder einer Situation in der Frage nach der ethnischen Zugehörigkeit des oder der Beteiligten besteht. Als außenstehende Person zu meinen, man hätte in einer analogen Situation wahrscheinlich anders reagiert, ist völlig vermessen: Staatliche Institutionen wie Ortsverwaltungen, überhaupt Verwaltungsstellen jeglicher Art, Polizeikräfte oder die Armee im üblichen Sinne gab es vielerorts seit langem nicht mehr. Alle diese Funktionen waren nicht nur kriegsbedingt aus den Angeln gehoben, sondern sie waren – wenn es sie gab – ethnisch zugeordnet: Insbesondere die Armee-Einheiten identifizierten sich mit den Ethnien und hatten die anderen Ethnien teils aufs grausamste bekämpft. Polizeieinheiten waren ethnisch zugeordnet, Angehörige einer anderen Volksgruppe konnten nicht auf deren polizeilichen Schutz hoffen, sondern sie mußten Übergriffe dieser Einheiten auf Leib, Leben und Eigentum befürchten. Verwaltungsstellen bestanden – wenn sie überhaupt funktionierten – im Prinzip aus Angehörigen einer einzigen Ethnie und agierten entsprechend, einerseits zum Schutze der eigenen Ethnie und andererseits zur Abwehr der anderen Ethnien. In dieser Situation erlangten Sippen und Familienclans Machtpositionen, wobei in diesem System nur monoethnische Clans eine Chance hatten, diese aber eine um so größere. Auch die meisten Wirtschaftsbeziehungen wickelten sich in solchen Strukturen ab, oft mafiamäßig entlang ethnischer Gruppen organisiert. Möglichst genaue Kenntnis all dieser Strukturen war während und unmittelbar nach dem Krieg für viele eine Frage des Überlebens. Wenn man solche Strukturen kannte und nutzte, hieß dies jedoch keineswegs, daß man die ethnische Sichtweise unterstützte.

Die ethnische Brille

Andere Identitätsmerkmale als jene der Herkunft waren im Nachkriegs-Bosnien durch die Macht der Geschehnisse gleichsam weggefegt worden. Es war, als hätte man allen Leuten eine Brille aufgesetzt, welche das ganze Gesichtsfeld in blauem, rotem oder gelbem Licht erscheinen läßt, und dies entsprechend der ethnischen Zugehörigkeit. Nicht nur die Personen auf der Straße werden dann plötzlich rot, blau oder gelb getönt, nicht nur die Häuser, in denen sie wohnen, sondern es geht sogar noch weiter: Der Baum im Garten des Nachbarn ist nicht mehr grün, sondern er ist blau, solange Haus und Garten vom Angehörigen einer bestimmten Ethnie genutzt werden, und wenn dieser wegzieht und ein Angehöriger einer anderen Ethnie einzieht, dann wird der Baum rot oder gelb. Dasselbe geschieht mit allen gesellschaftlichen Vorgängen: Sie tragen die Farben der Herkunft jener Personen, die an ihnen beteiligt sind. Menschen, die unter dieser Sicht leiden, suchen ständig nach Bildern, die auch Mischtöne aufweisen, sie wollen die Brille so rasch als möglich loswerden.

Andere fühlen sich bedroht, wenn die Dinge nicht mehr klar zugewiesen werden können, sie klammern sich an die Brille, aus was für Gründen auch immer. Es gab in Bosnien nach dem Krieg beide Phänomene. Es gab auch viele Menschen, die kaum mehr Energie hatten, sich um Fragen wie die ihnen aufgesetzte Brille zu kümmern, denn die Erschöpfung nach den langen Kriegsjahren war zu groß und der nach wie vor schwierige tägliche Überlebenskampf war ohnehin schon fast nicht zu bewältigen.

Das Bild mit der Brille wird hier verwendet, um die ethnisch monolithische Identität zu illustrieren. Den Farben kommt keine politische Bedeutung zu, und sie werden bewußt nicht zugeordnet. Daß ich während meiner Arbeit in Bosnien konsequent darauf verzichtet habe, eine Schuldabwägung zwischen den Ethnien vorzunehmen, wurde mir von Bosnierinnen und Bosniern gelegentlich zum Vorwurf gemacht, und zwar von jenen, die überzeugt waren, ihre eigene Ethnie habe hauptsächlich zu den Opfern und nicht zu den Tätern gehört. Im Rahmen des beschriebenen Verarbeitungsprozesses habe ich Verständnis für diese Haltung. Die kollektive Schuldfrage – nicht die individuelle, die auch eine strafrechtliche ist – spielt in diesem Prozeß nun einmal eine Rolle. Dennoch habe ich mich auf die Schuldabwägung zwischen den Ethnien ganz bewußt nie eingelassen, denn dies hätte meine Arbeit verunmöglicht. Demgegenüber schien mir der gelegentlich an mich gerichtete Vorwurf wegen mangelnder Stellungnahme in der kollektiven Frage der Schuld weniger hinderlich. Und noch eine zweite Klarstellung: Wenn es auf der einen Seite richtig war, Verständnis aufzubringen für Bosnierinnen und Bosnier, die aus persönlichen Gründen zunächst nicht in der Lage waren, ihre traumatischen Erlebnisse zu verarbeiten, und die deshalb während langer Zeit auf einer monolithischen ethnischen Identität beharrten, so war auf der anderen Seite ein absolut kompromißloses Vorgehen nötig: Gegenüber jenen nämlich, welche die ethnisch ausgerichtete Identität in allen Volksgruppen der bosnischen Bevölkerung geschürt hatten, diese Identität ausnützten und sie aufrechterhalten wollten, weil sie darauf politische Machtpositionen aufgebaut hatten, meist verbunden mit mehr oder weniger mafiösen wirtschaftlichen Vorteilen. Ihnen gegenüber war Verständnis die falsche Strategie. Was also war zu unternehmen? Es hätte wenig Sinn gemacht, den Bosnierinnen und Bosniern zu erklären, daß sie mit dieser monolithischen Identität nicht weiterkommen würden. Übrigens: Viele wußten oder spürten dies ohnehin. Vordringlich war die richtige Alternative.

Die Alternative

Eigentlich lag die Alternative zur ethnisch monolithischen Identität nach Kriegsende auf der Hand: In Bosnien war die staatliche Ordnung verschwunden, viele der früher staatlichen Funktionen waren entweder nicht mehr vorhanden, oder sie waren ethnisch zugeordnet. Voraussetzung für eine Normalisierung der Verhältnisse war deshalb die Ersetzung dieser Identität durch eine andere, und diese konnte nur eine staatsbürgerliche sein. Es ging dabei um zwei Bereiche, einen institutionellen und einen personellen: Einerseits mußten die staatlichen Institutionen wieder aufgebaut werden, andererseits mußten Personen, die in diesen Institutionen, also für »das Öffentliche«, tätig wurden, wieder oder neu verstehen lernen, was eine solche Tätigkeit bedeutete. »Neu« war dies insofern, als im alten jugoslawischen Staatswesen die Verwaltung ganz unter dem Primat der Partei gestanden hatte. »Wieder« ist eine teilweise ebenfalls zutreffende Umschreibung, denn das jugoslawische Staatswesen war nicht ganz vergleichbar gewesen mit anderen kommunistischen Staaten: Für die Überwindung der ethnisch monolithischen Sichtweise gab es jedenfalls im früheren Staatswesen durchaus Anhaltspunkte, nicht aber für die Überwindung der Parteiabhängigkeit.

Der erstgenannte Bereich, der Aufbau staatlicher Funktionen im institutionellen Sinne, bedarf hier keiner näheren Erläuterung, wiewohl er sich als äußerst schwierig erwies, aus Gründen, auf die später zurückzukommen sein wird. Im Hinblick auf den Bereich der personellen Voraussetzungen sollen einige Beispiele verdeutlichen, was mit Überwindung der ethnisch monolithischen Identität und deren Ersetzung durch staatsbürgerliche Identität gemeint ist. Dies bedingt vorweg eine kurze Umschreibung des Aktionsfeldes der Institution, der ich vorstand. Die Ombudsstelle war mit der Unterzeichnung des Abkommens von Dayton im Dezember 1995 in Paris formell als eine Institution des Staates Bosnien und Herzegowina geschaffen worden. In den ersten fünf Jahren sollte die Stelle durch jemanden versehen werden, der oder die nicht über die Staatsangehörigkeit von Bosnien oder eines benachbarten Staates verfügen durfte, aber dennoch im Namen des bosnischen Staates handelte. Aufgabe der Ombudsstelle war es, Beschwerden von Einzelpersonen zu beurteilen, die geltend machten, sie seien durch eine Behörde oder eine in amtlicher (staatlicher) Funktion handelnde Person in den ihnen zustehenden Rechten verletzt worden. Dabei konnte es sich um Behörden aller Stufen im komplizierten Aufbau des bosnischen Staatsgefüges handeln: von der Gemeindebehörde über Regionalbehörden bis zu den Behörden eines der beiden Teilstaaten »Föderation Bosnien und Herzegowina« und »Republika Srpska« oder schließlich Behörden des Gesamtstaates. Der Katalog der garantierten Rechte war der bosnischen Verfassung zu entnehmen, die ein Bestandteil des Dayton-Abkommens ist, sowie einer langen Liste von internationalen Menschenrechtsabkommen, die dem entsprechenden Anhang des Dayton-Abkommens beigefügt worden ist. Daß mehr als neunzig Prozent der zu uns gelangten Fälle Wohnungen und Häuser betrafen, welche die Beschwerdeführer zurückzuerhalten – oder umgekehrt zu behalten – versuchten, kann nach Jahren der »ethnischen Säuberungen« nicht verwundern.

Immer wieder waren wir mit Fällen der Untätigkeit von Verwaltungsbehörden konfrontiert. In den zahlreichen Gebieten, in welchen nach dem Krieg fast nur noch Menschen wohnten, die derselben ethnischen Gruppe angehörten, setzten sich Behörden in dieser Zeit begreiflicherweise ausschließlich oder weitgehend aus Mitgliedern derselben Gruppe zusammen. Dennoch konnte und mußte es vorkommen, daß sich Personen aus einer anderen ethnischen Gruppe an diese Behörden wandten, sei es, daß sie im betreffenden Gebiet hatten bleiben können, sei es, daß sie dahin zurückkehren wollten. In den ersten Monaten des Jahres 1996 wurden solche Eingaben häufig einfach nicht bearbeitet. Es handelte sich gleichsam um »Nichteingaben«, weil sie sozusagen von »Nichtmitbürgern« stammten, wenn man es monolithisch ethnisch betrachtete. Erstaunlich war insbesondere, mit welcher Selbstverständlichkeit Behördenmitglieder und Vertreter der öffentlichen Hand erläutern konnten, daß die Gleichbehandlung der verschiedenen Ethnien doch einfach unmöglich sei. Meistens begründeten sie ihre Einstellung mit Schilderungen, was ihrer eigenen ethnischen Gruppe in der betreffenden Gegend von der anderen Gruppe während des Krieges angetan worden sei, und damit, daß man unter diesen Umständen keinen Anspruch auf behördliche Gleichbehandlung stellen könne. Ob und wie stark der Rachegedanke dabei in den Vordergrund rückte, war von der Persönlichkeit abhängig und von deren kriegsbedingter Traumatisierung. Längst nicht alle Behördenmitglieder argumentierten in dieser Weise. Offensichtlich war aber ganz generell die staatliche Ordnungsstruktur im Laufe der Zeit so ausgeprägt ethnisch zugeordnet worden, daß die ethnische Zuordnung die Staatlichkeit schließlich vollständig verdrängt hatte. Diese Entwicklung konnte nicht von einem Tag auf den anderen rückgängig gemacht werden, denn sie hatte sich über Jahre hinweg in die Köpfe und Herzen eingegraben, und zwar durchaus nicht unverbindlich oder gar intellektuell-spielerisch, sondern in lebensbedrohlichen Situationen, in Hunger, Kälte und Angst, in Leid und Trauer.

Der anspruchsvollste Aspekt unserer Arbeit bestand deshalb darin, die Leute in diesem kriegsverwüsteten Land vorsichtig und langsam aus der Sackgasse der ethnisch monolithischen Identität wieder zurückzuführen zu einer staatsbürgerlichen Identität, welche darauf aufbaut, daß jede Bürgerin und jeder Bürger beziehungsweise Einwohner dieses Landes in gleicher Weise staatlich geschützt wird und berechtigt ist, an den Geschäften der öffentlichen Hand mitzuwirken und teilzuhaben. Wollte man diese Aufgabe nachhaltig wahrnehmen, so mußte man in der Lage sein, den Unterschied zwischen einer ethnischen und einer staatlichen Ordnungsstruktur aufzuzeigen und den Gesprächspartnerinnen und -partnern glaubwürdig darzulegen, warum auch für sie selbst nur eine Ordnungsstruktur auf Grundlage der öffentlichen Hand nachhaltige Sicherheit bot.

Unsere Gesprächspartner waren zunächst die Behörden, gegen welche Beschwerden eingereicht worden waren, sofern wir mit ihnen überhaupt ins Gespräch kamen, was sich anfänglich zum Teil als recht schwierig erwies. Gesprächspartner waren aber auch die Beschwerdeführer selbst, welche vor allem in den ersten Monaten oder sogar in den ersten Jahren nach Kriegsende ihrerseits oft noch rein ethnisch dachten. Häufig stand die Formulierung im Raum, »mein Menschenrecht als bosnischer Kroate«, »mein Menschenrecht als bosnischer Serbe« sei verletzt worden oder »mein Menschenrecht als Bosniake«, also als Bosnier muslimischer Herkunft. Unermüdlich erklärten wir den Personen, die bei uns Beschwerden einreichten, Menschenrechte würden einem nur aufgrund dessen zustehen, daß man als Mensch geboren worden sei, und es gebe gar keine Menschenrechte, die einem aufgrund irgendeines besonderen Merkmals zustehen würden, sei dies nun die ethnische Herkunft, Rasse, Geschlecht, Familienzugehörigkeit, Religion oder was der besonderen Merkmale sonst noch vorstellbar wären.

In der ersten Zeit nach Ende des Krieges wäre staatsbürgerlicher Unterricht sehr wichtig gewesen, dies weniger in der Form von Unterrichtsstunden als in der Form von öffentlichen Diskussionen, persönlichen Gesprächen und vor allem in einer seitens der Internationalen Gemeinschaft einhelligen und sehr klaren Sprache gegenüber den bosnischen Behörden auf allen politischen Ebenen. Auch dies hätte nicht von einem Tag auf den anderen eine Normalisierung der Verhältnisse gebracht. Aber immerhin wäre genau jenes Problem an der Wurzel gepackt worden, das die Grundlage bildete für die nur sehr langsam abflauende militärische Gewaltbereitschaft, für Desorganisation, Chaos und Korruption, und damit indirekt auch für das noch sehr lange dauernde völlige Darniederliegen der Wirtschaft. Durch ein solches Vorgehen wäre der Normalisierungsprozeß immerhin stark beschleunigt worden. Die militärische Befriedung Bosniens war ungleich viel teurer als die gesamte nichtmilitärische Aktivität der Internationalen Gemeinschaft. Dies war unumgänglich, liegt im unterschiedlichen Aufwand der beiden Bereiche begründet, und es steht außer Zweifel, daß die militärische Präsenz in dem Umfang, wie sie stattfand, zur Befriedung des Landes absolut notwendig war. Um so mehr jedoch, als »staatsbürgerlicher Unterricht« im Vergleich zu anderen Aktivitäten äußerst preiswert ist, hätte er flächendeckend stattfinden können. Leider war dies nicht der Fall.

Erstaunliche Beobachtungen

Neben den Mitarbeiterinnen und Mitarbeitern unserer Institution versuchten zahlreiche Internationale, staatsbürgerliche Identität als gedankliche Alternative zur monolithischen ethnischen Identität zu verbreiten. Trotzdem kam die Alternative nicht zum Tragen, sie griff nicht einmal bei allen Leuten, bei denen sie hätte greifen können und auch hätte greifen müssen, also bei jenen, welche die ethnische Brille bereits abgelegt hatten oder dabei waren, sie abzulegen. In der Aussage »So nicht!« war die Internationale Gemeinschaft einhellig.

Aber die Frage »Was dann?« wurde nicht unisono mit der Perspektive staatsbürgerlicher Identität beantwortet. Noch viel weniger war bei den Internationalen der Nachdruck und die einhellig nach außen sichtbare Überzeugung vorhanden, die unabdingbar gewesen wäre, um der gedanklichen Alternative staatsbürgerlicher Identität zum Durchbruch zu verhelfen. Zwar arbeiteten viele Internationale mit bewundernswertem Einsatz und klaren inhaltlichen Konzepten. Es gab aber auch Internationale, die – wie mir schien – ziemlich konzeptlos agierten, und ich fragte mich anfänglich oft, was um alles in der Welt einen dazu bringen konnte, die Strapazen einer Mission in einem so schwierigen Land auf sich zu nehmen, wenn man gar nicht wußte, was man den Leuten gedanklich anzubieten hatte. Daß diese Frage – so wie ich sie anfangs formuliert hatte – falsch gestellt war, begriff ich gegen Ende des ersten Jahres meiner Arbeit in Sarajevo.

Schließlich wurde mir definitiv klar, daß das Phänomen, welches ich mir zunächst nicht hatte erklären können, auf die starke Präsenz der USA zurückzuführen war und auf die dominierende Stellung, welche sie innerhalb der Internationalen Gemeinschaft einnahmen. Nun begriff ich aber auch, daß die beobachtete Konzeptlosigkeit selbst ein Konzept darstellte. Die US-Amerikaner hatten nämlich oft keine genaue Vorstellung davon, was nach europäischem Verständnis ein funktionierender Staat war. Selbst agierten die Vereinigten Staaten als Staat, und zwar außenpolitisch bestens organisiert, dies konnten wir alle in Bosnien täglich erleben. Welches war dann ihr Konzept, das sie anstelle einer Staatskonzeption in die Waagschale werfen konnten oder wollten?

Während der Tätigkeit in Bosnien beobachtete ich vieles, das mir diese Fragen später beantworten half. Am Ende meiner Mission konnte ich die Mosaiksteine schon zu einem recht klaren Bild zusammenfügen. Allerdings hatte ich mich während der Jahre im Balkan kaum mit publizierten Analysen transatlantischer Unterschiede befassen können, denn eine Tätigkeit in Sarajevo und Banja Luka im Nachkriegs-Bosnien spielt sich weder vorwiegend in Studierstuben noch in Bibliotheken ab. So holte ich dies denn nach der Rückkehr aus Bosnien nach. Das Bild über die hier relevanten Unterschiede zwischen Europa und den Vereinigten Staaten habe ich somit einerseits durch persönliche Beobachtungen und andererseits durch nachträgliche Vertiefung gewonnen.

2
Transatlantische Unterschiede

Den Idealtypus »Europäer/Europäerin« oder »US-Amerikaner/Amerikanerin« gibt es nicht. Es werden sich immer zahllose US-Amerikanerinnen und Amerikaner finden lassen, welche viel »europäischer« sind als viele Europäerinnen und Europäer. Und es werden sich zahllose Europäerinnen und Europäer finden lassen, welche viel »amerikanischer« sind als manche Amerikanerinnen und Amerikaner. Freiheitliche Gesellschaften – und das sind beide, diesseits und jenseits des Atlantiks – zeichnen sich ja gerade dadurch aus, daß der oder die einzelne seine oder ihre Identität frei wählt. Was in diesem Kapitel und generell in diesem Buch thematisiert werden soll, ist der gesellschaftliche Rückhalt, der den Individuen in ihrer freigewählten Identität angeboten wird und in welchem die transatlantischen Unterschiede spürbar sind. Es dürfte unbestritten sein, daß sich dieser gesellschaftliche Rückhalt auf das kollektive Selbstverständnis auch dann auswirkt, wenn einzelne Individuen diesen Rückhalt gar nicht benötigen oder sich bewußt von ihm abgrenzen. Er ist sogar dann wirksam, wenn eine Gesellschaft sehr individualistisch funktioniert und es deshalb geradezu zum guten Ton gehört, sich von diesem Rückhalt abzugrenzen. Dies ist insbesondere in Krisenzeiten oder in sonstwie bedingter kollektiver Regression auf vertraute Werte der Fall, wie sie weltweit nach dem 11. September 2001 in verschiedenen Kulturkreisen hat beobachtet werden können. In diesem Sinne ist im folgenden dennoch von »Europäer/Europäerin« oder von »US-Amerikaner/Amerikanerin« die Rede.

Von »westlichen« Werten sind gemäß allgemeinem Verständnis die beiden Kontinente Europa und Nordamerika geprägt, im Zusammenhang mit der Wirtschaft ist oft auch Japan mitgemeint. Daß der Begriff »Westen« oder »westliche Kultur«

nach wie vor gebräuchlich ist, darf nicht verwundern, stammen diese Begriffe doch aus dem Kalten Krieg, der erst vor etwas mehr als einem Dezennium zu Ende gegangen ist. Insoweit Europa (allenfalls Westeuropa) und Nordamerika mehr oder weniger dieselben Standards, Errungenschaften oder Fehlentwicklungen aufweisen, sich darin von den anderen Kontinenten unterscheiden und eine weiterhin parallele Entwicklung abzusehen ist, sind diese Begriffe zutreffend. So war es zweifellos richtig, die Verletzlichkeit, die mit den Terroranschlägen vom 11. September 2001 schlagartig ins Bewußtsein gerückt ist, dem Westen als Ganzes zuzuordnen. In der Aufarbeitung dieses Geschehens klangen aber immer wieder Unterschiede an, schon die Wortwahl war in Europa nicht immer dieselbe wie in den Vereinigten Staaten. Differenzen zwischen Europa und den Vereinigten Staaten haben immer bestanden, aber die Konstellation des Kalten Krieges hat es nicht erlaubt, sie zu thematisieren oder gar überhaupt wahrzunehmen. Um einige dieser Differenzen geht es im folgenden.

Transatlantische Unterschiede sind vor allem in ökonomischer Hinsicht thematisiert worden, insbesondere im Zusammenhang mit der Frage nach mehr oder weniger Sozialstaat. Auch in der Folge der Terroranschläge vom 11. September 2001 wird das Thema der weltweiten sozialen Unterschiede erneut und vertieft diskutiert. In diesem Buch geht es vorwiegend um die nichtwirtschaftlichen Bereiche, auf die sich auch wirtschaftliche Bedingungen auswirken. Umgekehrt aber haben gewisse ökonomische Phänomene ihre Wurzeln in durchaus nichtökonomischen Bereichen, weshalb die Diskussion dieser Phänomene in rein ökonomischen Kategorien nicht weiterführen kann. Im weiteren werden die kulturellen Interessengegensätze zwischen Europa und den Vereinigten Staaten nicht direkt angesprochen, soweit dies das eigentliche Kulturschaffen, seine Verbreitung und seine Vermarktung betrifft. Kultur im weiteren Sinne bildet demgegenüber den zentralen Gegenstand der folgenden Ausführungen, insbesondere die Rechts- und Staatskultur.

Schließlich noch eine Erläuterung zur Überschrift dieses

Kapitels. Mit »transatlantisch« ist ausschließlich das Verhältnis zwischen Europa und den Vereinigten Staaten gemeint, der Begriff nimmt in seiner Verwendung in diesem Buch also nicht Bezug auf andere Staaten jenseits des Atlantiks. Insbesondere Kanada ist in vielen Belangen viel europäischer als die USA, ein Thema, welches von Kanadierinnen und Kanadiern oft angesprochen worden ist, denen ich in meiner Arbeit begegnet bin. Sie übten auch oft Kritik daran, daß US-Amerikanerinnen und Amerikaner nur die Vereinigten Staaten meinen, wenn sie »America« sagen, und nie den ganzen nordamerikanischen Kontinent. Im Zusammenhang mit dem Thema dieses Buches müßte Kanada manchmal eher zu Europa gerechnet werden, manchmal zu Nordamerika, und in gewissen Belangen – etwa in der Frage der Mehrsprachigkeit – ist die Situation eine eigene, die weder dem einen noch dem anderen zugeordnet werden kann. Es würde den Rahmen dieses Buches sprengen, darauf eingehen zu wollen.

Staat, Nation und Religion

Ein wichtiger Bestandteil US-amerikanischer Identität ist das Mißtrauen gegenüber dem Staat. Beginn und Begründung dieser Eigenart sind vielfach beschrieben worden. Anstelle vieler sei dazu vorweg ein amerikanischer Experte zitiert: »In den Vereinigten Staaten wurde der Staat von Anfang an auf eine ganz einzigartige Weise definiert (...) Die Gründerväter legten allergrößten Wert darauf, den Staat daran zu hindern, sich in gesellschaftliche Entwicklungen einzumischen. Seine Aufgabe war es vielmehr, deren ungestörte Entfaltung sicherzustellen, indem er die freie Diskussion und den offenen Austausch von Ansichten schützte. Die gute und gerechte Gesellschaft würde sich entwickeln, davon waren die Amerikaner in der Anfangszeit überzeugt, wenn die Regierung alle Versuche unterließ, die Richtung des gesellschaftlichen und wirtschaftlichen Wandels zu beeinflussen.«[7] Diese Grundhaltung blieb bis heute prägend für die Vereinigten Staaten. Daß dem so ist, hängt zunächst mit dem Verhältnis zwischen Staat und Religion zusammen, auf das nun als erstes einzugehen ist.

Staat und Religion

Die Gründe für die unterschiedliche Entwicklung in Europa und den Vereinigten Staaten sind historischer Natur. Nach dem Mittelalter zerbrach in Europa die hierarchische gesellschaftliche Rangordnung, und es setzte die Individualisierung ein. Der einzelne sollte selbst entscheiden können, was er religiös und moralisch für richtig hielt. Die Reformation brachte die Entwicklung auf den Punkt, daß der einzelne Mensch mit Gott direkt in Verbindung stehen könne und er dafür der Vermittlung durch die Kirche nicht mehr bedürfe, wie es die römisch-katholische Kirche weiterhin für richtig hielt. Eine verhängnisvolle Folge davon waren die Religionskriege. Früher war das Individuum eingebunden gewesen in eine vorgegebene »gottgewollte« Ordnung, und wann immer jemand in den Krieg zog, so war es im Interesse eines Zieles, das er nicht selber akzeptiert haben mußte, geschweige denn selber formuliert. Die Individualisierung prägte auch den Ablauf der Religionskriege, die weitgehend von Kriegsunternehmern – sie würden heute als »warlords« bezeichnet – und von privaten Söldnertruppen dominiert waren. Auf diese Situation reagierten europäische Denker mit verschiedenen Forderungen. Das Rechtssystem sollte von religiös-kulturellen Prämissen unabhängig und die Religion vom öffentlichen Raum ins private Gewissen verschoben werden. Der Krieg sollte »verstaatlicht« werden, das heißt nur noch Staaten sollten berechtigt sein, Kriege zu führen und über ein entsprechendes Gewaltmonopol verfügen.[8] Mit dem Westfälischen Frieden von 1648, der den Dreißigjährigen Krieg beendete, wurde ein Teil dieser Gedanken in die Tat umgesetzt. Man einigte sich darauf, keine konfessionellen Kriege mehr zu führen, und gelangte später zur Formel »cuius regio – eius religio« – »wessen Land – dessen Glaube« –, also zu einer Territorialisierung der Konfessionen. Dies bedeutete, daß der König oder der Landesfürst die Landesreligion bestimmte. Gleichzeitig wurde das Recht auf Auswanderung begründet, damit Andersgläubigen dennoch die Möglichkeit gegeben war, ihre Religion öffentlich auszuüben, allerdings an einem neuen Wohnort. Die neue territoriale Ordnung leitete somit »massenhafte ›religiöse Säuberungen‹ ein. Sie provozierte Völkerwanderungen, vor allem protestantischer Christenmenschen: von Deutschland nach Osten, von Frankreich nach Norden, aus Europa gen Westen, in die neue Welt.«[9]

Die Individualisierung hatte aber nicht nur zur Reformation und zu den Religionskriegen geführt, sondern auch zu vielen Untergruppen und Abspaltungen in der Form von Glaubensgemeinschaften. Einige unterschieden sich von den großen Religionen nur wenig, andere waren Sekten. Solche Gruppierungen wurden sowohl in katholischen als auch zum Teil in protestantischen Landen nicht toleriert, vor allem, wenn sie zu Recht oder zu Unrecht im Verdacht standen, die öffentliche Ordnung nicht anzuerkennen oder zu stören. Je größer diese Unvereinbarkeit war, desto näher lag die Auswanderung ihrer Mitglieder, insbesondere jene in die »Neue Welt«. So kam es, daß Amerika von allem Anfang an durch Freikirchen geprägt war. Viele Auswanderer mögen aus wirtschaftlicher Not oder aus Abenteuerlust oder aus einer Kombination von beidem den Weg nach Amerika gewählt haben. Längst nicht alle hatten eine klare Haltung in Sachen Religion und Staat. Insoweit sie aber in diesen Fragen eine Überzeugung hatten, rekrutierten sie sich klar aus jenen Teilen der europäischen Gesamtbevölkerung, für welche die Befolgung der eigenen religiösen Überzeugung über alle anderen Werte dominierte. Es fand also in der Auswanderung gleichsam eine Art sozialdarwinistischer Auslese zugunsten eines sektenorientierten religiösen Denkens statt. Hinzu kam dann in der Neuen Welt eine koloniale Situation, die dazu führte, daß »zu den aus der alten Welt herübergekommenen Sekten neue geradezu ausgebrütet wurden, und dogmatische Auseinandersetzungen innerhalb einzelner Sekten ließen die Zahl der Gruppierungen noch mehr anschwellen«[10]. Dies hatte verschiedene Konsequenzen, und eine davon, die bis heute wirksam geblieben ist, besteht in der mehr oder weniger ausgeprägten Staatsfeindlichkeit. Der israelische Soziologe Shmuel N. Eisenstadt, der als einer der ersten aus religionssoziologischer Sicht die europäische, die US-amerikanische und die japanische Moderne verglichen und ihre Divergenzen aufgezeigt hat, weist darauf hin, daß nicht nur das Mißtrauen gegenüber einem starken Staat zum festen Bestandteil der amerikanischen politischen Tradition geworden ist, sondern daß sich darüber hinaus auch kein eigentlicher »Staatsbegriff« entwickelt hat.[11]

Europa hingegen schlug nach 1648 den Weg in die entgegengesetzte Richtung ein. Die westfälische Glaubens- und Staatsordnung wurde zur Voraussetzung der politischen Nationenbildung des 18. und des 19. Jahrhunderts. Heute, insbesondere seit 1989, wird sie durch andere Entwicklungen überlagert. Sie ist aber insofern weiterhin wirksam, als sie den Grundstein legte für das heute noch geltende Völkerrecht.[12] Und sie ist weiterhin geschichtlich relevant, denn das Jahr 1648 hat die ideengeschichtliche Weggabelung gebracht, an welcher sich die Wege Europas und Amerikas trennten: Europa hat aus friedenspolitischen Gründen entschieden, daß sich die Religion dem Staat unterzuordnen habe. Die Auswanderer nach Amerika sorgten demgegenüber dafür, daß der Staat die Religion nicht beeinträchtigte. Auf eine zusammenfassende Formel verkürzt ließe sich das Verhältnis zwischen Staat und Religion folgendermaßen formulieren: Europa brauchte die Freiheit zum Staat, um die Freiheit von der Religion durchsetzen zu können, die Vereinigten Staaten brauchten umgekehrt die Freiheit vom Staat, um die Freiheit zur Religion durchsetzen zu können.[13]

Die Begründung der Nation

Definitiv geprägt wurde das US-amerikanische Geschichts- und Politikverständnis aber durch die puritanischen Pilgerväter, welche in die Neue Welt gekommen waren, um ihre religiösen Vorstellungen ungehindert verwirklichen zu können, und dies wirkte sich auch auf das Verständnis der Nation aus.[14] Die Begründung der US-amerikanischen Nation ist letztlich eine religiöse. Dies zeigt sich unter anderem in der »civil religion« – eine Bezeichnung, die erstmals Robert N. Bellah in einem Aufsatz 1967 erwähnt hat. Bellah belegt diese Zivilreligion unter anderem mit dem Selbstverständnis der amerikanischen Präsidenten, die gleichsam als Hohepriester des nationalen Glaubensbekenntnisses auftreten.[15] Wer jemals den US-Präsidenten beim Anhören der US-Hymne die rechte Hand aufs Herz hat legen sehen – diese Geste wiederholt sich in amerikanischen Schulklassen jeden Morgen in einer kurzen Besinnung mit Blick auf das Sternenbanner –, zweifelt nicht an der Wirksamkeit dieses hohepriesterlichen Bildes. Noch heute könnte es sich kein amerikanischer Präsident erlauben, »sonntags nicht beim Kirchgang gesehen zu werden oder eine Rede zur Lage der Nation nicht mit einem kräftigen ›Gott segne Amerika‹ zu beenden«.[16] Auf der Dollarnote steht nach wie vor »In God we trust« – »Wir glauben an Gott« –, und seit 1954 sind die Vereinigten Staaten offiziell »a nation under God«.[17] Von zentraler Bedeutung ist die Vorstellung, von Gott als Volk auserwählt zu sein, die von den Anfängen der Einwanderung an eine große Rolle spielte.[18] Das Fehlen eines Volkes mit gemeinsamer Geschichte prägte die amerikanische Nationenbildung entscheidend. Die einzige Gemeinsamkeit der Einwanderer bestand darin, daß sie ins selbe Territorium einwanderten, aber dieses Territorium bedeutete nicht »Heimat« im europäischen Sinne.[19] So bot sich denn die Vorstellung des »von Gott auserwählten Volkes« an, um zur Konstruktion amerikanischer Identität beizutragen. Mit anderen Worten: Einerseits gab es eine fast unbegrenzte religiöse Toleranz, wie sie in Europa nach dem Westfälischen Frieden undenkbar gewesen wäre. Andererseits aber war Religiosität und das Bekenntnis zu (irgend)einer Religion geradezu Voraussetzung für die Integration in das amerikanische Volk.[20] Der britische Philosoph und Kulturanthropologe Ernest Gellner hat festgestellt, daß Religiosität in den USA auch heute noch vielmehr einen Ausdruck des »American way of life« darstellt als die Zugehörigkeit zu einer bestimmten Religionsgemeinschaft.[21]

Dies alles gab es in Europa nicht. Europäische Nationen wurden auf historisch gegebenem Territorium gebildet, durch Völker mit gemeinsamer Herkunft und mit gemeinsamer Geschichte, zum Teil auch mit sehr blutbeladener Geschichte. So schwierig und belastend ein solcher Vorgang auch sein konnte, historisch war immer genügend »nationenbildendes Identifikationsmaterial« vorhanden, so daß man nicht auf religiöse Elemente zurückgreifen mußte. Wenn Religion eine Rolle spielte, so wurde sie lediglich eingesetzt, um die nationale Identität zu verstärken, wie man es in den jüngsten Balkankriegen wieder hat erleben können. Der Begriff der Nation war im 18. Jahrhundert kulturell definiert. Die Französische Revolution, welche ganz Europa entscheidend geprägt hat, definierte die Nation dann als »Staatsnation«. Ein wesentlicher Unterschied zu den Vereinigten Staaten liegt im weiteren darin, daß zur Zeit der Nationenbildung in Europa entweder bereits Staaten existierten, oder es bestanden »Möchtegern«-Staaten, die den Weg zur Nationalstaatenbildung mehr oder weniger lange und zum Teil sehr schmerzlich suchen mußten. Demgegenüber erlebten die Vereinigten Staaten die »Staatsbildung«, also die Ablösung der Gliedstaaten von den Mutterländern, sowie die Vereinigung als Nation nicht nur fast gleichzeitig, sondern auch inhaltlich miteinander verschränkt. Vor allem aber – und dies ist der wichtigste Grund für die transatlantisch unterschiedliche Entwicklung – hatte Europa 1648 auf die Religionskriege mit dem Primat des Staates über die Religion reagiert und die Französische Revolution später das Religiöse als privat erklärt, so daß eine religiöse Begründung der Nation überhaupt nicht mehr in Frage kam.[22] Die Begründung der amerikanischen Nation ist letztlich eine religiöse, während den europäischen Nationen eine religiöse Begründung fremd ist. Zwar bestehen inhaltliche und zeitliche Differenzen in der Nationenbildung der verschiedenen europäischen Staaten, aber die nichtreligiöse Begründung der Nation ist ihnen allen historisch gemeinsam.

Nirgends ist die Trennung von Kirche und Staat so strikt durchgeführt wie in den Vereinigten Staaten.[23] Der Sinn dieser Maßnahme ist keineswegs der Schutz des Staates vor religiösen Einflüssen, wie dies in Europa der Fall ist, sondern umgekehrt der Schutz des Religiösen vor dem staatlichen Zugriff. Auch dieses für US-Amerika charakteristische Ordnungsprinzip läßt sich historisch erklären. »Zivilreligion« bedeutet praktisch ein enges Zusammenwirken zwischen Politik und Religion, dies aber nicht auf der institutionellen Ebene, sondern über informelle Kanäle, Meinungsäußerungen öffentlicher Autoritätspersonen, öffentliche Meinung, öffentliche und private Diskussion.[24] Zwar hatten Einwanderer aus England, Schottland und Irland zunächst durchaus das Prinzip der Staatskirche umgesetzt, das sie aus Europa mitgebracht hatten. Im Umfeld der Befreiung von der Bevormundung durch das Mutterland England waren jedoch die Argumente der politischen Autonomie und jene der kirchlichen Autonomie bald nicht mehr zu trennen. Der Slogan »No taxation without representation!« – »Keine Steuern ohne parlamentarische Repräsentation!« –, der politisch gegen das Mutterland ins Feld geführt wurde, faßte auch Fuß in den Freikirchen oder Sekten außerhalb der Staatskirchen. Diese setzten sich schließlich durch und bewirkten die Aufnahme des Grundsatzes einer strikten Trennung von Kirche und Staat in die Verfassung. Auf dieser Basis entwickelte sich eine sehr vitale Vielfalt der Religionsausübung, und dies war durchaus beabsichtigt. Dem Staat war es untersagt, eine bestimmte Kirche oder religiöse Gruppierung einer anderen gegenüber zu bevorzugen.[25] Für Amerika bedeutet die Trennung von Kirche und Staat, daß sich der Staat in die Religionsausübung in keiner Weise einmischt, und dies mit der Zielsetzung, die religiöse Betätigung der Amerikanerinnen und Amerikaner zu fördern, um das religiöse Fundament der nationalen Identität zu stärken.

Europa erlebte demgegenüber eine umgekehrte Entwicklung. Religionskriege und Kulturkämpfe aller Art führten zu einem latenten Mißtrauen gegenüber den Kirchen. Die historischen Umstände, die diesen Entwicklungen zugrunde liegen, sind bereits erwähnt worden. Vom rein institutionellen Staatskirchentum westeuropäischer Länder, in welchem Kirchen mit institutionellen und steuerlichen Privilegien ausgestattet sind, über eine striktere Trennung in anderen Ländern bis zur christlich-orthodoxen, auch politisch relevanten Ausgestaltung des Staatskirchentums ist eine breite Palette zu finden.[26] Kirchen und Religionsgemeinschaften nehmen ebenso Stellung zu Themen des öffentlichen Lebens, wie dies nichtreligiöse Vereinigungen, Interessenverbände oder Parteien zu tun gewohnt sind. Trotz der mannigfaltigen Unterschiede zwischen den europäischen Ländern findet sich aber ein gesamteuropäischer Grundkonsens zur Definition von Religionsfreiheit und damit implizit auch eine gesamteuropäische Definition der Zielsetzung in der Trennung von Kirche und Staat, und zwar in der Europäischen Menschenrechtskonvention. Artikel 9 dieser Konvention zur Gedanken-, Gewissens- und Religionsfreiheit lautet folgendermaßen: »(1) Jede Person hat das Recht auf Gedanken-, Gewissens- und Religionsfreiheit; dieses Recht umfaßt die Freiheit, seine Religion oder Weltanschauung zu wechseln, und die Freiheit, seine Religion oder Weltanschauung einzeln oder gemeinsam mit anderen öffentlich oder privat durch Gottesdienst, Unterricht oder Praktizieren von Bräuchen und Riten zu bekennen. (2) Die Freiheit, seine Religion oder Weltanschauung zu bekennen, darf nur Einschränkungen unterworfen werden, die gesetzlich vorgesehen und in einer demokratischen Gesellschaft notwendig sind für die öffentliche Sicherheit, zum Schutz der öffentlichen Ordnung, Gesundheit oder Moral oder zum Schutz der Rechte und Freiheiten anderer.« Die Einschränkung der Religionsfreiheit, wie sie der zweite Absatz zugunsten der öffentlichen Ordnung vorsieht, wäre in den Vereinigten Staaten völlig undenkbar.

Der Islam kennt die Trennung von Staat und Religion nicht. Wie Ernest Gellner aufgezeigt hat, kann diese Ausgangslage zu ganz verschiedenen Resultaten führen. Einerseits gibt es islamistischen Fundamentalismus, der ganze Nationen hat vereinnahmen können. Andererseits gibt es Staaten mit islamischer Staatsreligion, die religiös durchaus tolerant sind und die Freiheit des einzelnen respektieren. Obschon von Säkularisierung im Sinne der Trennung von Kirche und Staat nicht gesprochen werden kann, verfügt der Islam also durchaus über ein Potential zur Einbindung der Religion in integrierende Strukturen, dies aber nur, wenn dafür günstige Voraussetzungen geschaffen werden können.[27] Der islamistische Fundamentalismus behindert die Nutzung dieses Potentials. Wichtig ist aber festzuhalten, daß diese Tendenz nicht im Islam selbst angelegt ist, sondern daß Fundamentalismus den Islam genauso politisch mißbraucht, wie zum Beispiel die Kreuzritter im Mittelalter das Christentum mißbraucht haben und es gewisse protestantisch fundamentalistische Sekten vor allem in der Dritten Welt heute noch mißbrauchen.

Je nachdem, was unter Säkularisierung verstanden wird, erscheinen verschiedene Staaten als mehr oder weniger säkularisiert. Wird sie nur als formales Kriterium der Trennung von Kirche und Staat betrachtet, so erscheinen islamische Staaten als nichtsäkularisiert, die Vereinigten Staaten als völlig säkularisiert und die europäischen Staaten als irgendwo dazwischen liegend. Wird der Grad der Säkularisierung hingegen daran gemessen, wie stark sich das öffentliche Geschehen von der Religion abgelöst hat, so figuriert Europa am einen Ende der Skala und die Vereinigten Staaten finden sich am anderen Ende derselben.[28] Und so erstaunlich es zunächst klingen mag: Islamische Staaten, die Staat und Religion gleichwertig nebeneinander stehenlassen, ohne – wie Europa – die Religion in staatliche Ordnungsstrukturen einzubinden und ohne – wie die USA – die Staatlichkeit dem Religiösen unterzuordnen, würden nun irgendwo zwischen diesen beiden Endpunkten liegen.

Gelegentlich wird geltend gemacht, Fundamentalismus sei säkularisierungsfeindlich. Spricht man nur vom islamistischen Fundamentalismus, so mag die Aussage stimmen, und zwar in beiden oben erwähnten Bedeutungen, die dem Begriff der Säkularisierung zugeschrieben werden können. Der konservative, in den Vereinigten Staaten beheimatete Protestantismus hingegen, der durchaus auch fundamentalistische Züge annehmen kann, ist nur dann säkularisierungsfeindlich, wenn man unter Säkularisierung die abnehmende Bedeutung und die abnehmende soziale Verbreitung von religiösen Verhaltensweisen und Überzeugungen versteht, so wie sie in Europa seit dem 17. Jahrhundert zu beobachten sind. Versteht man jedoch unter Säkularisierung die rein formale Trennung von Kirche und Staat, so ist dieser Fundamentalismus keineswegs säkularisierungsfeindlich, denn er profitiert ja gerade von der strikten Trennung in den USA, welche der Religionsausübung keine staatliche Grenzen zur Wahrung der öffentlichen Ordnung setzt.[29] Abschließend soll aber nochmals festgehalten werden, daß mit dem Begriff der Säkularisierung im folgenden die Ablösung verschiedener Lebensbereiche von der Religion gemeint ist. Wenn der formale Vorgang der Trennung von Kirche und Staat gemeint ist sowie der Endzustand dieses Vorganges, so wird im folgenden die Formulierung »Trennung von Kirche und Staat« verwendet und nicht der Begriff der »Säkularisierung«. Hingegen wird derselbe Begriff im dritten Kapitel dann noch in einem anderen Sinne verwendet werden, der aber über religiöse Belange hinausreicht.

Wesen und Bedeutung des Staates

Wenn ein Kontinentaleuropäer den »Staat« erwähnt, dann spricht ein US-Amerikaner von »Government« oder »Administration«. Wenn US-Amerikaner »State« sagen, so meinen sie nicht eine Struktur, der sich die einzelne Person zugehörig fühlt.[30] Wenn US-Amerikaner die landesweite Struktur benennen wollen, der sie sich allenfalls zugehörig fühlen, so sagen sie »country«, »nation« oder einfach »America«. Unter Umständen ist mit der Bezeichnung »State« ein Gliedstaat der Vereinigten Staaten gemeint, aber auch dies nur als formale Bezeichnung. Die unterschiedliche Bedeutung des Staates in Europa und Amerika geht jedoch weit über diese Bedeutungsunterschiede des Wortes »Staat«/»State« hinaus. Der Prozeß der Entwicklung des politischen Gemeinwesens, der Europa geprägt hat, begann im Mittelalter. Immer noch gab es nur eine einzige Ordnungsstruktur, in welcher zwischen »religiös« und »weltlich« nicht unterschieden wurde, aber der Kaiser trat zunehmend in Konkurrenz zum Papst, wodurch ein Spannungsverhältnis zwischen der religiösen und der politischen Ordnung entstand. Diesem Säkularisierungsschritt des Mittelalters verdankt der heutige europäische Staat seine Existenz. Daß die Französische Revolution den Staat später mit der Nation verband, genauer zur »Staatsnation«, und daß gestützt darauf das Modell des »Nationalstaates« entstand, verlieh der Staatlichkeit in Europa großes Gewicht und ein großes Ansehen, so daß die Staatlichkeit auch als Gefäß für nationale Gefühle dienen konnte.

In der entscheidenden Phase der »Staatsgründung« verlief die Entwicklung in den Vereinigten Staaten gleichsam umgekehrt: Die Gesellschaft hatte sich vom Staat emanzipiert, der durch die Mutterländer, insbesondere durch England, repräsentiert gewesen war. Zusätzlich zur bereits beschriebenen Staatsfeindlichkeit, die auf das Verhältnis von Staat und Religion zurückzuführen war, kam nun noch der Wille, die eben erlangte Freiheit möglichst zu bewahren und keinesfalls einen eigenen Staat in eben jener Ausgestaltung zu errichten, die man gerade abgeschüttelt hatte.[31] Es ging darum, sich vernünftig zu organisieren, aber die Regierung, die man wohl oder übel einsetzen mußte, betrachtete man eher als eine Art »rechenschaftspflichtiges Dienstleistungsunternehmen«. Es liegt auf der Hand, daß man dieses »Government« nicht mit der Nation in Verbindung brachte, denn dies hätte zunächst einmal die Regierung aufgewertet. Darüber hinaus aber hätte es die Nation geschwächt, und gerade dies mußte unter allen Umständen vermieden werden, denn die Begründung der amerikanischen Nation war von entscheidender Bedeutung: Eigentlich hat die Amerikanische Revolution nicht zu einer Staatsgründung, sondern zur Gründung einer Nation geführt.[32] In Europa waren Nationen vorgegeben, durch Völker,

Territorien oder gemeinsame Geschichte, und wenn diese Gegebenheiten nicht deutlich genug vorhanden waren, so wurde durch Mythen und Erziehung etwas nachgeholfen, mit allen Schrecknissen, zu denen diese Entwicklung führen konnte. In den USA hätte alles Nachhelfen nichts genützt, denn das Volk war aus aller Herren Ländern zusammengekommen, und dies würde auch weiterhin so sein. Eine gemeinsame Geschichte fehlte, und auch das gemeinsame Territorium war nicht geschichtsträchtig. Die große Leistung war die Erfindung der amerikanischen Nation, die dann nach außen als Nationalstaat in Erscheinung trat. Die rudimentäre Staatlichkeit, die man aus rein organisatorischen Gründen akzeptierte, war jedoch nicht geeignet, als Träger für nationale Gefühle zu dienen.[33] Vielmehr manifestierte sich die Nation direkt, eingebunden in den religiösen Kontext.

Heute wie vor 200 Jahren gilt in den Vereinigten Staaten der volkstümliche Spruch, jene Regierung sei die beste, die am wenigsten regiere. Es war nicht so sehr von Bedeutung, ob man sich an der Diskussion über die Regierungsform als Wirtschaftsbürger, als Religionsausübender oder als Staatsbürger beteiligte. Wichtig war lediglich, daß deren Kompetenzen sehr beschränkt sein sollten. Gesellschaft und Staat waren und sind in den USA gar nicht mehr trennbar. Wenn US-Amerikaner von »Administration« sprechen und damit eigentlich die Regierung in Washington meinen, so drücken sie genau dies aus: Es handelt sich um die Verwaltung einer gesellschaftlichen Angelegenheit, genauso wie es sich um die Verwaltung eines Konzerns, einer Religionsgemeinschaft oder auch eines großen Vereins handeln könnte, der im nichtwirtschaftlichen Bereich tätig ist. Um die Verwaltung eines Staates im Sinne des europäischen Staatsbegriffes handelt es sich jedenfalls nicht. Mit anderen Worten: In Amerika sind bei der Staatsgründung Staat und Gesellschaft verschmolzen, und zwar mehr oder weniger in dem Sinne, daß die Gesellschaft den Staat aufgesogen hat.[34] Dafür war der Boden durch den Primat der Religion über den Staat bereits vorbereitet.

So entstand der rein horizontale Gesellschaftsvertrag als

Grundlage für das, was Amerika auch heute noch ist und was sich von Staaten europäischen Zuschnitts unterscheidet.[35] Ein ganz wesentlicher transatlantischer Unterschied liegt somit schon in den Vorstellungen über die gesellschaftlichen Vorgänge, auf denen die Organisation des Gemeinwesens beruht: In Europa ist der Staat etwas Drittes, das jenseits des Individuums und dessen Beziehung zu Mitbürgerinnen und Mitbürgern oder Einwohnerinnen und Einwohnern desselben Landes besteht. Der Staat – oder heute zunehmend auch die »Staatlichkeit« auf verschiedenen Ebenen – dient in Europa nicht nur der Sicherheit und zur Wahrnehmung sozialer Aufgaben, sondern Staatlichkeit ist die Ordnungsstruktur der Gesellschaft schlechthin. Sie stellt – weit über die soziale Integration hinaus und sogar jenseits von dieser – den Zusammenhalt der Gesellschaft sicher, und dies ganz unabhängig von Kriterien wie Staatsbürgerschaft, Wohnsitz oder Herkunft der einzelnen Person, die in diesen Zusammenhalt einbezogen ist.[36] Zusammenfassend kann festgehalten werden, daß sich das Staatsverständnis der US-Amerikaner auf einen rein horizontal verstandenen Gesellschaftsvertrag beschränkt, während der europäische Staat etwas Drittes darstellt, das über den horizontalen Gesellschaftsvertrag hinausgeht und das es in den Vereinigten Staaten gar nicht gibt. Europa differenziert zwischen den Begriffen »Staat« und »Gesellschaft«, während in den Vereinigten Staaten diese beiden Begriffe letztlich gar nicht auseinandergehalten werden.

Begriffe und ihre Bedeutung

Wenn in den Vereinigten Staaten Differenzen zu Europa im Staatsverständnis thematisiert werden, so beschränkt sich die Diskussion in der Regel auf den wirtschaftlichen Bereich, also auf die Funktion des Sozialstaates nach europäischem Muster. Die weit über das wirtschaftliche hinausgehende Dimension dieser Unterschiede wird auch in der europäischen Öffentlichkeit wenig beachtet. In wissenschaftlichen Publikationen wird das Thema zwar angesprochen, aber es gelangt kaum in die politische Diskussion, auch nicht in Gremien, die sich mit diesen Fragen befassen. Ab 1990 erlebte ich in der Parlamentarischen Versammlung des Europarates die spannenden Jahre des Aufbruchs, der Kontaktaufnahme zuerst mit mitteleuropäischen und etwas später auch mit osteuropäischen Staaten, und den Prozeß, welcher in deren Beitritt zum Europarat mündete. Zusammen mit Parlamentsmitgliedern aus allen westeuropäischen Ländern reiste ich regelmäßig zu Gesprächen mit Parlamentarierinnen und Parlamentariern sowie Regierungs- und anderen Behördenmitgliedern dieser Staaten, wir diskutierten die anstehenden Probleme und erläuterten das europäische Staats-, Rechts- und Demokratieverständnis. In diesen Jahren wurde ich auch hellhörig für die kleinen Nuancen in diesem Verständnis, die innerhalb Westeuropas bestehen, zum Beispiel zwischen den skandinavischen und den südlichen Ländern, zwischen der mehr germanisch geprägten Rechtskultur und derjenigen mit romanischen Wurzeln oder zwischen einem kontinentaleuropäischen und einem britischen Verfassungsbegriff. Außer Frage stand jedoch, daß es ein solches gesamteuropäisches Verständnis gab. Die innerhalb Westeuropas nuancierten Differenzierungen stellten eine Bereicherung dar und erlaubten es, auf die Verschiedenheiten der mittelosteuropäischen Länder auch differenzierter einzugehen. Außer Frage stand aber auch, daß dieses europäische Staatsverständnis das einzige war, das überhaupt zu diskutieren sei.

Die transatlantischen Unterschiede im Staatsverständnis sind auch in Europa nicht zuletzt deshalb relativ unbekannt, weil diesseits und jenseits des Atlantiks dieselben Begriffe für unterschiedliche Dinge verwendet werden. Als Beispiel sei hier die »Republik« erwähnt. Als in der zweiten Hälfte des 18. Jahrhunderts nach Erlangen der Unabhängigkeit die »Staatsgründung« der USA bevorstand, hatte sich Frankreich zwar noch nicht in eine Republik gewandelt, aber die Forderung danach war bereits gestellt, der republikanische Gedanke war längst geboren, und es bestand die Gewißheit, daß sich die Vereinigten Staaten daran orientieren würden. Die Bedürfnisse und die Probleme der Amerikanischen Revolution waren aber völlig anders gelagert als jene, welche die Französische Revolution auslösten, insbesondere gab es keinen Adel und keine Monarchie abzuschaffen, sondern es ging darum, eine Regierungsform zu finden, die sich von jener der Mutterländer darin unterschied, daß man keinen starken Staat wollte: Man organisierte letztlich nicht einen Staat, sondern eine gouvernementale Struktur. Die Gründerväter Amerikas behalfen sich in dieser Situation damit, daß sie verschiedene Begriffe übernahmen, ihnen aber entsprechend den Umständen und ihren Bedürfnissen einen anderen Sinn gaben.[37] Solches widerfuhr auch dem Begriff der Republik, und zwar noch bevor dieser Begriff und das, was er für Europa beinhaltete, in Frankreich zum Durchbruch gebracht werden konnte. Wenn Französinnen und Franzosen von ihrer »République« sprechen, so tun sie dies noch heute mit einem gewissen Stolz und meinen damit gleichsam eine qualifizierte Staatlichkeit, die ihnen letztlich ihre Freiheit garantiert.

Der Unterschied zum US-amerikanischen Verständnis desselben Begriffes könnte kaum größer sein. Es gibt aber auch den umgekehrten Fall, daß nämlich der Begriff und seine Bedeutung nicht oder nicht mehr übereinstimmen: Entsprechend dem unterschiedlichen Staatsverständnis würde die in den USA gebräuchliche Bezeichnung »nichtgouvernemental« einer europäischen Bezeichnung »nichtstaatlich« entsprechen. Das Kürzel »NGO« – »Non-governmental Organization« – hat sich jedoch weltweit durchgesetzt, obschon es eigentlich nur für Amerika eine zutreffende Bezeichnung darstellt und in Europa »nichtstaatliche Organisation« heißen müßte. Daß mit dem Begriff »NGO« das US-amerikanische »Staats«-Verständnis als allein denkbares ausgegeben wird, obschon es die europäische Realität verfälscht wiedergibt, ist für die staatspolitische Identität jener Länder nicht sehr hilfreich, welche auf diese Identität als Grundlage der öffentlichen Ordnungsstruktur angewiesen sind. Es ist deshalb sinnvoll, in Europa die Bezeichnung »nichtstaatlich« zu verwenden, wie es auch in diesem Text konsequent gehandhabt wird.

Bevor auf das unterschiedliche Freiheitsverständnis diesseits und jenseits des Atlantiks eingegangen wird, soll abschließend noch ein anderer Unterschied im amerikanischen und im europäischen Selbstverständnis erwähnt werden, weil sich darin ein Bezugspunkt findet zum amerikanischen Gesellschaftsvertrag. Es ist hier nochmals zurückzukommen auf den Mythos vom Auserwählten Volk Gottes. Amerika versteht sich auch als »Bund mit Gott«, analog dem Bund, den Stämme Israels gemäß dem Alten Testament mit Gott geschlossen hatten. Die Vorstellung dieses »covenant« ist noch heute präsent und wichtig für das Verständnis der US-amerikanischen Nation.[38] Interessant ist nun, daß zu Beginn der Auswanderung in die Neue Welt in den neuenglischen Kolonien die biblische Idee des »covenant« sowohl den Politikern wie auch den Theologen als Grundlage diente, und zwar nicht etwa unter verschiedenen Vorzeichen, sondern als identische, theoretische Grundlage sowohl des »Staates« als auch des Glaubens: Gesellschaftsvertrag und biblischer Bund waren für die Puritaner dasselbe, der Bürger und der Gläubige waren identisch.[39] Da der rein horizontale Gesellschaftsvertrag eine Urverwandtschaft aufweist mit dem »covenant«, also mit dem Bund, den Gott mit den Mitgliedern des von ihm auserwählten Volkes geschlossen hat, gibt es auch für US-Amerikaner etwas »Drittes«. Nur ist dieses Dritte nicht in staatlichen, sondern in religiösen Kategorien angesiedelt. Auch hier führt das Hinterfragen dieser Zusammenhänge auf die transatlantische Weggabelung des Jahres 1648 zurück.

Freiheit und Bindung

Die wichtige Rolle der Religion ist in den Vereinigten Staaten längst nicht mehr ständig und direkt sichtbar, abgesehen von verschiedenen bereits erwähnten Phänomenen wie etwa dem unerläßlichem Kirchgang von Präsidentschaftskandidaten. Sichtbarer wird die enge Verbindung von Nation und Religion in Ausnahmesituationen, wie zum Beispiel nach den Terroranschlägen vom 11. September 2001. Es war indessen nicht Sinn der vorgehenden Ausführungen, US-amerikanische Eigenart als solche zu erläutern, sondern es geht darum, jene Unterschiede besser verstehen zu können, die sich heute im transatlantischen Verhältnis bemerkbar machen. Diese Unterschiede zeigen sich in Wertungen, Verhaltensmustern und Ansprüchen an das, was der oder die einzelne vom Leben einerseits erwarten darf und worin er oder sie andererseits zurückstecken kann, ohne dies für allzu beklagenswert zu halten. Um das letztlich recht unterschiedliche Freiheitsverständnis in Europa und in den Vereinigten Staaten geht es in diesem Abschnitt. Der nächste Abschnitt wird sich mit den Konsequenzen befassen, welche dieses unterschiedliche Freiheitsverständnis im Bereich von Recht und Moral zur Folge hat.

Der ständige Neubeginn

Viele Funktionen des Staates, so wie er in Europa in unterschiedlichen Formen, aber letztlich doch innerhalb einer gewissen Bandbreite existiert, werden in den Vereinigten Staaten von nichtstaatlichen Vereinigungen wahrgenommen, in welchen sich US-Amerikanerinnen und Amerikaner immer wieder neu zusammenschließen. Allerdings bezeichnen sie diesen Vorgang wohl kaum lediglich mit »Zusammenschluß«, sondern immer mit »freiwilligem Zusammenschluß«. »Freiwilligkeit« und »Nichtstaatlichkeit« sind im amerikanischen Sprachgebrauch Synonyme, da die Zugehörigkeit zum Staat als Zwang empfunden wird, den es möglichst zu vermeiden gilt. Daß US-Amerikanern die Bildung privater Vereinigungen so wichtig ist und sie systematisch darauf bedacht sind, möglichst viele Funktionen, die in Europa im Prinzip als öffentliche verstanden werden, durch solche Vereinigungen wahrnehmen zu lassen, ist nicht nur auf die traditionelle Staatsfeindlichkeit zurückzuführen. Eine zusätzliche historische Wurzel findet sich in der Rolle, welche die Glaubensgemeinschaften in der frühesten amerikanischen Geschichte zur Gewährleistung demokratischer Abläufe und später im Wirtschaftsleben spielten. In einer sehr frühen Phase konnte in Amerika die Wahlberechtigung nur über die Zugehörigkeit zu einem bestimmten Glaubensbekenntnis erworben werden, und später galt diese Zugehörigkeit als äußerst wichtige Voraussetzung für die Kreditwürdigkeit. Die Glaubensgemeinschaften stellten in gewissen Perioden der amerikanischen Geschichte gleichsam die Grundstruktur der gesellschaftlichen Organisation dar, sie boten vor den eigentlichen Staatsgründungen und angesichts der Größe und Weite des Landes die einzige Ordnungsperspektive und behielten gewisse Funktionen auch später bei. In diese Gemeinschaften mußte der einzelne jedoch formell aufgenommen worden sein, und dies bedingte über das entsprechende Glaubensbekenntnis hinaus, daß er als Persönlichkeit der Zugehörigkeit moralisch für würdig befunden worden war. Da die Mitglieder oft auch gegenseitig für ihre Schulden hafteten, war es wichtig zu wissen, mit wem man sich eingelassen hatte. Diese historischen Wurzeln haben eine Nachwirkung bis heute, da die Zugehörigkeit zu gewissen Clubs, in die man formell aufgenommen worden sein muß, im beruflichen Leben in den USA eine viel größere Rolle spielen, als es in Europa je denkbar wäre.[40] Für Europäerinnen und Europäer ist eine solche Mitgliedschaft keine unabdingbare Voraussetzung für bestimmte berufliche Ziele und schon gar nicht für die gesellschaftliche Zugehörigkeit, denn diese Clubs und Vereinigungen nehmen keine gesellschaftliche Ordnungsfunktion wahr, wie dies in den Vereinigten Staaten der Fall ist.

In der US-amerikanischen Affinität zu privaten Vereinigungen kommt ein weiteres Element des amerikanischen Gründungsmythos zum Ausdruck, der darin besteht, immer wieder das Alte hinter sich zu lassen und neu zu beginnen. Die Grundform dieses Erlebnisses ist das Verlassen Europas und die Auswanderung nach Amerika, welche auch die bereits dargelegte religiöse Komponente beinhaltet.[41] Kamen die Einwanderer am Anfang nur aus Europa, so erfolgt die Einwanderung heute aus der ganzen Welt. Unverändert geblieben ist aber die Attraktivität des Neubeginns, des Abstreifens von Altem und der Zuwendung zu etwas Neuem.[42] Den Staat kann man nicht immer wieder neu gründen oder umorganisieren. Staatlichkeit ist, wie der Wortstamm schon aussagt, etwas Statisches, wohingegen das private Vereins- und Clubwesen dynamischer gehandhabt werden kann. Dies will nicht heißen, daß in gewissen Clubs nicht starke Regeln der Tradition gelten. Aber die Gründung von neuen Clubs und Vereinigungen ist immer möglich, und es läßt sich immer wieder neu festlegen, wie formlos oder formell diese sein sollen. Auch kann man private Organisationen immer wieder verlassen, und man kann neuen beitreten, sofern man in diese aufgenommen wird. Jene US-Amerikaner, die sich bewußt sind, daß es sich bei der Vorliebe für diese Organisationsformen um eine typisch amerikanische Eigenart handelt, die nicht weltweit selbstverständlich ist, verwenden dafür in der Regel den Ausdruck Pragmatismus. »Pragmatic« ist ein Wort, welches einem in der Zusammenarbeit mit transatlantischen Partnerinnen und Partnern sehr häufig begegnet. In der hier verwendeten Bedeutung zeigt es auf, daß man jederzeit frei sein will, die Dinge neu und anders oder zusammen mit neuen und anderen Partnerinnen und Partnern zu organisieren, wenn es sich als nötig erweisen sollte.

Ein rein horizontaler Gesellschaftsvertrag ist nur in der Lage, den Zusammenhalt der Gesellschaft zu gewährleisten, wenn er immer wieder im gegenseitigen Versprechen erneuert wird. Dies geschieht jenseits des Atlantiks regelmäßig im Rückgriff auf die amerikanische Nation und deren Begründungswurzeln im Religiösen und in der Geschichte Amerikas. In Krisensituationen wie nach den Terroranschlägen vom 11. September 2001 wird die Erneuerung des gegenseitigen Versprechens der Zusammengehörigkeit besonders intensiv, die Zugehörigkeit zur amerikanischen Gesellschaft wird in solchen Augenblicken geradezu täglich beschworen. Es ist absolut undenkbar, daß sich in einer analogen Situation in Frankreich, Deutschland, Großbritannien oder in einem anderen europäischen Land die Parlamentsmitglieder auf den Stufen des Parlamentsgebäudes zusammenfinden würden, um die Nationalhymne zu singen, wie dies nach dem 11. September in Washington D. C. geschah. Dies ist genauso unvorstellbar, wie es in den Vereinigten Staaten selbstverständlich war, und daraus irgendeine gegenseitige Wertung der beiden Gesellschaften diesseits und jenseits des Atlantik ableiten zu wollen, wäre völlig verfehlt. Genauso verfehlt, wenn nicht gar gefährlich wäre es aber, vor solchen Unterschieden die Augen zu verschließen. Warum in Europa die Integration der Gesellschaft ganz anders funktioniert, wurde bereits dargelegt: In Europa ist es nicht nötig, die Existenz der staatlichen Ordnungsstruktur, welche die gesellschaftliche Integration letztlich gewährleistet, immer wieder neu festzustellen, denn sie ist etwas Drittes, das unabhängig von der Beziehung zwischen den Individuen existiert.

Schließlich stellt der ständige Neubeginn auch ganz generell eine Grundform der US-amerikanischen Politik dar. Oft haben Präsidenten der Vereinigten Staaten versucht, die Wählerschaft durch einen grundlegenden Neubeginn in der Form eines »neuen Bundes« zu gewinnen, der sich einerseits an den Gründungsakt der Nation anlehnt und andererseits unausgesprochen auch den »Bund mit Gott« erneuert. Beispiele dafür sind Präsident Roosevelts »New Deal« oder Präsident Johnsons »Great society«. Selbst Präsident Clinton bediente sich zur Eröffnung seiner Wahlkampagne im Jahre 1991 des »neuen Bundes« zwischen Volk und Regierung. Die erste programmatische Rede des Präsidentschaftskandidaten Clinton vom 23. Oktober 1991 enthält den Passus: »Vor über zweihundert Jahren entwarfen unsere Gründungsväter den ersten Sozialpakt zwischen Regierung und Volk, nicht nur zwischen Herren und Königen. Vor mehr als hundert Jahren gab Abraham Lincoln sein Leben dahin, um die durch diesen Pakt geschaffene Union zu retten. Vor sechzig Jahren erneuerte Präsident Roosevelt dieses Versprechen mit einem *New Deal*, der im Austausch für harte Arbeit neue Chancen bot. Heute müssen wir einen Neuen Bund schließen, um das zerschlissene Band zwischen dem Volk und seiner Regierung zu reparieren und zu unseren Grundwerten zurückzufinden.«[43]

Schlüsselbegriff: Das Bekenntnis

Was die eben dargestellten Phänomene verbindet, ist das Bekenntnis. Will man verschiedene transatlantische Unterschiede besser verstehen, so stößt man früher oder später auf die Tatsache, daß das Phänomen des Bekenntnisses nicht nur in der US-amerikanischen Gesellschaft eine ganz zentrale Funktion hat, sondern hier ein wichtiger Kernpunkt des Unterschiedes zwischen dem europäischen und dem US-amerikanischen Gesellschaftsverständnis liegt. Der Begriff »Bekenntnis« wird so gleichsam zum Schlüsselbegriff für die Erklärung transatlantischer Unterschiede, und dies vor allem auch im Zusammenhang mit der Zugehörigkeit der einzelnen Person zur Gesellschaft, im Zusammenhang also mit gesellschaftlicher Integration. Gesellschaftliche Zugehörigkeit beruht in Amerika immer auf einem Bekenntnis, während Europa die »bekenntnisfreie Zugehörigkeit« zur Gesellschaft kennt. Oder umgekehrt betrachtet: In Europa gehört der einzelne schon deshalb zur Gesellschaft, weil er überhaupt existiert, während die alleinige Existenz jenseits des Atlantiks noch keine Zugehörigkeit zur Folge hat. So gesehen können transatlantisch auch die beiden Begriffe »Zugehörigkeit durch Existenz« für Europa und »Zugehörigkeit durch Bekenntnis« für die Vereinigten Staaten gegenübergestellt werden. Mit dem Beitritt zu einem Verein oder Club, durch das Mitwirken in gemeinschaftlichen Aktivitäten bezeugen US-Amerikanerinnen und Amerikaner ihr Einverständnis mit den entsprechenden Zielen. Auch individuell bekennt man sich zu den verschiedensten Idealen, die weit über den religiösen Bereich hinausgehen, in dessen Umfeld das Wort »Bekenntnis« – als Glaubensbekenntnis – in der Regel lokalisiert wird. Man bekennt sich zu Wertvorstellungen, zur Familie, immer wieder zur »Freiheit«, oder man bekennt sich zum wirtschaftlichen Erfolg, indem man diesen selber anstrebt und sich entsprechende Vorbilder aussucht, möglicherweise den legendären Milliardär, der als Tellerwäscher angefangen hat.

Eine wichtige Rolle spielt auch die Übernahme des »American way of life«. Der bereits erwähnte Soziologe Shmuel N. Eisenstadt führt die oft sehr rasche Übernahme des »American way of life« durch Einwanderer darauf zurück, daß sich diese nach außen sichtbar zu Amerika bekennen wollen, um möglichst rasche Zugehörigkeit zu erlangen.[44] Danach wäre dieses Phänomen also vor allem darauf zurückzuführen, daß es sich bei der amerikanischen Gesellschaft seit jeher um eine Einwanderungsgesellschaft handelt. Am eindrücklichsten ist für europäische Betrachter das ganz lapidare Bekenntnis zu »America«, in welchem Wort eine ganze Weltanschauung zum Ausdruck kommt. Nicht-Bekennende sind schwer einzuordnen. US-Amerikaner möchten die Leute aber einordnen können, denn nach wie vor möchte man wissen, mit wem man es zu tun hat. Auch dies ist auf die Einwanderungsgesellschaft zurückzuführen.

Derselbe Unterschied kann auch umgekehrt beschrieben werden, ausgehend vom Begriff der »Ausgrenzung«, der gleichsam den Gegenbegriff zur »Zugehörigkeit« darstellt. Europäerinnen und Europäern, die sich mit den sozialen Verhältnissen in den USA befassen, fällt regelmäßig auf, daß verhältnismäßig mehr Personen als in Europa gesellschaftlich ausgegrenzt sind: Der Anteil jener, die am Rande des Existenzminimums leben, ist größer als in Europa, Obdachlosigkeit und offenkundige Armut werden eher für selbstverständlich gehalten, der Unterschied zwischen Arm und Reich ist ersichtlich größer. Oder um ein anderes Beispiel zu erwähnen: Es gibt viel mehr Strafgefangene, und die immer noch exekutierten Todesurteile stellen die letzte Konsequenz der Ausgrenzung dar, gleichsam den »Inbegriff der Ausgrenzung«. Wie kann sich ein so reiches Land, in welchem Wertvorstellungen und Religion öffentlich diskutiert werden und eine große Rolle spielen, so viele ausgegrenzte Menschen leisten und mit ihnen so umgehen? Diese Fragestellung ist jedoch zumindest problematisch, wenn nicht sogar falsch, denn sie basiert auf einem europäischen Menschenbild. Die Antwort muß tiefer greifen und ausgehen von dem Menschenbild, welches der amerikanischen Gesellschaft zugrunde liegt. Dieses kennt gar keine »Ausgrenzung«, weil es gar kein

Kollektiv gibt, dem man zunächst einmal existentiell angehören würde und aus dem man demzufolge ausgegrenzt werden könnte. Die Perspektive ist umgekehrt, indem US-Amerikanerinnen und Amerikaner sich aktiv in die Gesellschaft einschalten wollen. Es gibt im Grunde genommen gar keine passive Zugehörigkeit, es gibt nur den aktiven Zutritt zur Gesellschaft, und diesen verschafft man sich durch das Bekenntnis zu einer Idee, zu einer Aktivität, zu einer Gemeinschaft oder zur beruflichen Aktivität, in welcher man sich über Erfolge ausweisen kann. Mit dem Begriff der »Ausgrenzung« läßt sich die Situation der USA somit gar nicht erfassen. Das heißt nun nicht, daß die wirtschaftlichen Randbedingungen nicht miteinander verglichen werden sollten, welche in Europa und in den Vereinigten Staaten zu den unterschiedlichen sozialen Verhältnissen führen. Bei diesem Vergleich entspricht jedoch dem, was in Europa mit gesellschaftlicher »Ausgrenzung« umschrieben wird, in den Vereinigten Staaten gleichsam die »Nicht-Aufnahme« in die Gesellschaft, weil die Perspektive eine umgekehrte ist.

Abschließend muß noch klargestellt werden, was mit »Zugehörigkeit« in diesem Abschnitt gemeint ist: Es geht um die gesellschaftliche Zugehörigkeit und nicht etwa um die formelle Staatsangehörigkeit. Die Staatsangehörigkeit wird weltweit durch jeden Staat gesetzlich geregelt, und damit wird klargestellt, wer unter welchen Voraussetzungen besondere Rechte und Pflichten gegenüber dem betreffenden Staat hat, wobei die Rechte insbesondere auch die Teilnahme an der politischen Willensbildung beinhalten. Es geht also um eine rein organisatorische Frage, nämlich um die Regelung des Rechtsverhältnisses zwischen der einzelnen Person und dem Staat, zu welchem diese Person eine besondere Beziehung hat, durch Herkunft, durch Aufenthalt oder durch andere Umstände.

Gesellschaftliche Zugehörigkeit ist jedoch etwas, das weit über die Staatsangehörigkeit hinausgeht. Die Frage nach der gesellschaftlichen Zugehörigkeit stellt sich genauso für Personen, die nicht über die Staatsangehörigkeit des Landes verfügen, in dem sie sich zu einem bestimmten Zeitpunkt befinden, sie stellt sich auch für staatenlose Personen, sie stellt sich – vor allem, wenn sie im europäischen Sinne existentiell begründet wird – überhaupt für jeden Menschen. Gerade auch die Vereinigten Staaten sind das Paradebeispiel für die Möglichkeit, wie Personen ohne Staatsangehörigkeit dennoch gesellschaftliche Zugehörigkeit erreichen können. Gesellschaftliche Zugehörigkeit muß aber auch in Europa getrennt von der Staatsangehörigkeit betrachtet werden: Insoweit die »Staatlichkeit« bei der gesellschaftlichen Integration eine Rolle spielt, tut sie dies auch und vor allem jenseits der Frage nach der Staatsangehörigkeit. Zusammenfassend kann festgehalten werden: Wer in Amerika dazugehören will, muß erstens etwas tun und zweitens damit beweisen, daß er oder sie dazugehören will. Europäerinnen und Europäer haben dieselben Möglichkeiten der Betätigung in vielfältigen Lebensbereichen, im öffentlichen wie im privaten, im beruflichen wie im familiären, sie haben auch dieselben Möglichkeiten des Mitmachens in gemeinschaftlichen Aktivitäten jeder Art, und schließlich steht es ihnen ebenso offen, sich zu den verschiedensten Dingen zu bekennen. Aber all dies mit einem wichtigen Unterschied zu den Vereinigten Staaten: Die Zugehörigkeit zur Gesellschaft hängt in Europa nicht von all dem ab, denn diese Zugehörigkeit ist in ihrem letzten Grund eine existentielle.

Bindung an Prinzipien

Als im Oktober des Jahres 2000 klar wurde, daß die Bevölkerung der Bundesrepublik Jugoslawien dem Regime Milošević' durch Massenkundgebungen in den Straßen Belgrads ein Ende bereitete, ließ sich zu diesem Ereignis sehr bald auch die internationale Öffentlichkeit vernehmen. Neben der Europäischen Union und Rußland bezog auch US-Präsident Clinton Stellung, forderte Milošević zum Rücktritt auf und titulierte dessen Regime mit den abschätzigsten Begriffen, die er finden konnte. Natürlich war kein Wort darüber zu hören, daß Richard Holbrooke, seinerzeitiger US-Jugoslawien-Beauftragter,

1995 denselben Milošević zu seinem Intimus gemacht hatte, um die Voraussetzungen für den Abschluß des Friedensabkommens von Dayton zu schaffen. Milošević figurierte als einer der Hauptunterzeichner dieses Abkommens, und ich habe mich immer glücklich geschätzt, daß der Anhang zu diesem Papier, der die Rechtsgrundlage für meine Institution bildete, die Unterschrift des damaligen jugoslawischen Präsidenten nicht trug, weil dieser Zusatz zum Abkommen als interne Angelegenheit des bosnischen Staates galt. Washington hatte mit seiner Strategie maßgeblich dazu beigetragen, daß sich Milošević in der Folge so lange hat halten können. Dies ist unbestritten. Für jene, die den Balkan aktiv miterlebt hatten, stellten sich angesichts solcher Stellungnahmen einige Fragen: Erinnerte sich Präsident Clinton nicht mehr an die Jahre zuvor? Waren sich wenigstens seine Berater dessen bewußt, daß die Stellungnahme auf dem erwähnten Hintergrund zynisch wirkte? Auch hier muß die Antwort tiefer gesucht werden, denn diese Fragen sind für US-amerikanische Verhältnisse ebenso falsch gestellt. Sie basieren auf einem europäischen Prinzipienverständnis und ignorieren einen ganz grundlegenden Unterschied zwischen der europäischen und der amerikanischen Tradition. »Immer wieder neu beginnen« heißt nicht nur, die Problemlösungsmethoden immer wieder anzupassen, sondern es bedingt manchmal auch, Grundsätze über Bord zu werfen und sie durch neue zu ersetzen. Der ständige Neubeginn, der für das US-amerikanische Denken so wichtig ist, führt zu einer anderen Wertung bezüglich der kurzfristigen und der langfristigen Folgen einer Handlung: Die kurzfristigen Erfolge und Konsequenzen sind für den US-Amerikaner sehr viel wichtiger als die langfristigen, weil er sich darauf verläßt, daß man die langfristigen Konsequenzen später schon noch irgendwie werde korrigieren können: Wenn sie dereinst durch Zeitablauf zu kurzfristigen Konsequenzen geworden sein werden, wird die Lage besser überschaubar sein, und dann wird man das Problem zu jenem Zeitpunkt durch dynamische Handhabung der Mittel, also durch eine rechtzeitige Anpassung der Strategie lösen können, so die amerikanische Philosophie, die sich offenbar in der US-amerikanischen Geschichte immer wieder bewährt hat. Deshalb ist die Prinzipienlosigkeit in der Wahl der Verbündeten eben nur aus europäischer Sicht eine »Prinzipienlosigkeit«. Auf US-amerikanisch wird das Vorgehen »dynamisch« oder »pragmatisch« genannt, eine aus europäischer Sicht weitere Bedeutung des US-Pragmatismus. Als dessen erste Bedeutung wurde der Wille erwähnt, jederzeit frei zu sein, die Dinge neu und anders oder zusammen mit neuen und anderen Partnerinnen und Partnern zu organisieren, wenn es sich als nötig erweisen sollte. Diese zweite Bedeutung hat einen inneren Zusammenhang mit der ersten, und sie besteht darin, die langfristigen Schwierigkeiten, die eine Handlung zur Folge haben könnte, vorerst einmal nicht mitzuberücksichtigen, wenn nur das kurzfristige Ziel erreicht werden kann.

Die – aus europäischer Sicht – prinzipienlose Auswahl der Verbündeten zieht sich wie ein roter Faden durch die letzten Jahre hindurch: Saddam Hussein war lieb Kind im Kampf gegen den Iran, bevor er sich in einen Schurken verwandelte. Die Taliban wurden von den USA aufgerüstet, um in Afghanistan die Russen zu bekämpfen, bevor sie zum Feind Nummer 1 avancierten. Es waren die US-Amerikaner, die vor dem Krieg gegen die Bundesrepublik Jugoslawien die UÇK zu alleinigen Vertretern der Kosovo-Albaner auserkoren, was sich im nachhinein keineswegs als die beste Wahl erwies. Allen diesen Verbündeten war zum Zeitpunkt der Verbündung etwas gemeinsam: Sie waren ebenso »pragmatisch« wie die US-Amerikaner. Im politischen Geschäft nähern sich US-Amerikaner jenen Gruppen, die ähnlich »pragmatisch« denken wie sie selbst, mit geradezu instinktiver Sicherheit. Umgekehrt führt sie der Weg mit derselben instinktiven Sicherheit an all jenen Kräften vorbei, denen neben der Erreichung eines bestimmten Zieles die Einhaltung einiger Grundsätze oder Prinzipien auch wichtig wäre. Dabei sind sich die US-Amerikaner wohl in den seltensten Fällen bewußt, um was für Prinzipien es sich handeln könnte. Sie empfinden bei der Suche nach Partnern die betreffenden Gruppen oder Personen ganz intuitiv als »kompliziert«, denn diese verkörpern etwas, das den US-Amerikanern ganz einfach nicht vertraut ist und das sie nicht nachvollziehen können. Es läßt sich fast nur in der bereits erwähnten Kategorie ausdrücken: Diese Gruppen oder Personen sind den US-Amerikanern »zu wenig pragmatisch«. Ein Diplomat erzählte mir, Richard Holbrooke hätte auf Konferenzen zur Lage im Balkan jeweils das Bonmot eingebracht, die Europäer würden Strukturen schaffen und die Amerikaner würden die Probleme lösen. Dieser Ausspruch charakterisiert die Situation aus amerikanischer Sicht recht gut. Aus europäischer Sicht stimmt der Ausspruch ebenfalls, aber viel eher in einem übertragenen Sinne, der für den Erfinder dieser transatlantischen Charakteristik wohl kaum im Vordergrund gestanden haben dürfte. Holbrooke meinte mit Strukturen offensichtlich Organisationsstrukturen. Was das europäische Vorgehen vom US-amerikanischen aber noch mehr unterscheidet, sind die »Denkstrukturen«, welche der Entwicklung von Strategien zugrunde liegen. Mindestens mittelfristige oder sogar langfristige Konsequenzen des Handelns werden im europäischen Denken eher miteinbezogen, und falls diese als zu negativ erscheinen, wird die Strategie rascher verworfen, selbst wenn sie kurzfristige Erfolge bringen könnte. Der Unterschied ist keineswegs auf eine höhere Moral Europas zurückzuführen, sondern wiederum ist es die Geschichte, die das heutige Europa auf leidgeprüften und schuldbeladenen Wegen dazu gebracht hat, diese heute europäischen Denkstrukturen letzten Endes doch als gewinnbringender einzustufen.

Auch Europa ist indessen vor Rückfällen ins Vergessen seiner eigenen Geschichte nicht geschützt. Das Verhalten der westeuropäischen Staaten am Anfang der Balkankrise war ein solcher Rückfall. Gerade der Balkan ist ein Beispiel dafür, wieviel Bitterkeit ein Vorgehen ohne Grundsätze und Prinzipien bei der betroffenen Bevölkerung auslösen kann, denn eine ethnonational kriegsgeschädigte Gesellschaft muß derartige Vorgänge als besonders zynisch empfinden. Allerdings ist hier eine Einschränkung zu machen, die wiederum auf einen grundlegenden transatlantischen Unterschied hinweist: Jede Politik ist gelegentlich mit der Frage konfrontiert, ob »der

Zweck die Mittel heilige«. Wer diese Vorstellung ablehnt, verlangt auch im politischen Geschäft die Einhaltung gewisser Prinzipien. Es sind bereits einige vor allem geschichtlich bedingte Gründe genannt worden, die dazu führen, daß für Europa Prinzipientreue wichtiger ist als für die Vereinigten Staaten. Ein wichtiger Begriff in diesem Zusammenhang ist die Nation. Für die US-amerikanische Öffentlichkeit sind Strategien, die in Europa einen prinzipienlosen Eindruck machen, oft deshalb nicht prinzipienlos, weil sie sich einem absolut obersten Prinzip unterordnen, dem Prinzip der Wahrung amerikanischer Interessen. Die Begründung »im Interesse Amerikas« wirkt nicht nur im Kongreß, sondern in allen Bevölkerungsschichten wie ein Zauberwort, welches alles oder fast alles rechtfertigt, insbesondere heiligt dieses Zauberwort praktisch alle denkbaren Mittel.[45] Daß es in Europa keine solchen Zauberwörter gibt, ist wiederum keineswegs auf eine höhere Moral der Europäer zurückzuführen, sondern ganz im Gegenteil und einmal mehr auf eine schuldbeladene Geschichte: Die alles rechtfertigende Letztbegründung mit nationalen Interessen hat in Europa überwunden und ersetzt werden müssen durch den Willen zur Kooperation.

Demokratie und Politik

Auch die Demokratie gehört zu jenen Begriffen, die diesseits und jenseits des Atlantiks in der bedenkenlosen Annahme verwendet werden, daß sie diesseits und jenseits auch genau dasselbe bedeuten. Vor allem der Blick zurück in die Geschichte stellt diese Annahme wenigstens teilweise in Frage. In Europa ersetzte die Französische Revolution den König, der bis dahin – zum Teil in Rücksprache mit dem Adel – die Gesetze erlassen hatte, durch den »Volkssouverän«. Zwar wurden nur die männlichen Bürger, aber immerhin diese alle für berechtigt erklärt, die gesetzgebende Versammlung zu wählen und damit auch darüber zu bestimmen, von wem sie regiert werden wollten. Die Republik trat als Staatsform an die Stelle der Monarchie. Deshalb spielt die »Volkssouveränität« bei der Erfindung der Demokratie in Europa eine ganz zentrale Rolle. Es wurde bereits erwähnt, daß die Bedürfnisse und die Probleme in der Amerikanischen Revolution völlig anders gelagert waren als jene, welche die Französische Revolution auslösten. Die amerikanische Verfassung hatte nie die Funktion, den absoluten Herrscher durch das souveräne Volk zu ersetzen, sondern es ging darum, minimale Strukturen zu schaffen, um den Fortbestand der amerikanischen Nation zu sichern, nachdem man sich von den Mutterländern losgesagt hatte. Ein mächtiger Staat sollte vermieden werden, und es sollte in Zukunft auch nicht möglich sein, daß sich die Dinge dahin entwickeln könnten. Es ist deshalb verständlich, daß die Urheber der Verfassung der Vereinigten Staaten in dieser Situation nicht nur den gewählten Repräsentanten des Volkes mißtrauten, sondern sogar diesem Volk selbst. Deshalb fehlt in der Verfassung auch das Prinzip der Volkssouveränität.[46] Die US-amerikanische Geschichte ist gleichsam ein großer und immer wieder gelungener Versuch, zu verhindern, daß sich eine politische Gewalt überhaupt anmaßen kann, im Namen des Volkes zu sprechen.[47]

Für die Gründerväter der Vereinigten Staaten war es von Anfang an sehr wichtig, ein System zu erfinden, welches sie vor dem Willen der Mehrheit des Volkes wirksam schützen konnte.[48] Der Schutz jeder Art von Minderheitsinteressen wurde deshalb in der Verfassungsdiskussion zu einem zentralen Anliegen, dessen Wurzeln auch auf den bereits seit den ersten Tagen der Einwanderung anerkannten Schutz der Religionsgemeinschaften und Sekten zurückgingen. Im Verlauf der Amerikanischen Revolution wurde die Lösung darin gefunden, daß die Rechtsprechung höher eingestuft wurde als die Demokratie: Jede unterlegene Minderheit kann den obersten Gerichtshof anrufen und mit Berufung auf die Verfassung Gesetze anfechten, die von der parlamentarischen Mehrheit erlassen worden sind. Demokratie ist in Europa klar mit Parlamentarismus verbunden, während in den Vereinigten Staaten Demokratie viel stärker mit der Justiz verbunden ist.

In Europa besteht die demokratische Identität in der Wahl der Parlamente, zu der man in der Eigenschaft als Teil des Volkssouveräns berechtigt ist. In den USA besteht die demokratische Identität darin, Rechte zu haben, die einem durch die Verfassung garantiert sind und die man als Einzelperson oder Vertretung eines Minderheitsinteresses einklagen kann. So erhält das Recht und die Justiz eine ganz andere Funktion als in Europa: Die Zugehörigkeit des einzelnen zu Amerika manifestiert sich – aufgrund der fehlenden staatlichen Identität – weniger über Parlamentswahlen und Gesetzgebung, sondern »in erster Linie durch Abgrenzung, Behauptung und Durchsetzung« individueller Rechte, so daß »die Institution des Gerichts zum höchsten und letzten Garanten individueller Sicherheit und *bürgerschaftlicher* Anerkennung wird«[49].

Natürlich gibt es auch in den europäischen Staaten verfassungsmäßig garantierte Rechte, und diese sind in den verschiedenartigsten Verfahren ebenfalls einklagbar. Aber dieses Phänomen wird von Europäerinnen und Europäern dem »Recht« und der »Justiz« zugeordnet. Und umgekehrt war die Volkssouveränität in den USA durchaus ein Thema, vor allem in der Amerikanischen Revolution.[50] Ziel der Diskussion war es aber, zu verhindern, daß irgend jemand diese Volkssouveränität allein für sich beanspruchen konnte, um im Namen des Volkes zu sprechen. Insbesondere sollte eine Parlamentsmehrheit nicht ohne weiteres dazu in der Lage sein. Im Grunde genommen wurde die Volkssouveränität bei der ersten Annahme der amerikanischen Verfassung ein erstes Mal ausgeübt, und seither wird sie es wieder in den seltenen Fällen der Verfassungsänderung. Sonst ist die geschriebene Verfassung dem demokratischen Prozeß jedoch klar übergeordnet: Die amerikanische Verfassung kann zwar geändert werden, aber die Hürden sind so hoch, daß dies sehr selten geschieht. In der Höhe dieser Hürden kommt das mangelnde Vertrauen US-Amerikas in sein eigenes Volk zum Ausdruck, man verläßt sich lieber auf das höchste Gericht als auf das Volk.[51]

Interessant ist aber auch, daß sich der Souveränitätsbegriff in einem ganz anderen Zusammenhang wiederfindet, der für

Europa völlig undenkbar wäre. Robert N. Bellah, der wie bereits erwähnt in den Vereinigten Staaten den Begriff der »Zivilreligion« eingeführt hat, spricht im Zusammenhang mit der US-amerikanischen Unabhängigkeitserklärung von der Souveränität Gottes, welche über die gesamte Gesellschaft gestellt sei: »Es ist bezeichnend, daß die Bezugnahme auf eine überpolitische Souveränität, auf einen Gott, der über der Nation steht und dessen Ziele Maßstäbe sind, an denen die Nation gemessen wird, ja durch welche die Nation erst ihre Rechtfertigung erhält, seither zu einem beständigen Kennzeichen des amerikanischen politischen Lebens geworden ist.«[52] Auch bezüglich des Souveränitätsbegriffes führt das Hinterfragen dieser Zusammenhänge auf die transatlantische Weggabelung des Jahres 1648 zurück.

Es kommt in diesem Umstand noch etwas anderes zum Ausdruck, nämlich das fehlende US-amerikanische Verständnis für »Politik« im europäischen Sinne. Unterschiedliche Standpunkte schlagen sich in den Vereinigten Staaten im Kampf um das Recht nieder, und dieser Kampf wird vorwiegend vor den Gerichten ausgetragen, teils durch Einzelpersonen, teils durch die verschiedenen gesellschaftlichen Gruppen, die ihre Minderheitsinteressen vertreten. Die europäische Tradition der Demokratie kennt als Arena dieser Auseinandersetzungen die Politik, welche letztlich in den Parlamenten stattfindet und in den vielfältigen Aktivitäten, die dazu dienen, auf das Geschehen in diesen Staatsorganen Einfluß zu nehmen und darin Mehrheiten zu gewinnen. Dabei kommt den Wahlen eine herausragende Bedeutung zu. Die US-amerikanische Tradition der Demokratie setzt demgegenüber auf die Artikulierung von Einzel- und Minderheitsinteressen. Die Minderheiten manifestieren sich zwar auch indirekt als Lobbyisten in den Parlamenten, aber viel häufiger und oft wirksamer vor den Gerichten. Aus diesem Grund sind sich in den Vereinigten Staaten die beiden politischen Parteien so ähnlich und die Auseinandersetzung zwischen diesen von viel geringerer Bedeutung als jene zwischen den politischen Parteien in den europäischen Staaten. Daß dies durchaus so gewollt ist, zeigen die zahlreichen gescheiterten Versuche, neben den beiden großen US-Parteien eine neue dritte Partei zu etablieren: Die Wahlprozeduren sind offensichtlich so konzipiert, daß dies gar nicht möglich ist, auch nicht unter Einsatz immenser finanzieller Mittel. Natürlich gibt es auch transatlantische Gemeinsamkeiten. So verabschiedet das amerikanische Parlament genauso ein Budget, wie in den Parlamenten europäischer Staaten Haushaltsdebatten stattfinden und entsprechende Beschlüsse gefaßt werden, um nur ein Beispiel zu nennen. Und umgekehrt können auch in Europa Gesetze vor den verschiedensten Gerichten angefochten werden. Diese Tendenz ist im Zunehmen begriffen. Dies hindert jedoch nicht, daß unter dem Begriff der »Politik« diesseits und jenseits des Atlantiks nicht dasselbe verstanden wird, weil nicht dieselben Schwerpunkte gesetzt worden sind, und zwar bereits in den Revolutionen, die vor mehr als 200 Jahren stattgefunden haben. Politik – so wie sie in Europa verstanden wird – gibt es in den Vereinigten Staaten im Grunde genommen gar nicht, weil man sie nie gewollt hat.[53]

Zusammenfassend kann festgehalten werden, daß Auseinandersetzung um die Verteilung von Macht jenseits des Atlantiks direkt – horizontal – in der Gesellschaft stattfindet und nur zu einem kleineren Teil im Parlament, während sich in Europa diese Auseinandersetzung im politischen Prozeß abspielt, dessen zentrale politische Arena die Parlamente sind. Akteure in diesen Auseinandersetzungen sind in den Vereinigten Staaten Minderheiten jeder Art, deren Zusammen- und »Gegeneinanderspiel« das Entstehen von Mehrheiten vermeidet. In Europa hingegen führen derartige Auseinandersetzungen zu politischen Mehrheiten, die Minderheitsinteressen letztlich mitberücksichtigen müssen, damit sie überhaupt zustande kommen können. Und schließlich wird in Europa um Gesetze gerungen, in den Vereinigten Staaten hingegen um Rechte.

Vorweg ist das breite Feld zu erwähnen, in welchem Freiheit diesseits und jenseits des Atlantiks genau dasselbe bedeutet und in dessen Zentrum die Ablehnung von diktatorischen Staats- und Regierungsformen steht, die Ablehnung des Totalitarismus. Um diesen Bereich geht es aber hier nicht, sondern was nun versucht werden soll, ist eine generelle Charakterisierung der persönlichen Freiheitsansprüche. Was erwartet der oder die einzelne vom Leben, und worin kann er oder sie allenfalls zurückstecken? Welche »Freiheiten« gibt man allenfalls preis um anderer willen, die einem noch wichtiger sind? Auch bezüglich des Freiheitsverständnisses soll das verglichen werden, was sich allenfalls als kollektives Freiheitsverständnis herauskristallisieren läßt. Ein kollektives Selbstverständnis im Sinne eines gesellschaftlichen Rückhaltes existiert auch und gerade in Gesellschaften, die sehr individualistisch funktionieren und in welchen einzelne Individuen diesen Rückhalt gar nicht benötigen oder sich bewußt von ihm abgrenzen. Ralf Dahrendorf hat ein angelsächsisches, ein rheinisches und ein asiatisches Gesellschaftsmodell miteinander verglichen und – etwas vereinfacht dargestellt – folgendermaßen charakterisiert: Das angelsächsische Modell schreibt Wettbewerbsfähigkeit und politische Freiheit groß, opfert aber den sozialen Zusammenhalt der Gesellschaft; das rheinische Modell schreibt politische Freiheit und sozialen Zusammenhalt groß, kämpft aber um die Wettbewerbsfähigkeit; das asiatische Modell schließlich schreibt sozialen Zusammenhalt und Wettbewerbsfähigkeit groß, opfert aber die persönliche Freiheit in gewissem Ausmaß der sozialen Kontrolle staatlicher Verwaltung.[54] Diese Umschreibung ist bereits einige Jahre alt, und seither haben sich Veränderungen ergeben. Nach wie vor unverändert ist aber eine Abhängigkeit, die in dieser Darstellung deutlich wird: Freiheit und Bindung stehen immer in einem ausgewogenen Verhältnis zueinander. Wenn jemand von sich behauptet, er oder sie lebten völlig ohne Bindungen, so besagt das lediglich, daß Bindungen in einem anderen Bereich gelebt werden, der im aktuellen Gespräch gerade ausgeklammert bleibt. Deshalb kommt man den verschiedenen Freiheitskonzepten nur dann wirklich auf die Spur, wenn Freiheit und Bindung gemeinsam betrachtet werden.

Die folgenden Überlegungen gehen aus von Zugehörigkeit und der damit verbundenen Verantwortung. In Amerika werden Zughörigkeit und damit verbundene Verantwortung für Dinge abgelehnt, für die sich das Individuum im einzelnen Falle nicht entschieden hat. Freiheit bedeutet, daß man nicht in Dinge hineingezogen werden will, mit denen man nichts zu tun hat. Und Freiheit bedeutet, daß man Zugehörigkeit und Verantwortung immer wieder neu wählen will, entweder in Bestätigung dessen, was man schon vorher einmal gewählt hatte, oder indem man das Bisherige hinter sich läßt und zu neuen Ufern aufbricht. Reichlich banal ausgedrückt: Jedes Individuum will im übertragenen Sinne immer wieder neu nach Amerika auswandern und damit bisherigen ideengeschichtlichen Ballast abwerfen dürfen, auch wenn dies rein geographisch schon längst stattgefunden hat, möglicherweise schon viele Generationen früher. Der Freiheit »vom Staat«, die es einem soweit wie möglich garantieren soll, keine Verantwortung für nicht selbstgewählte Situationen übernehmen zu müssen, entspricht die Bereitschaft zum »freiwilligen Zusammenschluß« in privaten Assoziationen, was durchaus eine Bindung darstellt. Weitere Aspekte des US-amerikanischen Freiheitsanspruches sind bereits erwähnt worden, so die Freiheit von der Unterwerfung unter parlamentarische Mehrheitsentscheide, indem Politik vor allem in der Konkurrenz von Minderheitsinteressen stattfindet. Oder es ist die bereits erwähnte Freiheit von der Bindung an Prinzipien zu nennen, sofern deren Berücksichtigung kurzfristige Erfolge verhindert. Auf der Seite der Bindungen ist hingegen die Religion zu erwähnen. Wichtig ist auch die familiäre Bindung: Das Bekenntnis zur Familie ist in den Vereinigten Staaten sehr viel häufiger zu hören als in Europa.

In Europa gibt es hingegen Zugehörigkeit und die damit verbundene Verantwortung, für die man sich nicht aktiv entschieden hat, und zwar im Bereich des »Staatlichen« im weitesten Sinne. In diesem Bereich haben Europäerinnen und Europäer in ihrer geschichtlichen Entwicklung eine Bindung akzeptiert. In ihr kommt die existentielle Zugehörigkeit zur Gesellschaft zum Ausdruck, von welcher bereits die Rede war, und damit verbunden die Verantwortung für Personen oder Gegebenheiten, die man sich nicht ausgesucht hat. Warum akzeptieren Europäerinnen und Europäer diese Bindung, oder banaler gefragt: Welche Freiheiten handeln sie sich dadurch ein? Es ist zunächst einmal die Freiheit, keine Bekenntnisse ablegen zu müssen. Wie weit in Europa die Freiheit »von« der Religion geschichtlich zurückgeht und inwieweit die Freiheit »zum« Staat damit verbunden ist, wurde im vorangehenden Abschnitt dargelegt. Die europäische »Freiheit vom Bekenntniszwang« geht aber viel weiter. Staatlichkeit ist die einzige Struktur, welche diese Freiheit überhaupt garantieren kann. Staatlichkeit verlangt keine Identifikation, keinen Glauben an diesen Staat, schon gar nicht ein Bekenntnis zu ihm: Staatsbürger oder Personen, die einer Staatlichkeit unterworfen sind, deren Bürgerrecht sie nicht besitzen, können durchaus innere Vorbehalte haben gegen diese Staatlichkeit, eine innere Reserve oder eine ideelle Distanz. Sie müssen sich lediglich an die Rechte und Pflichten halten, die das Gesetz im Verhältnis zwischen ihnen und der Staatlichkeit vorsieht. Im Gegenzug wissen Europäer genau, was sie riskieren, wenn sie sich der »Staatlichkeit« im weitesten Sinne unterwerfen: Für sie ist der Staat historisch gesehen »gewissermaßen die letzte Reserve, deren Potential die Einheit der Gesellschaft gewährleistet«[55]. In Frankreich vor 200 Jahren, in England schon früher und in anderen Ländern später – aber letztlich überall nach dem gleichen Muster –, haben Europäer die Staatlichkeit aus den Händen von Monarchen befreit, haben diese Staatlichkeit in die eigenen Hände genommen und sie zur Garantin der Freiheit gemacht. Daß verschiedene europäische Staaten später neu oder nochmals aus den Klauen von Diktatur und Totalitarismus befreit werden mußten, hat die Urerfahrung der Französischen Revolution nicht abgeschwächt, sondern eher gestärkt. Die Staatlichkeit der Europäischen Union – eine neue Staatlichkeit, die ihre Form noch nicht gefunden hat – zeugt von den Lehren, die Europa aus dieser jüngeren Geschichte gezogen hat. Der Weg bis zu einer Ausgestaltung dieser neuen Staatlichkeit, welche den hohen Ansprüchen an die Volkssouveränität gemäß eben dieser Französischen Revolution genügt, ist allerdings noch weit.

Für die gedankliche Annäherung an ein spezifisch europäisches Freiheitsverständnis ist es hilfreich, das »Fremde« und die »Fremdheit« miteinzubeziehen. US-Amerikaner verfügen zwar über eine Identität der Herkunft, die sie aber hinter sich lassen, um Amerikaner zu werden. Dies geschieht durch das Bekenntnis zum »American way of life«. »Fremdheit« gibt es in der US-Gesellschaft kaum, denn da jede Person oder ihre Vorfahren einmal eingewandert sind – wenn man von wenigen Ureinwohnern absieht, welche die damalige Zuwanderung überlebt haben –, besteht der Unterschied nur noch im Herkunftsland, das letztlich alle irgendwo haben. In Europa gibt es hingegen »Fremdheit« in vielen Formen, und dies aus verschiedenen Gründen, die einen wichtigen transatlantischen Unterschied ausmachen: Wer in Europa in ein fremdes Land auswandert, ist nicht gezwungen, sich durch ein Bekenntnis zur neuen Gesellschaft Zugehörigkeit zu verschaffen, sondern es besteht durchaus die Möglichkeit, »fremd« zu bleiben, ein Individuum in einer »fremden« Gesellschaft. Möglich ist dies deshalb, weil auch der oder die Fremde in eine existentielle Zugehörigkeit einbezogen ist, und dies – wie bereits erwähnt – unabhängig von der Staatsbürgerschaft des betreffenden Landes. Zugehörigkeit zum Fremden, dem man eben gerade nicht beitritt und zu dem man sich nicht bekennt, ist eine sehr große Freiheit.[56] Freiheit des Fremdbleibens ist aber nur möglich, wenn gesellschaftliche Zugehörigkeit auch ohne Anpassung und ohne Bekenntnis gegeben ist, weil sie allein schon auf der Existenz des Individuums an einem bestimmten Ort beruht.

Wie sehr der transatlantische Unterschied im Bereich von Freiheit und Bindungen historisch begründet ist, wird im Zusammenhang mit der geographischen Bindung an Grund und Boden deutlich. Amerikanerinnen und Amerikaner verlassen zwar selten ihren Kontinent, aber innerhalb der Vereinigten Staaten wird der Wohnort sehr leicht und häufig gewechselt.[57] Geographische Bindung kennen US-Amerikaner kaum, vielmehr ist geographische Mobilität ein sehr wichtiges Element des Freiheitsverständnisses, mit den bekannten außenpolitischen Auswirkungen im Umgang dieses Landes mit erdölproduzierenden Staaten, der sich von demjenigen mit anderen Staaten gelegentlich stark unterscheidet. Vor dem Hintergrund eines solchen Freiheitsverständnisses ist es für US-Amerikaner eine schwer verständliche Haltung, wenn in Europa ganze Volksgruppen darauf beharren, genau jene Gegenden bewohnen zu können, in welchen bereits ihre Vorfahren gelebt hatten, und wenn innerhalb dieser Landstriche Familien und Sippen fraglos wenn immer möglich genau jene Häuser instand halten, allenfalls wiederaufbauen und vor allem bewohnen wollen, zu denen ihre Ahnen die Grundsteine gelegt haben. Verwandt damit ist ein stark geographisch geprägtes Geschichtsverständnis: Einen weltweiten Bekanntheitsgrad hat durch die tragischen Ereignisse auf dem Balkan das sogenannte »Amselfeld« erlangt, auf welchem im Jahre 1389 die Türken das Heer der Serben in die Flucht geschlagen hatten. Dieser Ort, der sich im heutigen Kosovo befindet, wurde immer wieder als Symbol für das serbische Nationalbewußtsein benutzt, so daß es für Milošević 1989 ein leichtes war, an dieser Stelle durch seine weniger berühmte als berüchtigte Rede die Balkankriege der neunziger Jahre einzuläuten, indem er auf die damals genau sechs Jahrhunderte zurückliegende Schlacht Bezug nahm. Die Bindung an Grund und Boden ist im transatlantischen Vergleich ein typisch europäisches Phänomen.

Es sei nochmals der Bogen zur Geschichte geschlagen, die auch in diesen Fragen eine starke Prägung hinterläßt: US-amerikanische Freiheit geht zurück auf das Urerlebnis eines individuellen Aktes, nämlich auf den Akt der individuellen Auswanderung, der die europäische Staatlichkeit hinter sich läßt. Europäische Freiheit geht zurück auf das Urerlebnis eines kollektiven Aktes, nämlich auf den Akt der Übernahme der Herrschaft durch das souveräne Volk, das sich kollektiv der Staatlichkeit bemächtigt und sie zur Garantin dieser Freiheit macht. Was die Zuordnung zum individuellen und zum kollektiven Bereich anbelangt, verlaufen die Urerlebnisse des Erringens von Freiheit diesseits und jenseits des Atlantiks somit in zwei Richtungen, die sich bildlich gesprochen um 180 Grad voneinander unterscheiden. In Europa wird es allgemein akzeptiert, in geschichtliche und aktuelle Randbedingungen hineingestellt worden zu sein, die etwas mit dem Kollektiv zu tun haben, und genau das wird in den Vereinigten Staaten nicht akzeptiert. Umgekehrt spielen individuelle Bindungen zur Familie, zur Religion und zu anderen »freiwilligen« Gemeinschaften in den Vereinigten Staaten eine große Rolle, während in Europa die Freiheit im individuellen Bereich viel größer ist, sich nicht »bekennen« zu müssen, also sich nicht binden zu müssen. Vor diesem Hintergrund könnte im Sinne einer Annäherung die folgende Formulierung versucht werden: Die gesellschaftliche Grundstruktur in den Vereinigten Staaten ist eine ausschließlich individuelle, weshalb für Amerikanerinnen und Amerikaner bis zu einem gewissen Grade der Zwang besteht, sich zu »freiwilligen Gemeinschaften« zu bekennen, damit sich Freiheit und Bindung die Waage halten. Die gesellschaftliche Grundstruktur in Europa enthält auch das kollektive Element, so daß sich Europäerinnen und Europäer die Freiheit leisten können, ihr Leben individuell zu gestalten, frei von Bekenntnissen und frei von Bindungen an »Gemeinschaften«, und daß dennoch Bindung und Freiheit sich die Waage halten.[58]

Abschließend soll das Spannungsfeld zwischen Bindung und Freiheit in seiner Unterschiedlichkeit diesseits und jenseits des Atlantiks ergänzend illustriert werden. Es geht um die großen Parklandschaften, in denen großzügiger Wohnraum, Schulen, Spitäler, Kirchen, Einkaufszentren und Sportanlagen vorhanden sind, umzäunt von hohen Mauern und ständig bewacht von darauf spezialisierten Sicherheitsdiensten. Die Bewohner finden alles innerhalb dieses Gebietes, das ihnen das Leben angenehm macht. Verlassen wird der geschützte Bezirk nur noch für die Erwerbsarbeit, wobei der Weg über Hochleistungsstraßen von Parkgarage zu Parkgarage führt, so daß die Bewohner solcher Anlagen mit der Welt »draußen« kaum noch konfrontiert werden. Erfunden wurde die Einrichtung in den Vereinigten Staaten, sie existiert mittlerweile über die ganze Welt verstreut, und es gibt sie um so eher, je größer in einer Region der zahlenmäßige und ökonomische Unterschied zwischen den Armen und den Reichen ausfällt. Eine Illustration zu den transatlantischen Unterschieden betreffend Freiheit und Bindung stellt sie dar, weil sie auf einer klaren Hierarchie zwischen verschiedenen Gütern basiert: In diese geschützten Bezirke zieht sich jene Freiheit zurück, welche sicher sein will, mit keiner Zughörigkeit und damit verbundener Verantwortung konfrontiert zu werden, für die sich der Bewohner des geschützten Bezirkes nicht aktiv entschieden hat. Diese Lebensform bindet die Freiheit an die selbstgewählte Gruppe, um sich vor kollektiver Bindung zu schützen. Wer diese Lebensform ablehnt – wobei einmal angenommen wird, es handle sich um jemanden, der sie sich ökonomisch leisten könnte, so daß die Entscheidungsfreiheit für oder wider die Lebensform wirklich gegeben ist –, weil er oder sie das Eingeschlossensein durch die hohen Mauern und die allgegenwärtige Bewachung als Unfreiheit empfinden würde, setzt für sich eine Hierarchie derselben Güter in umgekehrter Reihenfolge: Die tägliche Konfrontation mit Zugehörigkeit und damit verbundener Verantwortung, für die sich die betreffende Person nicht aktiv entschieden hat, erscheint weniger vermeidenswert als die »Tyrannei der Intimität« im geschützten Bezirk.[59] Diese Lebensform nimmt in kleinerem oder größerem Ausmaß kollektive Bindung in Kauf, damit sie die Freiheit nicht an die selbstgewählte Gruppe binden muß. Das Beispiel soll lediglich das Spannungsfeld zwischen Bindung und Freiheit im Zusammenhang mit selbstgewählten und nicht selbstgewählten Situationen illustrieren. Die Annahme wäre verfehlt, daß die Lebensform im geschützten Bezirk generell den Idealvorstellungen der Bevölkerung jenseits des Atlantiks entspreche.

Auch bei einem sehr oberflächlichen Vergleich des Rechtsverständnisses Europas und der Vereinigten Staaten – und mehr ist in diesem Rahmen nicht möglich – muß vorweg kurz der Unterschied zwischen dem kontinentaleuropäischen und dem anglo-amerikanischen Rechtskreis erwähnt werden. Sehr vereinfachend ausgedrückt ist das erste ein Recht von Gesetzen und das zweite ein Recht der Entscheidung im einzelnen Fall, wobei festzustellen ist, daß sich die beiden Formen einander in letzter Zeit annähern. Wenn die Vereinigten Staaten Staatlichkeit als etwas »Drittes« nicht kennen, so ist dies jedoch nicht durch den Unterschied zwischen diesen beiden Rechtskreisen bedingt, wie ein Blick auf Großbritannien zeigt. Das britische Parlament wird oft als »Die Mutter aller Parlamente« bezeichnet, da das parlamentarische System in England erfunden worden ist. Anders als in den Vereinigten Staaten ist die politische Identität der Britinnen und Briten sehr stark mit der Institution des Parlamentes verbunden, was zu einer starken staatspolitischen Identität führt. Die Richter sorgen zwar für die Weiterentwicklung der vom Parlament gesetzten Normen, als politische Aktivität wird dies jedoch nicht wahrgenommen, abgesehen von Ausnahmefällen, wie sie sich auch auf dem europäischen Kontinent ereigenen können. Im Verfassungsverständnis unterscheiden sich England und die Vereinigten Staaten sogar deutlich, was kaum verwundern kann, da sich die britischen Auswanderer in die Neue Welt bewußt vom Mutterland abkoppeln wollten. Daß England gar keine geschriebene Verfassung hat, ist nur ein äußerliches Zeichen dieses Unterschiedes. Zu der Zeit, als England »sich verfaßte«, also zur heutigen Ordnung des Politischen fand, stand die Souveränität des Parlamentes im Mittelpunkt. Als Souverän wird im Vereinigten Königreich auch heute noch das Parlament empfunden, natürlich in Vertretung des souveränen Volkes. Im Parlament hatten – so der Wille der »Verfassungsrevolution« – das Unterhaus, das Oberhaus der Lords und die Krone künftig zusammenzuwirken. Und die einzige Form, in welcher das Parlament sich ausdrücken konnte, war die Gesetzgebung. Es bestand also keineswegs eine Angst vor Mehrheitsentscheiden oder die Notwendigkeit einer Korrekturmöglichkeit von Parlamentsentscheidungen, wie dies in der Amerikanischen Revolution der Fall war. Im Zusammenhang mit dem hier behandelten Thema bestehen zwischen England und den Vereinigten Staaten große Unterschiede.[60]

Gesetzgebung und Gerichtsbarkeit

In der heutigen Rechtspraxis fallen kontinentaleuropäischen Juristinnen und Juristen im transatlantischen Geschäft zunächst zwei Dinge auf. Erstens sind von US-Juristen ausgearbeitete Verträge immer sehr viel länger als Verträge zur selben Sache, die von Europäern nach den bei ihnen üblichen Formen entworfen worden wären. Zweitens gehen amerikanische Juristinnen und Juristen anders als europäische vor, wenn sie mit einem neuen Problem konfrontiert werden. Diese beiden Differenzen weisen einen logischen inneren Zusammenhang auf. Das kontinentaleuropäische Vorgehen besteht darin, zunächst einmal zu überlegen, in welchen Zusammenhang der Rechtsordnung das Problem eingeordnet werden kann, welche Rechtsgebiete betroffen und inwieweit die Dinge dort geregelt sind, welchen Spielraum die Rechtsordnung für private Vereinbarungen offenläßt und ob Konfliktregelungen vorgesehen sind. Es wird zuerst versucht, die Frage zu beantworten, »wo das Problem eigentlich hingehört«. Der US-Jurist hingegen macht sich sofort daran, gleichartige oder ähnlich gelagerte Fälle zu suchen, um sich der Sache so annähern zu können. Würde er von einem europäischen Kollegen um eine Einordnung des Problems in einen größeren Zusammenhang gebeten, so würde er womöglich anworten, es gehe um die Lösung des Problems und nicht um die Einordnung, er wolle »pragmatisch« vorgehen.[61] Die ungleich längeren Verträge, die er entwirft – es können zu einem bestimmten Vertragsthema durchaus zehnmal so viele Seiten sein, als es nach kontinentaleuropäischer

Manier gebraucht hätte –, sind eine Folge dieses Vorgehens: Weil Einzelprobleme nicht in einen größeren Zusammenhang eingeordnet werden, der für neu auftretende Fragestellungen möglicherweise gewisse Antworten schon bereithalten würde, müssen alle erdenklichen Konstellationen vorausgedacht und im Vertrag geregelt werden. Bei Vertragsabschlüssen will der US-amerikanische Jurist nichts dem Zufall überlassen, und mit Zufall meint er, daß er nichts dem Prozeß und dem Richterspruch überlassen will. So wird jeder Vertrag ein Stück weit zu einer Art »umfassenden Gesetzgebungsakt, aber nur für diesen konkreten Fall«.[62]

Auch europäische Juristen überlassen die Dinge nicht dem Zufall, aber sie können sich auf viel klarere allgemeine Rechtsregeln und Konfliktregelungen in Gesetzen verlassen, aus denen sich neu auftretende Fragestellungen werden beantworten lassen. US-amerikanische Rechtsvorschriften konzentrieren sich stärker auf das Verfahren. In den Vereinigten Staaten ist man überzeugt, wenn nur das Verfahren korrekt ablaufe, dann sei auch das inhaltliche Resultat richtig. Deshalb spielt in allen Lebensbereichen, auch über den engeren Rahmen des Rechtes hinaus, der Begriff der »Fairneß« eine sehr große Rolle, während diese Kategorie in Europa bis heute viel weniger wichtig gewesen ist. Dies heißt keineswegs, daß Verfahren in Europa nicht »fair« ablaufen würden, sondern die Art und Weise, Dinge gerecht zu regeln, ist in Europa einfach eine grundlegend andere, indem verfahrensmäßig weniger Regeln nötig sind, weil es im inhaltlichen Bereich eine gewisse Regelungsdichte gibt.[63] Dies ist auch einer der Gründe dafür, daß die US-amerikanische Justiz viel teurer ist als die europäische. Und dies wiederum ist einer der Gründe dafür, daß es sich der US-Jurist schon ökonomisch gar nicht leisten kann, kürzere Verträge zu entwerfen. Ein anderen Grund liegt darin, daß alles als erlaubt gilt, was nicht ausdrücklich verboten ist, und um so mehr tut der US-Jurist gut daran, sich umfassend zu überlegen, was dem Vertragspartner alles in den Sinn kommen könnte.

Der oben genannte – vermutete – Ausspruch eines US-amerikanischen Juristen erinnert an das bereits erwähnte Bonmot anläßlich der Balkan-Konferenzen, wonach die Europäer Strukturen schaffen und die US-Amerikaner die Probleme lösen würden. Die Bitte – sie konnte auch die Form eines Appells annehmen –, man möchte doch »pragmatisch« vorgehen, habe ich in Bosnien oft gehört. Wieder sind wir beim Begriff des »Pragmatismus« angelangt, hier nochmals in einer anderen Bedeutung. Als eine erste Bedeutung dieses Begriffes wurde der Wille erwähnt, jederzeit frei zu sein, die Dinge neu und anders oder zusammen mit neuen und anderen Partnerinnen und Partnern zu organisieren, wenn es sich als nötig erweisen sollte, als eine zweite Bedeutung der Wille, langfristige Schwierigkeiten, die eine Handlung zur Folge haben könnte, vorerst einmal nicht mitzuberücksichtigen, wenn nur das kurzfristige Ziel erreicht werden kann. Eine dritte Bedeutung von »Pragmatismus« liegt darin, daß man nicht von bestimmten Prämissen einer übergeordneten Struktur ausgeht, sondern die Dinge von Fall zu Fall regelt. Auch im Recht findet sich die amerikanische Freiheit wieder, wonach es möglich sein soll, alles immer wieder neu zu regeln oder anders zu regeln, wenn sich dies aus was für Gründen auch immer als nötig erweisen sollte. Rechtssicherheit besteht vor allem hinsichtlich der Verfahren. Im Inhaltlichen will man die Freiheit haben, das Recht von Fall zu Fall weiterzuentwickeln.[64] Ein jüngeres Beispiel dafür war die Kontroverse über den rechtlichen Status der gefangenen Taliban- und Al-Kaida-Kämpfer, die von den Streitkräften der Vereinigten Staaten auf ihren Stützpunkt Guantánamo auf Kuba gebracht worden waren. Völkerrechtlich gibt es nur zwei Status-Möglichkeiten für Gefangene, erstens den Rechtsstatus von gefangenen Kombattanten, die zu Kriegsgefangenen werden, und zweitens den Status von im Krieg gefangenen Zivilisten, die nicht als Kriegsgefangene gelten, sofern letzteres gerichtlich festgestellt worden ist. Weil die Vereinigten Staaten ein großes Interesse daran haben, die Gefangenen einzuvernehmen, was bei Kriegsgefangenen nicht zulässig ist, und weil sie nicht im Sinne hatten, durch ein Gericht den Status als Nicht-Kriegsgefangene feststellen zu lassen, erfand die amerikanische Regierung kurzerhand einen neuen Rechtsstatus als »unrechtmäßige Kombattanten«, von dem noch nie jemand etwas gehört hatte. Die Status-Definitionen in den Genfer Konventionen dienen der Rechtssicherheit in dem Sinne, daß alle in Konflikten gefangenen Personen erfaßt werden und von den durch die Konventionen definierten Rechten geschützt werden. Wenn ein neuer Status erfunden wird, und dies gerade in der Absicht, diese Rechte nicht gewähren zu müssen, so tangiert dies das humanitäre Völkerrecht und darüber hinaus die Rechtssicherheit. Bemerkenswert ist daran vor allem, daß diese Äußerung nicht etwa von einem privaten Anwalt zur Vertretung eines Parteiinteresses kam, sondern von der Regierung selbst. Recht ist in den Vereinigten Staaten etwas Politisches, es soll durchaus auch politischen Zwecken dienen und wird von jedermann so verstanden.[65]

Im Zusammenhang mit der Rechtssicherheit sind die Sammelklagen zu erwähnen, welche dem US-amerikanischen Rechtsverständnis in hohem Maße entsprechen. Was in Europa politisch erkämpft wird, zum Beispiel die Ansprüche kleiner Leute oder unterprivilegierter Personen, wird in den Vereinigten Staaten juristisch erkämpft. In das europäische Rechtsverständnis ist das Instrument der Sammelklage hingegen nicht integrierbar: Nicht in einem juristischen Prozeß vor Gericht werden in Europa die verschiedenen Interessen zu einem Ausgleich gebracht, sondern in einem politischen Prozeß über die Gesetzgebung. Wenn Europa dennoch mit Sammelklagen konfrontiert ist, so liegt dies daran, daß europäische Firmen mit Geschäftsniederlassungen in den Vereinigten Staaten oder mit daselbst liegenden Vermögenswerten vor US-Gerichten beklagt werden können. Die Sammelklage gegen deutsche Firmen in der Zwangsarbeiter-Frage ist diesbezüglich aufschlußreich. Inhaltlich soll hier dazu nicht Stellung genommen werden, und schon gar nicht zu dem ihr zugrundeliegenden Sachverhalt, der auch mit Geldzahlungen nicht gesühnt werden kann. Aufschlußreich zum Verständnis der transatlantischen Unterschiede im Rechtsverständnis ist vor allem, daß die beklagten Firmen in Deutschland aufgrund ihres europäischen Rechtsverständnisses eine gewisse Rechtssicherheit verlangten, denn sie wollten nach einmal geleisteter Zahlung nicht noch weitere Klagen befürchten müssen. Die Vereinigten Staaten hingegen waren nicht in der Lage, die Rechtssicherheit zu gewährleisten, und dies ebenfalls aufgrund ihres Rechtssystems. Das diesbezüglich erreichbare Maximum lag in der Abgabe einer Erklärung durch den US-Präsidenten, in welcher dieser die Gerichte des Landes auffordert, anhängige Klagen gegen deutsche Unternehmen wegen Entschädigung von Zwangsarbeitern zu beenden und neue Klagen nicht mehr zuzulassen, weil dies »im Interesse der US-Außenpolitik« liege. So nennt sich diese Erklärung denn auch »Statement of Interest«, sie bindet die Gerichte aber nicht. Das US-amerikanische Rechtsdenken sträubt sich mit jeder Faser gegen solche Bindungen, es muß dies auch tun, weil es sonst seine ihm eigene Funktion der politischen Auseinandersetzung nicht mehr wahrnehmen könnte, für die es in diesem Land keinen Ersatz gibt. Umgekehrt strebt das europäische Rechtsdenken mit ebenso allen Fasern nach Rechtssicherheit, welche nur in der Rechtsordnung verankert sein kann. Wenn es schließlich der deutsche Bundestag war, der in einer Erklärung festgehalten hat, daß nun für die beklagten Unternehmen ausreichende Rechtssicherheit herrsche, so daß die Voraussetzungen für Auszahlungen der Gelder an die Betroffenen erfüllt seien, so ist dies über die Bedeutung für die Sache selbst hinaus auch ein Versuch, angesichts des völlig systemfremden Instruments der Sammelklage das europäische Rechtsverständnis wenigstens so weit aufrechtzuerhalten, wie es die Sachlage ermöglicht.[66] Aus europäischer Sicht meinten viele, man habe »die Rechtssicherheit kaufen« müssen.[67] Aus US-amerikanischer Sicht gibt es die Rechtssicherheit durch die Rechtsordnung in dieser Form nicht, so daß der Vorgang als absolut gängig und normal erschien.

In diesem Zusammenhang ist auf den Stellenwert von Schadenersatzklagen im US-amerikanischen Recht ganz generell hinzuweisen, der ungleich viel höher ist als in der Rechtstradition Europas. Nicht nur sind die Summen, die in solchen Prozessen gesprochen werden, um ein Vielfaches höher als jene in der europäischen Tradition, sondern es kommt darin die aus europäischem Blickwinkel fehlende Systematisierung im Rechtsdenken zum Ausdruck und der Umstand, daß alles als erlaubt gilt, was nicht ausdrücklich verboten ist. Genau besehen ersetzt das Raster der möglichen Schadenersatzpflicht jenen der europäischen Rechtssystematik, aus welchem gewisse Verhaltensregeln abgeleitet werden können. Letztlich erreichen diese beiden Raster dasselbe Resultat, daß nämlich gewisse Handlungen unterlassen werden, aber sie erreichen es auf ganz unterschiedlichen Wegen. Sehr vereinfachend ausgedrückt besteht in der europäischen Rechtstradition das Motiv für die Unterlassung einer Handlung vorwiegend darin, daß sie jemand anderen in unzumutbarer Weise beeinträchtigt oder gefährlich ist, wohingegen das Motiv in der US-amerikanischen Rechtstradition vorwiegend am anderen Ende einhakt, daß die Handlung sehr teuer zu stehen kommen könnte, wenn man deswegen verklagt würde. Auch in Europa werden natürlich Schadenersatzsummen eingeklagt, und auch in den Vereinigten Staaten werden selbstverständlich Handlungen oft aus direkter Einsicht in ihre Schädlichkeit oder Gefährlichkeit unterlassen. Es geht hier nur um eine Gewichtung zwischen den beiden Mechanismen: In Europa ist das drohende Damoklesschwert der Schadenersatzklage deshalb nicht so wichtig, weil die einzelne Person die Möglichkeit hat, das richtige Verhalten aus der Rechtsordnung abzuleiten, deren große Linien allgemein bekannt sind.[68] Der US-Amerikaner kennt keine Rechtsordnung im europäischen Sinne, denn »Recht« ist eine Sache von Spezialisten; er weiß nur, daß »the law« für ihn äußerst wichtig ist, und er beruft sich auch häufig auf diesen Begriff, dies aber meist nur in dem Sinne, daß ihm das Recht die persönliche Freiheit und ein »faires« Verfahren garantiert. Was aber »Recht« ist, was »Unrecht« und wie weit diese Freiheit geht, das weiß er nicht so genau. Es genügt zu wissen, daß alles erlaubt ist, was nicht ausdrücklich verboten ist. Gerade deshalb erhält das Damoklesschwert der Schadenersatzklage in der amerikanischen Gesellschaft eine so große und durchaus objektive Wichtigkeit zur Aufrechterhaltung einer gewissen

Ordnung. Einmal mehr erreicht Europa ein bestimmtes Ziel über ein kollektiv präsentes Gedankengut, die Vereinigten Staaten hingegen über ein individuelles Abwägen von Vor- und Nachteilen. Diese Unterscheidung ist bereits im Zusammenhang mit dem Verhältnis zwischen Freiheit und Bindung zum Ausdruck gekommen.

Die transatlantischen Unterschiede im Rechtsverständnis können dahingehend zusammengefaßt werden, daß das europäische Recht eher eine Friedensordnung anstrebt, das US-amerikanische Recht demgegenüber eine Streitkultur darstellt. Für die europäische Tradition ist das Recht ein gewisser Rahmen, in dem sich die einzelne Rechtsperson bewegen und auf den sie sich verlassen kann, während die US-amerikanische Rechtstradition dafür sorgt, daß Recht immer veränderbar bleibt. In Europa wird in den politischen Instanzen um die Gesetzgebung gestritten, während in den Vereinigten Staaten ein Streit um Rechte stattfindet, der durch das Individuum oder durch Minderheitsgruppen vor den Gerichten ausgefochten wird.

Verschiedene Wege der Moral

Der eben beschriebene transatlantische Unterschied wirkt sich dahingehend aus, daß in den Vereinigten Staaten Moralvorstellungen viel direkter in die einzelnen Gerichtsurteile einfließen. Auch dafür liegt die Ursache wiederum in den historischen Gegebenheiten: In Europa hat die Aufklärung Recht und Moral ein für allemal getrennt. Es setzte sich die Überzeugung durch, daß es nach außen nur auf die Handlungen der einzelnen Personen ankomme. Was aber diese Personen dabei denken, ob sie den Sinn der Rechtsordnung einsähen oder nicht, dürfe keine Rolle spielen, wenn das Recht nur äußerlich befolgt werde. Diese Regelung wirkte sich auch umgekehrt aus: Der Staat garantierte dem einzelnen seine Sicherheit, und zwar vor allem die Sicherheit von Leib und Leben – viel weiter ging das im 17. Jahrhundert nicht –, aber auch diese Garantie bestand unabhängig von den moralischen

Ansichten der betreffenden Person. Nicht nur der tugendhafte Mensch hatte damit eine Würde als Mensch und genoß den Schutz des Staates, sondern auch der nicht tugendhafte Mensch, was immer man sich unter einem nicht tugendhaften Menschen vorstellen mag. Auch die strafrechtliche Verantwortlichkeit sollte nach strikt rechtlichen und nicht moralischen Kriterien gehandhabt werden: Ob der Straftäter »gut« oder »böse« ist, darf auch heute noch keine Rolle spielen. Es liegt jedoch auf der Hand, daß Recht und Moral dennoch etwas miteinander zu tun haben, und die Französische Revolution hat für Europa klar definiert, wie dafür zu sorgen sei, daß die Rechtsordnung moralischen Kriterien trotz aller Trennung von Recht und Moral genügen könne: Die Revolution wies im Prinzip jedem männlichen Bürger zwei Rollen zu, eine als Teil des »Volkssouveräns«, die ihn befähigte, in die gesetzgebende Versammlung jene Personen zu wählen, welche seine moralischen Vorstellungen am besten in die Gesetze einbringen würden. Dann eine zweite Rolle als »Rechtsunterworfener« oder als »Rechtsperson«, welche die Gesetze zu befolgen hatte, wobei von dieser zweiten Rolle die weibliche Hälfte der Bevölkerung durchaus mitbetroffen war.[69] Es wurde bereits im letzten Abschnitt dargelegt, daß in den Vereinigten Staaten die Trennung zwischen den beiden Rollen des Bürgers als Teil des Volkssouveräns und als Rechtsunterworfener nicht wie in Europa durchgeführt worden ist. Politische Identität wird eher durch das aktive Vorgehen vor den Gerichten erlebt und weniger über die Vertretung im Parlament. Deshalb nimmt auch die Moral in den Vereinigten Staaten den direkten Weg in die Rechtsanwendung vor den Gerichten, während sie in Europa zunächst und vor allem in die Rechtssetzung einfließt, also in die Gesetzgebung.[70]

Der europäische Prozeß der Umsetzung von Moralvorstellungen durch die Gesetzgebung hat die Tendenz, immer mehr Personen einzubeziehen. Am Anfang der Demokratie waren nur männliche Bürger berechtigt, die gesetzgebenden Versammlungen zu wählen, an gewissen Orten war die Wahlberechtigung zunächst sogar abhängig von Eigentum. Diese Bedingung wurde später aufgehoben, der Kreis der Wahlberechtigten weitete sich immer mehr aus, Frauen erhielten das Wahlrecht. Und heute läßt sich eine Tendenz beobachten, auch im Wahlbezirk wohnhafte Personen wenigstens teilweise, aber zunehmend am demokratischen Prozeß zu beteiligen, welche nicht oder noch nicht über die entsprechende Staatsangehörigkeit verfügen. Volkssouveränität trägt eine »inklusive« Tendenz in sich. Der US-amerikanische Prozeß der Umsetzung von Moralvorstellungen läuft anders ab, jedenfalls insoweit diese Vorstellungen direkt in die Rechtsanwendung vor den Gerichten einfließen. Besonders deutlich wird dies, insofern die Justiz – aus europäischem Blickwinkel – als Politikersatz funktioniert, in welchem Interessengruppierungen über Einzelfälle agieren, die sie vor Gericht bringen, um sich und ihren Moralvorstellungen auf diesem Weg gesellschaftliche Geltung zu verschaffen. Es wurde bereits erwähnt, daß und warum es in den Vereinigten Staaten viel kostspieliger ist, Prozesse zu führen. Damit soll nicht gesagt sein, die Umsetzung von Moralvorstellungen über die Prozeßführung sei »exklusiv«. Aber im Vergleich mit der oben dargestellten europäischen Tradition kann sicher festgestellt werden, daß diese immerhin »inklusiver« ist. Hier findet sich eine Parallele zu der im letzten Unterabschnitt beschriebenen transatlantischen Differenz im Zusammenhang mit der Zugehörigkeit, welche in Europa letztlich eine existentielle ist, in den Vereinigten Staaten aber nur dadurch erworben werden kann, das man »etwas dafür tut«. Natürlich erfordert auch die Teilnahme am demokratischen Prozeß, daß sich die einzelne Person eine Meinung bildet, diese einbringt, und sei es nur durch die Teilnahme an den regelmäßig wiederkehrenden Wahlen. Aber dies ist dennoch um einiges weniger anforderungsreich, und vor allem hat man im Gegensatz zum Gang durch die verschiedenen Instanzen der Justiz nichts dafür zu bezahlen.

Die transatlantisch unterschiedlichen Wege, auf welchen Moralvorstellungen ins Recht einfließen, gehen auf das bereits erwähnte unterschiedliche Staatsverständnis zurück. Weil man in Europa den Staat als etwas Drittes kennt, kann diesem Staat auch das Recht in der Form einer systematischen Ordnung anvertraut werden. Weil sich das souveräne Volk über seine parlamentarische Vertretung in der Gesetzgebung manifestiert, bringt es seine Moralvorstellungen in diesen Prozeß ein. Dadurch erhält der Staat eine durchaus ethische Qualität.[71] Umgekehrt in den Vereinigten Staaten: Weil der Gesellschaftsvertrag ein rein horizontaler ist, wird auch das Recht in der direkten Beziehung zwischen den Individuen weiterentwickelt. Weil es in der amerikanischen Gesellschaftskonzeption sorgsam vermieden worden ist, daß überhaupt jemand im Namen des souveränen Volkes sprechen kann, erscheint es als logisch, daß Moralvorstellungen direkt vor den Gerichten und in der Öffentlichkeit im Umfeld von Prozessen diskutiert werden. Eine Trennung von Recht und Moral, wie sie die Aufklärung für Europa hervorgebracht hat, ist unter diesen Umständen schwierig durchzuführen. Dies wird zum Beispiel anschaulich im Umgang Europas und der Vereinigten Staaten mit der Todesstrafe. In Europa gilt die Todesstrafe als klar mit der Würde des Menschen nicht vereinbar, während sie jenseits des Atlantiks nach wie vor verhängt und exekutiert wird.

Die Stimmen gegen die Verhängung der Todesstrafe jenseits des Atlantiks argumentieren fast ausnahmslos verfahrensmäßig: Auch eine nur geringe Wahrscheinlichkeit eines Justizirrtums müsse bereits dazu führen, daß man von dieser Strafe absehe. So sind denn die berühmt gewordenen Gruppen von Studierenden, die gegen die Todesstrafe kämpfen, akribisch auf der Suche nach Verfahrensfehlern, wodurch es ihnen immer wieder gelingt, Todeskandidaten zu befreien. Die grundsätzliche und politische Frage, ob der Staat überhaupt berechtigt sein könne, einen Menschen aufgrund strafrechtlicher Vergehen vom Leben zum Tode zu bringen, wird jedoch nach wie vor nicht diskutiert. Die in Medienberichten über Exekutionen in den Vereinigten Staaten geschilderten Begleitumstände – Angehörige des Opfers wohnen der Exekution bei und beklatschen den Tod des Täters, wobei es auch schon vorgekommen sein soll, daß zuvor gegenüber Medienvertretern gesagt wurde, man hoffe auf ein möglichst qualvolles Ende – geben jedoch Anlaß zu weiteren Bemerkungen. Das US-Strafrecht ist viel stärker vom Gedanken der Rache geprägt als das europäische. Im Strafverfahren gibt es vereinfacht gesprochen drei Beteiligte: Erstens der Straftäter oder die Straftäterin, zweitens die Anklagebehörde, welche im Namen des Kollektivs den Strafanspruch des Staates vertritt, weil der Täter ein öffentlich geschütztes Rechtsgut verletzt hat, und schließlich drittens der oder die durch die Straftat Geschädigte. In der europäischen Tradition steht das geschützte Rechtsgut und der Strafanspruch des Staates im Vordergrund, während gewisse Rechtsordnungen sogar die Möglichkeit vorsehen, den Anspruch des Geschädigten in ein separates Verfahren vor einem Zivilgericht zu verweisen. Die geschädigte Partei hat kein größeres Recht als irgendein anderer Bürger, Einfluß auf die Bestrafung des Täters zu nehmen, sie muß sich auf die Vertretung ihrer Schadenersatzansprüche beschränken. Daß in den letzten Jahren verschiedentlich Gesetze zur staatlichen Entschädigung der Opfer von Straftaten erlassen worden sind, hat mit der hier diskutierten Konstellation nur am Rande zu tun. In den Vereinigten Staaten hat die geschädigte Partei eine viel größere Rolle, und dies auch in der Einflußnahme auf die Bestrafung des Täters. Einerseits kommt darin wieder zum Ausdruck, daß Europa dem kollektiven Aspekt mehr Gewicht beimißt, während jenseits des Atlantiks der individuelle Aspekt überwiegt. Andererseits zeigt sich in der starken Präsenz des Rachegedankens dieselbe alttestamentliche Komponente, welche bereits im Zusammenhang mit der nationalen Vorstellung vom »auserwählten Volk Gottes« erwähnt worden ist.

Die historischen Gründe, welche dazu führten, daß man der Zugehörigkeit durch Aufnahme in Gemeinschaften moralisch für würdig befunden werden mußte, sollen hier nicht wiederholt werden. Die individuell definierte Zugehörigkeit hat zur Folge, daß es Nichtzugehörige gibt, und dies führt notwendigerweise zu den moralischen Grundkategorien von »gut« und »böse«. Die Exekution des Straftäters ist auch ein Symbol dafür, daß man das »Böse an sich« nicht nur bekämpft, sondern es ein für allemal vernichtet. Die Kampagne gegen die Todesstrafe wird in den Vereinigten Staaten nur mit Verfahrensargumenten geführt, weil eine inhaltliche, ethische Argumentation wohl kaum ein Echo hätte: Zu tief ist die Notwendigkeit, immer wieder das »Gute« vom »Bösen« scheiden zu können, in der »US-amerikanischen Seele« verankert. Dies ist übrigens auch einer der Gründe für die Notwendigkeit des »Bekenntnisses«, welches einen Schlüsselbegriff zur Erklärung vieler transatlantischer Unterschiede darstellt. Daß die Aufklärung in Europa zur Trennung von Recht und Moral führte und dies in den Vereinigten Staaten nicht oder nicht in dieser Klarheit der Fall war, ist keineswegs zufällig.

Im Verständnis der US-amerikanischen Nation spielte das »Gute«, für das diese Nation steht, von allem Anfang an eine zentrale Rolle. Die Grundlage für diese moralische Komponente ist nach wie vor eine religiöse. Diese kommt heute oft in moralischen Kategorien zum Ausdruck. Wenn es im Nationenverständnis das Gute gibt, so muß es auch das Böse geben, denn diese beiden Kategorien bedingen einander. Nach außen wird das Böse immer wieder mit Personen und Staaten identifiziert, so daß dem Nationalbewußtsein der Sendungsauftrag für die Durchsetzung des Guten in der Welt erhalten bleibt. Es bedurfte nicht der Geschehnisse in der Folge des 11. September 2001, um diese Mechanismen wahrnehmen zu können, nur wurden sie in diesen Monaten besonders unübersehbar. Im Innenverhältnis spiegeln sich dieselben Mechanismen: Weil sich das Amerikaner-Sein auch über das Gut-Sein definiert, muß ständig darüber gewacht werden, daß man sich öffentlich von den nichtguten Bewohnern im eigenen Land abgrenzt. In Europa hingegen gibt es das »Böse« in diesem Sinne nicht: Hier ist der Erlaß von Strafnormen solange ein politischer Prozeß, wie die Normen noch keine Geltung erlangt haben. Sobald sie positives Recht geworden sind, ist darauf abgestützte strafrechtliche Schuld moralisch neutral. Und weil es in Europa das so verstandene »Böse« nicht gibt, gibt es auch nicht das »Gute«, geschweige denn ein diesbezügliches Sendungsbewußtsein in der Welt.[72] Im Sinne einer Zusammenfassung läßt sich feststellen, daß man in Europa für die Moral Gefäße geschaffen hat, man hat sie erstens in der Gesetzgebung gebündelt und hat sie zweitens in der Form der Rechtsordnung dem Staat anvertraut. Die Vereinigten Staaten kennen weder das eine noch das andere in dieser ausgeprägten Form, weshalb das Individuum den moralischen Ansprüchen anderer Individuen oder Gruppen direkt ausgesetzt ist.

Völkerrecht

»Völkerrecht« ist jenes Recht, welches seit einigen Jahrhunderten die Rechtsbeziehung zwischen den Staaten geregelt hat und immer noch regelt, mit »Völkern« sind also die heutigen Nationalstaaten gemeint und nicht etwa ein Volk im Sinne einer ethnischen Gruppe. Im Völkerrecht gibt es keinen Gesetzgeber. Auch die Generalversammlung der Vereinten Nationen kann kein Völkerrecht erlassen, sie regt aber immer wieder Konferenzen an, auf welchen Delegationen der einzelnen Staaten miteinander völkerrechtliche Verträge abschließen. Völkerrecht besteht somit aus Verträgen zwischen zwei oder mehreren Staaten, durch welche sich der einzelne Staat einer internationalen Ordnung unterwirft. Der Vertrag wird zunächst unterzeichnet und später – nach Genehmigung durch die zuständige Behörde im eigenen Land, meistens das Parlament – formell ratifiziert. Von diesem Moment an hat er für den betreffenden Staat Geltung, wobei er dann je nach den Vorschriften der Verfassung automatisch als Landesrecht gilt oder es noch nötig ist, einzelne Bestimmungen durch einen Parlamentsbeschluß ins Landesrecht umzusetzen.

An Konferenzen zur Aushandlung völkerrechtlicher Verträge fällt europäischen Delegationen an den US-amerikanischen Verhandlungspartnern oft zunächst schon die Größenordnung auf, die sich nicht nur mit der Größe oder dem Einflußreichtum dieses Landes erklären läßt.[73] Da sind jeweils unzählige Spezialisten präsent, für alle nur denkbaren Sachfragen, die auftauchen könnten. Im weiteren schildern europäische Teilnehmerinnen und Teilnehmer an solchen Konferenzen, daß die US-Amerikaner sich in die Verhandlungen gelegentlich viel streitbarer einbringen würden, als dies in Europa üblich sei. Beide Elemente widerspiegeln im Grunde genommen nur das innerstaatliche Rechtsverständnis auf beiden Seiten des Atlantiks: Die Europäer haben die Gestaltung einer Ordnung vor Augen, die US-Amerikaner schließen einen speziellen Vertrag ab. Im Laufe der letzten Jahre hat sich die Tendenz verstärkt, eine Art Vorstufe einer »Weltrechtsordnung« in verschiedenen Teilbereichen zu schaffen, dies vor allem im Rahmen von Konferenzen, welche durch die Vereinten Nationen oder eine ihrer Spezialorganisationen einberufen worden sind. Nicht nur die Handelsbeziehungen sind globalisiert worden, sondern auch verschiedene Risiken, die Menschen und Natur weltweit bedrohen, können nur noch global angegangen werden. Die erwähnte Tendenz geht somit in Richtung dessen, was eher den Rechtsvorstellungen der europäischen Delegationen und weniger jenen der US-amerikanischen entspricht. Damit ist wenigstens teilweise erklärt, warum in den letzten Jahren immer häufiger sehr viele Staaten einer internationalen Neuordnung in der Form eines völkerrechtlichen Vertrages zustimmten, während die Vereinigten Staaten zusammen mit einigen wenigen Außenseitern abseits standen.[74] Sie können es nicht akzeptieren, daß Völkerrecht sich immer mehr zu einer »übernationalen« Rechtsordnung entwickelt, weil ihnen das Denken in Rechtsordnungen grundsätzlich viel ferner liegt als beispielsweise den europäischen Staaten. Viele Kommentare zu diesem Abseitsstehen nennen vor allem die große Machtballung der Vereinigten Staaten, welche der einzigen nach dem Kalten Krieg übriggebliebenen Großmacht ein solches Verhalten überhaupt erst ermögliche und nahelege. Obwohl diese Analyse ihre Richtigkeit hat, ist sie für sich allein zu kurz gegriffen, denn die Haltung der Vereinigten Staaten ist ebensosehr schon durch deren Rechtsverständnis an sich bedingt.

Eine andere Begründung ergibt sich aus dem Souveränitätsverständnis. Völkerrechtliche Verträge, die auf eine übernationale Rechtsordnung hin tendieren, verlangen von den einzelnen Staaten einen Souveränitätsverzicht zugunsten einer übergeordneten Rechtsordnung, oftmals auch verbunden mit der Übertragung von Kompetenzen an eine internationale Gerichts- oder Schlichtungsinstanz. Ein solcher Souveränitätsverzicht fällt den Vereinigten Staaten ungemein schwer – insbesondere schwerer als den europäischen Staaten. Die Begründung dafür liegt zwar ebenfalls in der Machtkonzentration, aber auch hier wäre diese Analyse für sich allein zu kurz gegriffen. Wie bereits erwähnt fehlt in der Verfassung der Vereinigten Staaten das Prinzip der Volkssouveränität, so daß die US-amerikanische Geschichte einem großen und immer wieder gelungenen Versuch gleichkommt, zu verhindern, daß sich eine politische Gewalt überhaupt anmaßen kann, im Namen des Volkes zu sprechen. Immer wieder findet eine sorgfältige Annäherung an das absolut notwendige Mindestmaß an Kompetenzen statt, die das Individuum an den Staat abzutreten bereit ist. Dies geschieht im Namen der »persönlichen Freiheit«. Ganz anders in Europa: Staaten gab es schon lange bevor die Aufklärung den Gedanken der individuellen Freiheit propagierte, und die ersten Freiheitsgarantien kamen aus den Rechtsordnungen, die sich im Rahmen dieser Staaten entwickelten, als die Souveränität noch bei den Königen und Fürsten lag. Als das Volk dem Adel die Souveränität später aus den Händen nahm, war diese schon längst nicht mehr grenzenlos, sondern ihr war durch das Recht ein Rahmen gesetzt, und dies zum Schutz der Freiheitsrechte des Individuums. Mit andern Worten war es schon damals jedem vernünftig denkenden Menschen in Europa klar, daß das Individuum seine grenzenlose Urfreiheit an den Staat abgetreten haben mußte, wenn eine wie auch immer gestaltete Ordnung möglich werden sollte, die auch dem Schutz und der Freiheit der einzelnen diente. Für Europäerinnen und Europäer ist der erste, ursprüngliche und individuelle Souveränitätsverzicht zugunsten des Staates etwas so Selbstverständliches, daß dieser Gedanke im Bewußtsein schon gar nicht mehr als eine eigene Kategorie existiert. Dieser individuelle Souveränitätsverzicht stellt das geschichtliche Fundament dar, auf welchem es im Rahmen der Französischen Revolution überhaupt erst möglich wurde, daß das Volk vom König die Souveränität übernahm. Genau dieser Kernpunkt der europäischen Ideengeschichte ist es, den Generationen um Generationen von Auswanderern in die Neue Welt im Namen einer »neuen Freiheit« ablehnten, um von nun an dieselbe Fragestellung aus einem Blickwinkel anzugehen, der sich um genau 180 Grad vom europäischen unterscheidet.

Die immer offensichtlicher werdende Ablehnung des völkerrechtlichen Souveränitätsverzichtes durch die Vereinigten Staaten hat vor allem historische Wurzeln, die darauf zurückgehen, daß der »Souveränitätsverzicht« des Individuums zugunsten des Staates jenseits des Atlantiks ein Phänomen darstellt, das negativ gesehen wird. Alle gesellschaftlichen Schichten wenden immer wieder ihre ganze Energie auf, um dieses Phänomen zu minimieren. Die Ablehnung des individuellen Souveränitätsverzichtes zugunsten des Staates ist in der »amerikanischen Seele« so stark, daß es auch die Möglichkeiten des völkerrechtlichen Souveränitätsverzichtes der Vereinigten Staaten einschränkt, denn wie soll etwas im Großen möglich werden, das im Kleinen nicht existiert?[75] Die ideengeschichtlichen Wurzeln für das Verhalten der Vereinigten Staaten gegenüber dem Völkerrecht sind bedeutsam. Selbst wenn die Vereinigten Staaten an machtpolitischem Einfluß wieder verlieren sollten, wird die ideengeschichtlich bedingte Schwierigkeit mit dem Souveränitätsverzicht ein wirksames Phänomen bleiben, und dieses Phänomen betrifft Europa besonders stark: Der alte Kontinent bringt ein diametral anderes Geschichtsverständnis in die Internationale Gemeinschaft ein. Dieses ist in den letzten Jahrzehnten immer wichtiger geworden, indem Souveränitätsverzicht in der Entwicklung der Europäischen Union ein Prinzip darstellt, auf welchem die gesamte Friedenssicherung beruht.

Im Zusammenhang mit der Schaffung einer Art Vorstufe zu einer »Weltrechtsordnung« in verschiedenen Teilbereichen, welche vor allem im Rahmen von Konferenzen der Vereinten Nationen oder ihrer Spezialorganisationen vorangetrieben wird, ist noch die Rolle der Moral zu erwähnen. Die politischen Motive zur Einberufung solcher Konferenzen gehen auf den moralischen Beweggrund zurück, den weltweiten Frieden, die weltweite Wohlfahrt, den weltweiten Schutz der Menschen und der Natur zu stärken. Es ist also durchaus so, daß die Moral das Völkerrecht vorantreibt, auch in Europa. Wer könnte daran zweifeln, daß das Entsetzen über die Geschehnisse im zweiten Weltkrieg zum Motor der europäischen Integration im Rahmen der Europäischen Union geworden ist? In den Vorstellungen, wie solche Motive in die Tat umgesetzt werden sollen, wie man also von der Moral zur Tat gelangt, finden sich heute jedoch wiederum die alten transatlantischen Unterschiede. Wenn die europäischen Vertreter dazu tendieren, bindende völkerrechtliche Verträge abzuschließen, so deshalb, weil sie von der Moral über das Recht zur Tat schreiten möchten, und dies in der Gewißheit, daß alle Beteiligten in einem gewissen rechtlichen Rahmen dasselbe versuchen werden oder wenigstens versuchen sollten. Die US-Amerikaner bevorzugen demgegenüber den Weg von der Moral direkt zur Tat, denn sie fühlen sich in ihrem »pragmatischen« Vorgehen nicht gerne durch Absprachen eingeschränkt, geschweige denn durch völkerrechtliche Verträge. Auch hier sind die transatlantisch verschiedenen Wege der Moral zu beobachten.

Vor allem aber kommt auch im Umgang mit dem Völkerrecht der grundlegende Unterschied zwischen Europa und den Vereinigten Staaten zum Ausdruck, daß für den alten Kontinent Recht letztlich eine Friedensordnung darstellt, während jenseits des Atlantiks Recht und Justiz eine politische Funktion haben. Sehr deutlich wird dies am Beispiel des Internationalen Strafgerichtshofes, dessen Statut am 17. Juli 1998 im Rom verabschiedet worden ist. Zunächst verhandelten die Vereinigten Staaten in Rom äußerst hart und versuchten, den Gerichtshof möglichst schwach auszugestalten.[76] Später unterzeichneten sie das Statut, um an der Ausarbeitung der Detailvorschriften beteiligt zu sein, auch hier mit derselben Zielsetzung, allerdings auch mit dem offenen Eingeständnis, daß sie das Statut mit größter Wahrscheinlichkeit nicht ratifizieren würden. Schließlich wurde die Unterschrift unter das Statut auch formell wieder zurückgezogen. In einer europäischen Betrachtungsweise erscheint es als unglaubwürdig und inkonsistent, daß die Vereinigten Staaten nicht bereit sind, den völkerrechtlichen Vertrag zum Internationalen Strafgerichtshof zu ratifizieren, nachdem sie im Rahmen der Vereinten Nationen geradezu als Haupt-Promotoren zur Einrichtung von speziellen »Kriegsverbrecher«-Tribunalen für Ex-Jugoslawien und Ruanda gewirkt und im Hinblick auf die Überstellung bestimmter Angeschuldigter nach Den Haag massiv Druck auf die Staaten ausgeübt haben, welche diese Personen ausliefern sollten. Jenseits des Atlantiks hingegen kann sich kaum jemand vorstellen, daß in Prozessen vor dem Internationalen Strafgerichtshof gegen einen Angeklagten US-amerikanischer Nationalität nicht politisch entschieden würde, und zwar in dem Sinne, daß sich diese Nationalität belastend auswirken würde. Daß sich die Vereinigten Staaten dem Internationalen Strafgerichtshof nicht anschließen, erscheint einer großen Mehrheit in den USA deshalb nicht nur als legitim, sondern geradezu als Verpflichtung ihres Staates gegenüber seinen Bürgern, die es vor ungerechter – im Sinne von »gegen US-amerikanisches Recht verstoßender« – Behandlung und ungerechten Strafverfahren zu beschützen gilt. Auch diese Haltung ist durchaus konsistent, wie die Kontroverse um die Verfahrensgarantien gegenüber den gefangenen Taliban- und Al-Kaida-Kämpfern gezeigt hat, die von den Streitkräften der Vereinigten Staaten auf ihren Stützpunkt Guantánamo auf Kuba gebracht worden waren: So wie US-Amerikaner nicht davon ausgehen, daß sie vor einem »fremden« Gericht ein korrektes Verfahren erwarten dürfen, weil sie annehmen, ihnen würde eine zuvor erfolgte militärische Handlung moralisch ohnehin zum Vorwurf gemacht werden, genauso gehen sie davon aus, daß sich die Gefangenen durch ihre Teilnahme an den militärischen Auseinandersetzungen in Afghanistan moralisch disqualifiziert haben. Daher erscheint es ihnen gerechtfertigt, die für amerikanische Staatsbürger geltenden Verfahrensgarantien gegenüber diesen Kämpfern einzuschränken.[77] Das Beispiel illustriert nicht nur das politische Verständnis der Justiz, sondern noch einmal den direkten Weg der Moral, wie er oben aufgezeigt worden ist.

Zusammenfassend ergibt sich, daß die Haltungen Europas und der Vereinigten Staaten zur völkerrechtlichen Entwicklung so unterschiedlich sind, daß – würde man eine weltweite »Skala der Völkerrechtsfreundlichkeit« erstellen – Europa am einen Ende dieser Skala zu finden wäre und die Vereinigten Staaten am anderen Ende. In diesem Zusammenhang heute noch vom »Westen« zu reden wird zunehmend zur Illusion. Bis zum Fall der Berliner Mauer war es unabdingbar und für Europa wohl auch eine Frage des Überlebens, diese Zusammenhänge nicht zu analysieren. Möglicherweise wird nun aber das Umgekehrte genauso unabdingbar.

Menschenrechte

In keinem anderen Gebiet ist die unterschiedliche Bedeutung des Völkerrechtes für Europa und die Vereinigten Staaten schon so früh so deutlich geworden wie im Bereich der Menschenrechte. Nachdem die Vereinten Nationen am 10. Dezember 1948 die Allgemeine Erklärung der Menschenrechte proklamiert hatten, ging Europa sofort voran und verabschiedete bereits im Jahre 1950 die Europäische Menschenrechtskonvention, die nicht bei der politischen Durchsetzung dieser Rechte stehenblieb, sondern die Individualbeschwerde in einem rechtlichen Verfahren vorsieht. 1961 folgte die Europäische Sozialcharta, welche sich mit den sozialen Rechten befaßt, die in der Europäischen Menschenrechtskonvention ausgespart worden waren. Im Rahmen der UNO wurden im Jahre 1966 die beiden Menschenrechtspakte einerseits zu den bürgerlichen und politischen Rechten und andererseits zu den wirtschaftlichen, sozialen und kulturellen Rechten verabschiedet, wobei der erstgenannte auf fakultativer Ebene ebenfalls eine individuelle Beschwerdemöglichkeit vorsieht. 1969 folgte dann die Inter-Amerikanische Menschenrechtskonvention, ebenfalls mit individueller Beschwerdemöglichkeit, welche den ganzen amerikanischen Kontinent einbezieht. Neben den rechtlichen Durchsetzungsmechanismen für die Menschenrechte – und vom Zeitablauf her gesehen meist schon vor den rechtlichen Mechanismen – werden die politischen Instrumente eingesetzt. Auf weltweiter Ebene befaßt sich mit der politischen Durchsetzung die UNO-Menschenrechtskommission, in der alljährlich darum gerungen wird, ob, und wenn ja, welche Staaten durch Resolutionen wegen Verletzungen der Menschenrechte gerügt werden sollen. Politische Durchsetzung der Menschenrechte ist auch im bilateralen Kontakt von Staat zu Staat möglich, während die rechtliche Durchsetzung nur multilateral stattfinden kann, denn sie bedingt die Teilnahme einer gewissen Anzahl von Staaten. Daß diese Staaten gleichberechtigt sind, zeichnet das rechtliche Durchsetzungsverfahren gegenüber dem politischen aus, in welchem mächtige Staaten ein größeres Gewicht haben als andere. Auf europäischer Ebene drückt sich die Gleichberechtigung vor allem dadurch aus, daß jeder Staat in den Europäischen Gerichtshof für Menschenrechte einen Richter oder eine Richterin entsenden darf.

Ein weitere Differenz zwischen den beiden Arten der Durchsetzung betrifft die Gleichbehandlung von Menschenrechtsverletzungen durch verschiedene Staaten. Im rechtlichen Bereich ist diese Gleichbehandlung insofern gewährleistet, als alle Individualbeschwerden nach denselben Regeln beurteilt werden müssen und für ihre Einreichung dieselben Voraussetzungen bestehen. Es ist kaum anzunehmen, daß es einem Staat gelingen wird, bei anhaltend vorkommenden Menschenrechtsverletzungen die Einreichung von Beschwerden zu verhindern. Im politischen Verfahren ist demgegenüber die Gleichbehandlung zwar möglich, es besteht allerdings auch die Gefahr, daß ein starker Staat sich über ein Verdikt leichter hinwegsetzen kann.[78] Im politischen Verfahren berücksichtigen die Staaten ihre eignen Interessen immer mit, was gelegentlich zu Abläufen führt, die der Grundidee der Menschenrechte nicht mehr ganz würdig sind, so zum Beispiel, wenn wirtschaftlich entwickelte Staaten gegenüber wirtschaftlich weniger entwickelten im Vorwurf der Verletzung von Menschenrechten nur deshalb Zurückhaltung üben, weil sie künftige Geschäfte mit diesen aufstrebenden Wirtschaftspartnern nicht gefährden möchten. Diese Gefahr ist im Rahmen der rechtlichen Durchsetzungsmechanismen schon von den Abläufen her praktisch nicht vorhanden. Trotzdem müssen Menschenrechte mit beiden Arten von Mechanismen durchgesetzt werden, neben der an sich wirksameren rechtlichen auch mit der politischen Methode.

Die Unterschiede zwischen Europa und den Vereinigten Staaten im Umgang mit den Menschenrechten zeigen sich zunächst schon rein formal. Heute kann kein Staat Mitglied des Europarates werden, ohne den Souveränitätsverzicht zugunsten des Europäischen Gerichtshofes für Menschenrechte geleistet zu haben, welcher sich vor allem in zweierlei Hinsicht auswirkt: Ob eine Menschenrechtsverletzung zur Beurteilung kommt, entscheidet im Rahmen gewisser prozessualer Voraussetzungen allein der Beschwerdeführer, der sich an den Gerichtshof wendet. Und ob eine Verletzung vorliegt, entscheidet allein der Gerichtshof. Beide Vorgänge können durch die Regierungen der Vertragsstaaten nicht beeinflußt werden, diese haben vor dem Gerichtshof lediglich Parteistellung. Aus Gründen, die bereits dargelegt worden sind, unterwerfen sich hingegen die Vereinigten Staaten konsequent keinen völkerrechtlichen Schutzmechanismen mit Individualbeschwerde. Das Fakultativprotokoll betreffend die Individualbeschwerde zum UNO-Pakt über staatsbürgerliche und politische Rechte wurde von ihnen genausowenig anerkannt wie der Schutzmechanismus der Inter-Amerikanischen Menschenrechtskonvention.

Aber auch im Bereich des politischen Durchsetzungsinstrumentariums sind die Präferenzen transatlantisch recht verschieden. Die Vereinigten Staaten geben dem bilateralen Vorgehen den Vorzug vor dem Multilateralen, weil es ihnen besser erlaubt, in ihrem Sinne »pragmatisch« zu handeln. Die europäischen Länder sind dem Bilateralismus im Bereich der

Menschenrechte schon deshalb ein Stück weit entwachsen, weil für sie häufig auch die Europäische Union als Ganzes spricht. Daß die Vereinigten Staaten im Gegensatz zu Europa die politische Durchsetzung der Menschenrechte gegenüber der rechtlichen klar bevorzugen, hat verschiedene Gründe, von denen einige bereits erwähnt worden sind: Erstens ist das generelle Rechtsverständnis zu nennen, zweitens der unterschiedliche Umgang mit dem Völkerrecht. Als drittes Element kommt hinzu, daß das Thema »Menschenrechte« für die Vereinigten Staaten genau besehen gar nicht in die Kategorie »Recht« gehört, sondern in die Kategorie »Außenpolitik«. Und dies hat wiederum einen Zusammenhang damit, daß für die US-Amerikaner die Menschenrechte eben nicht ein internationales, sondern ein nationales Konzept darstellen, welches sie in möglichst viele andere Länder exportieren wollen. Dies wird sehr deutlich, wenn man die in den Vereinigten Staaten innerstaatlich perfekt ausgebauten rechtlichen Mechanismen zum Schutz der in der Verfassung garantierten Grundrechte in Betracht zieht und sie vergleicht mit der konsequenten Ablehnung dieses Staates gegenüber den internationalen Schutzmechanismen, die auf der Individualbeschwerde beruhen.

Da ich in Bosnien im Bereich der Menschenrechte arbeitete, fielen mir solche Unterschiede denn auch in diesem Bereich erstmals auf. Unsere Tätigkeit, die darin bestand, Beschwerden von Einzelpersonen zu behandeln, gingen wir jedenfalls anfänglich ganz bewußt ziemlich formell an. Daneben wirkten über das Land verteilt unzählige Internationale im sogenannten Menschenrechts-«Monitoring«. Ihre Aufgabe bestand darin, Menschenrechtsverletzungen nachzugehen und darüber Bericht zu erstatten, entweder einer internationalen Organisation, einer nationalen Regierung oder auch einer nichtstaatlichen Organisation, je nach dem, von wem sie nach Bosnien entsandt worden waren. Gemeinsam war den beiden Aktivitäten der Versuch, mit den Behörden oder deren Mitgliedern ins Gespräch zu kommen, welche die Menschenrechte offensichtlich nicht respektierten, wobei die Methoden im Monitoring informeller, aber dafür flächendeckender waren, während wir formell ausgestattet mit mehr staatlicher Autorität auf diese Behörden zugehen konnten, jedoch viel punktueller arbeiteten, da wir – abgesehen von gewissen Ausnahmen – zunächst über eine Beschwerde verfügen wollten, sei dies nun in schriftlicher oder mündlicher Form, um die Behörde dann auch mit einem klaren Sachverhalt konfrontieren zu können. Diese klare Strategie hatten wir nicht zuletzt auch deshalb gewählt, weil die informelle Vorgehensweise durch die so zahlreich anwesenden Monitore gewährleistet war, nicht aber ein formelleres Verfahren, für welches wir im Gegensatz zu den Monitoren aufgrund des Abkommens von Dayton über genügend Kompetenzen verfügten. Gemeinsam war den beiden Tätigkeiten leider auch, daß sie insbesondere in den Anfängen nur selten erfolgreich waren und es eines großen Durchhaltevermögens bedurfte, wenn den Leuten wirklich geholfen werden sollte, die »ethnische Brille« abzulegen. Viele im Monitoring Tätigen informierten die Betroffenen über die Beschwerdemöglichkeiten an unsere Institution, und umgekehrt waren viele Hinweise der Monitore auch für unsere Bearbeitung der Beschwerdefälle sehr hilfreich, insbesondere wenn es um die Beurteilung der Gesprächsmöglichkeiten mit lokalen Behörden ging. Jedenfalls informierte man sich gegenseitig, soweit wir nicht durch unsere Verfahrensvorschriften in einem bereits laufenden Beschwerdeverfahren die Diskretion zu wahren hatten.

In diesem Zusammenhang lernte ich einen ersten praktischen Unterschied zwischen europäischer und US-amerikanischer Menschenrechtskultur kennen: Von den bosnischen Behörden darauf angesprochen, warum man von ihnen denn ein anderes Verhalten verlange und wo sich eine Rechtsgrundlage dafür finde, bezogen sich US-Amerikaner nicht selten auf die Verfassung der Vereinigten Staaten, genauer auf deren Zusatzartikel, welche die eigentlichen Grundrechtsgarantien enthalten. Weder einem Schweden noch einer Spanierin und auch nicht einem sehr »republikbewußten« französischen Monitor wäre es jemals in den Sinn gekommen, mit der schwedischen, der spanischen oder der französischen Verfassung zu argumentieren, aus dem einfachen Grund, weil diese Verfassungen in Bosnien keine Geltung besitzen. Dies ist aber für diejenige der Vereinigten Staaten offensichtlich auch nicht der Fall. Ob die internationalen Instrumente, die man durch das Abkommen von Dayton ins bosnische Recht implantiert hatte, diesen US-Amerikanern zu wenig präsent waren oder ob sie das Phänomen der »Freiheitsrechte« so sehr als eine Erfindung von jenseits des Atlantiks betrachteten, daß ihnen diese Argumentation gegenüber den bosnischen Behörden als erfolgversprechender erschien, oder ob beides der Fall war, ist nicht abzuschätzen.

Die Vereinigten Staaten lehnen eine internationale Kontrolle ihres eigenen menschenrechtlichen Verhaltens durch Individualbeschwerde im Rahmen internationaler Organisationen auch ab, weil für sie die Menschenrechte ein nationales Konzept darstellen. Sie gehen davon aus, einen besseren Schutz des Individuums als jenen durch die US-amerikanische Verfassung und deren Zusatzartikel könne es gar nicht geben. Für Europa sind Menschenrechte definitiv ein internationales Konzept. Diese Rechte stellen darüber hinaus jenseits des Atlantiks ein viel politischeres Konzept dar als in Europa, wo sie weitgehend rechtlich definiert sind. Menschenrechte werden nach US-amerikanischem Verständnis vom Individuum gegen den Staat erkämpft, im Rahmen des als eigentliche politische Arena verstandenen »Kampfes um Rechte«. Europa geht im Menschenrechtsverständnis einen Schritt weiter: Der Staat verpflichtet sich selbst gegenüber der Staatengemeinschaft und übernimmt eine aktive Verantwortung, dafür zu sorgen, daß die Menschenrechte des Individuums nicht verletzt werden, insbesondere auch jene des schwächeren Individuums. Daraus ergibt sich auch ein Unterschied im Vorgehen Europas und der Vereinigten Staaten bei der strukturellen Aufbauhilfe für Staaten in Krisengebieten: US-Amerikaner legen größten Wert darauf, einerseits das Individuum stark genug zu machen, damit es sich seine Rechte erstreiten kann, und andererseits die Justiz zum Funktionieren zu bringen, damit sich das

Individuum auch an jemanden wenden kann. Sie gehen davon aus, daß sich der »Staats«-Aufbau aus diesen Elementen später automatisch ergebe. Für europäisch geprägte Aufbauhelfer sind die genannten Bereiche auch Teil ihrer Arbeit, sie legen jedoch zusätzlich Wert auf das Wachsen einer Verwaltungskultur der Rechtsstaatlichkeit. Mit anderen Worten bauen sie nicht nur das Individuum auf, sondern auch den Staat. Es gibt allerdings auch Aufbauhelfer europäischer Provenienz, die das US-amerikanische Rechts- und »Staats«-denken bereits stark übernommen haben. Womöglich erachten sie diesen Ansatz als »pragmatischer«, und sie mögen damit auch recht haben. Gerade in einer Nachkriegssituation ist es einfacher, den Leuten als gesellschaftliche Grundstruktur den »Kampf um Rechte« schmackhaft zu machen. Es braucht etwas mehr Zeit und Geduld, die Vorteile zu erläutern, die eine als Friedensordnung verstandene Rechtsstaatlichkeit mit sich bringt, und die Wege aufzuzeigen, welche dazu führen können.[79] Auf das Beispiel Bosnien ist im nächsten Kapitel zurückzukommen.

Ein an sich unscheinbares Vorkommnis, das noch nicht sehr lange zurückliegt, soll noch eine weitere, stark national gefärbte Komponente illustrieren: Als der US-amerikanische Präsident einige Tage nach den Terroranschlägen vom 11. September 2001 die Bevölkerung der Vereinigten Staaten in den Medien dazu aufrief, sich gegenüber Personen arabischer Abstammung weiterhin korrekt zu verhalten, begründete er seinen Aufruf nicht mit der Menschenwürde dieser Personen, sondern damit, daß es sich bei ihnen auch um »Amerikaner« handle.[80] Natürlich wäre es völlig verfehlt, von diesem Ausspruch die Gleichung ableiten zu wollen »Amerikaner = Mensch, Nicht-Amerikaner = Nicht-Mensch«. Dennoch ist der Ausspruch des Präsidenten nicht zufällig und weist auf einen Zusammenhang hin, der bereits in den beiden letzten Abschnitten erwähnt worden ist: Viele US-Amerikaner gehen bewußt oder unbewußt davon aus, daß die persönliche Freiheit im Rahmen ihrer Nation geboren worden sei und sie deshalb am besten in der Lage seien, dieses Gut zu verwalten und zu schützen. Es liegt deshalb überhaupt keine Unehrlichkeit, geschweige denn die Absicht einer Anmaßung darin, wenn sie im Zusammenhang mit Freiheitsrechten die Begriffe »Amerikaner« und »Mensch« gelegentlich als Synonyme verwenden. Sich zur »Freiheit« bekennen, heißt für viele US-Amerikaner gleichsam immer auch ein wenig, sich zu »America« bekennen.[81] Für Betrachterinnen und Betrachter europäischer Prägung ist diese amerikanische Identität nur vor dem Hintergrund des Mythos vom »auserwählten Volk« verständlich. Genau in diesem Punkt erfolgt aber in der US-amerikanischen Volksseele die Verschmelzung eines Freiheitsverständnisses, das dem individuellen Souveränitätsverzicht negativ gegenübersteht, mit einer nationalen Identität, die dem völkerrechtlichen Souveränitätsverzicht negativ gegenübersteht.

Die transatlantischen Unterschiede im Bereich der Menschenrechte zeigen sich in der Praxis erst seit 1989, und dies recht zögerlich: Bis zu diesem Zeitpunkt erkannten die Vereinigten Staaten das europäische Verständnis der Menschenrechte ebenfalls an, denn mit diesem gleichsam »europäisch verpackten« Konzept ließ sich zusammen mit den westeuropäischen Staaten besser Druck auf den Ostblock ausüben. Dieser Druck war ohne Zweifel absolut notwendig, weshalb es Westeuropa nicht verübelt werden kann, daß es sich auf die Wahrnehmung und Analyse der transatlantischen Differenzen in diesem Bereich nicht sonderlich konzentrierte.

Angleichen oder Fremdbleiben?

Die in diesem Kapitel dargestellten transatlantischen Unterschiede können keineswegs Anspruch auf Vollständigkeit erheben. Vielmehr erfolgte eine Auswahl nach dem Kriterium, wie wichtig die Phänomene für die Entwicklung innerhalb Europas sind, einerseits in Mittelosteuropa und andererseits in den Wechselwirkungen zwischen West- und Mittelosteuropa. Darüber hinaus beschränkte sich die Auswahl auf jene Bereiche, die am Anfang dieses Kapitels umschrieben worden sind.

Allen beschriebenen Differenzen ist jedoch etwas gemeinsam: Sie haben alle ideengeschichtliche Wurzeln, und sie sind ausnahmslos auf geschichtliche Fakten zurückzuführen, die Differenzen sind rational nicht nur begründbar, sondern durch diese Begründung werden sie auch rational einsichtig. Und dies wiederum ist die Voraussetzung für einen sinnvollen Umgang mit diesen Differenzen. Nur in der rationalen Analyse können die Vor- und Nachteile der verschiedenen Denkmuster diesseits und jenseits des Atlantiks erkannt, gegeneinander abgewogen und kann beurteilt werden, in welchen Bereichen die gegenseitige Befruchtung durchaus sinnvoll ist, in welchen anderen hingegen die Differenz mit Vorteil bestehen bleiben sollte.

Leider ist die Auseinandersetzung mit transatlantischen Differenzen – soweit diese überhaupt wahrgenommen werden – sehr oft stark von Emotionen geprägt, und oft wird sie zu einer Sache des Glaubens. Der Glaube und das Bekenntnis, die im US-Nationalverständnis so wichtig sind, scheinen auch in der Auseinandersetzung mit diesen Differenzen eine große Rolle zu spielen, und die glaubensresistente Rationalität Europas kommt dagegen nur schwer an. Dies ist um so erstaunlicher, als die inhaltliche Auseinandersetzung mit den Differenzen ja meistens in Europa und nicht in den Vereinigten Staaten stattfindet. Viele Europäerinnen und Europäer, die sich mit transatlantischen Unterschieden befassen, scheinen sich als erstes insofern amerikanischen Denkmustern anzugleichen, als sie die Diskussion sehr bald auf die Ebene der Bekenntnisse verlegen, Bekenntnisse für oder gegen die Vereinigten Staaten. Hilfreicher wäre hier die Position des Fremdbleibens, wofür Europa ja Denkmuster in großer Vielfalt zur Verfügung stellt. Die Auseinandersetzung mit transatlantischen Differenzen hat sehr wenig mit Glauben zu tun, auch nichts mit Moral, sondern mit rationaler Analyse. Es zeigt sich somit, daß sich bei der Fragestellung bètreffend transatlantischer Angleichung oder transatlantischem Fremdbleiben – und wenn man die Antwort auf diese Fragestellung aus europäischem Blickwinkel formulieren will – genau jene Grundkategorien auswirken, die ideengeschichtlich einen wichtigen transatlantischen Unterschied ausmachen.

In Ansätzen zeigte sich dieses Phänomen auch in Bosnien. Wie im ersten Kapitel erwähnt, war die internationale Aktivität in diesem Land jedenfalls in den ersten Jahren nach Abschluß des Friedensabkommens von Dayton sehr stark durch die Vereinigten Staaten geprägt. So kursierte unter den zahlreichen Internationalen, die Bosnien mitbevölkerten, das Bonmot, Bosnien stelle den »einundfünfzigsten Staat der USA« dar oder immerhin eine amerikanische Kolonie – notabene eine amerikanische Kolonie in Europa. Weil die Vereinigten Staaten das Friedensabkommen von Dayton zu Recht als ihr Werk betrachteten und weil Amerika eine Frage des Glaubens ist, wurde eben auch »Dayton« zu einer Frage des Glaubens. Und wer sich nicht immer wieder zu »Dayton« bekannte, riskierte, daß an seinem persönlichen Engagement gezweifelt wurde. Dieses Bekenntnis wurde aber im Laufe der Jahre immer schwieriger, wovon im nächsten Kapitel die Rede sein wird.

3
Das Dreieck »Westeuropa/Mittelosteuropa/Vereinigte Staaten«

Seit 1989 ist Mittelosteuropa in einem raschen Wandel begriffen, wie man ihn sich noch Mitte der achtziger Jahre sowohl im Westen wie im Osten Europas nie zu erträumen gewagt hätte. Die mittelosteuropäischen Länder haben sich Westeuropa zugewandt, und vielerorts lautete die einhellige Meinung unmittelbar nach dem Umbruch: »So rasch als möglich Beitritt zur Europäischen Union und zur NATO«. Daß dabei nicht unterschieden wurde zwischen Europa und den Vereinigten Staaten, versteht sich von selbst, denn beide zusammen bildeten den »Westen«, der den Mittelosteuropäerinnen und -europäern so lange gewaltsam vorenthalten worden war. Wie hätte man in dieser Region Europas differenzieren wollen, da eine Differenzierung ja auch in Westeuropa nicht gemacht wurde, weil die Konstellation des Kalten Krieges es nicht erlaubt hatte, transatlantische Unterschiede zu thematisieren oder gar überhaupt wahrzunehmen? Insoweit solche Unterschiede aber bestehen, setzte schon sehr bald eine Art Konkurrenz europäischer und US-amerikanischer Wertvorstellungen ein, welche indessen von beiden Konkurrenten nicht als solche wahrgenommen wurde. Mit dem Begriff des Dreiecks ist hier keine geographische Dimension gemeint, sondern die Auseinandersetzung Mittelosteuropas mit den verschiedenen Wertvorstellungen des »Westens«, die Aktivität Europas und der Vereinigten Staaten bei der Aufbauhilfe in Mittelosteuropa und als zentrale Frage, inwieweit hier europäische beziehungsweise US-amerikanische Wertvorstellungen einfließen und in Mittelosteuropa übernommen werden.

Im folgenden ist generalisierend von Mittelosteuropa die Rede, dies aber durchaus im Bewußtsein, daß sich in den Staaten dieser Region, die sich vom Norden bis ans Mittelmeer erstreckt, die Situation unterschiedlich darstellt, eine Folge der unterschiedlichen Geschichte dieser Staaten. In einigen ist die Frage der Übernahme neuer Wertvorstellungen weniger aktuell, weil während der Zeit der totalitären Diktaturen eine Identität erhalten blieb und sich weiterentwickelte, in anderen wiederum ist diese Frage wichtiger. Einige Staaten werden schon bald Mitglieder der Europäischen Union sein, für andere ist diese Perspektive eine längerfristige. Wenn der generalisierende Begriff »Mittelosteuropa« dennoch verwendet wird, so deshalb, weil in Fragen der Wertvorstellungen gar nicht nach Staaten unterschieden werden kann. Auch wenn sich in einem bestimmten Land Mittelosteuropas gewisse Fragestellungen nicht konkret manifestieren, so erfolgt in der Regel dennoch eine Meinungsbildung zu diesen Problemen, und dies anhand von Geschehnissen in anderen Staaten. Darüber hinaus bildet die Diskussion über alte und neue Wertvorstellungen sowie die Übernahme von solchen eine wichtige Basis der Zusammenarbeit der Europäischen Union mit den beitrittswilligen Ländern, an welcher diese alle in gleicher Weise partizipieren. Die mittelosteuropäischen Staaten sind mit den transatlantischen Differenzen im Verständnis von Staat, Nation, Religion, Moral, Recht und Demokratie auf sehr unterschiedliche Weise konfrontiert. Am spürbarsten ist – oder vielmehr war – das Phänomen in Bosnien, und dies vor allem in den Jahren unmittelbar nach Inkrafttreten des Friedensabkommens von Dayton, als die amerikanische Einflußnahme die europäische klar dominierte. Dennoch betrifft dieses Phänomen ganz Mittelosteuropa, denn Bosnien war lediglich das Land, in welchem sich das Dreiecksverhältnis am deutlichsten manifestierte. Die Denkmuster, die in Bosnien Eingang fanden, beeinflussen auch die Meinungsbildung in anderen Staaten Mittelosteuropas, seien diese Denkmuster nun europäisch oder US-amerikanisch geprägt. Europäische und US-amerikanische Wertvorstellungen konkurrieren in ganz Mittelosteuropa, und dies aus dem einfachen Grund, weil durch die kommunistischen Diktaturen die Staatlichkeit in dieser gesamten Region in Mißkredit gebracht worden ist und weil gerade diese Staatlichkeit einen Angelpunkt der transatlantischen Unterschiede ausmacht. Mittelosteuropa steht als Ganzes vor der Frage, ob zumindest in der Tendenz europäische oder amerikanische Muster übernommen werden sollen. Im Dreieck »Westeuropa/Mittelosteuropa/Vereinigte Staaten« gibt es keine mittelosteuropäischen Inseln mehr.

Bosnien im transatlantischen Spannungsfeld

Mit großer Wahrscheinlichkeit hätte die verzweifelte Lage in Bosnien und Herzegowina im Jahre 1996 unmittelbar nach dem Krieg, wie sie im ersten Kapitel beschrieben worden ist, durch ein Vorgehen mit klar europäischen Prämissen betreffend Staat und Nation rascher und nachhaltiger angegangen werden können. Diese Feststellung betrifft lediglich den zivilen Bereich. Daß eine starke militärische Präsenz nötig war, soll hier keineswegs bestritten werden, im Gegenteil: Staatsaufbau und Wiederherstellung der Rechtsstaatlichkeit können erst beginnen, wenn die Waffen zum Schweigen gebracht worden sind, und ohne die starke internationale Militärpräsenz wären diese Ziele nie so gründlich erreicht worden, wie dies dann der Fall war. Die militärische Aktion fand im Rahmen des nordatlantischen Verteidigungsbündnisses statt, und daß die Vereinigten Staaten hier eine verhältnismäßig starke Stellung hatten, ist auf die NATO-internen Strukturen zurückzuführen. Dieser Bereich wird hier nicht diskutiert, und die diesbezüglichen Verhältnisse in Bosnien sollen auch gar nicht in Frage gestellt werden. Die Situation der NATO hat sich seit 1996 ohnehin stark verändert.

Das Abkommen von Dayton

Wer sich in Bosnien während einer gewissen Zeit mit dem Aufbau staatlicher Strukturen befaßte, mit der Wiederherstellung von Rechtsstaatlichkeit, mit Menschenrechten oder anderen Bereichen des Rechts, kam an der Feststellung nicht vorbei, daß das Abkommen von Dayton jedenfalls im Bereich der Menschenrechte Widersprüche enthielt, die dem Land hätten erspart werden sollen. So kreierte das Abkommen nicht weniger als drei Instanzen, welche alle befugt waren, in Fällen bestimmter Menschenrechtsverletzungen endgültige und verbindliche Entscheidungen zu fällen. Dadurch entstand nicht nur die Gefahr sich widersprechender Entscheide, sondern es konnte durchaus vorkommen, daß Beschwerdeführer ihren Fall kurzerhand bei einer anderen Instanz anhängig machten, wenn eine Instanz einen vorangehenden ähnlichen Fall nicht in ihrem Sinne entschieden hatte. In diesen Fällen war es äußerst unklar, was nun gelten sollte und wer letztlich zu entscheiden hatte. Eine solche Konstellation ist nicht gerade geeignet, in einer »rechts- und staatslos gewordenen« Gesellschaft die Rechtsstaatlichkeit wieder zur Geltung zu bringen. Umgekehrt gab es auch fehlende Instanzen: Zwar hatte man die Europäische Menschenrechtskonvention zum direkt anwendbaren Landesrecht erklärt, doch war man offenbar mit deren Inhalt nicht genügend vertraut gewesen, um auf der Ebene des bosnischen Gesamtstaates die oberste Gerichtsbarkeit in »Zivil- und Strafsachen« einzurichten, welche diese Konvention zwingend vorschreibt. Es war der »Europäischen Kommission für die Demokratie durch das Recht«, der sogenannten »Venedig-Kommission«, die im Rahmen des Europarates tätig ist, vorbehalten, in einem Gutachten zu diesem Punkt die baldige Schaffung eines solchen Gerichtes dringend zu empfehlen.[82] Eine internationale gerichtliche Kontrolle über solche Fragen gab es nicht, abgesehen von den verschiedenen Internationalen, welche als Personen eine richterliche Funktion in Institutionen des bosnischen Staates versahen: Wie eingangs erwähnt war die Europäische Menschenrechtskonvention zwar Landesrecht, aber sie war völkerrechtlich nicht ratifiziert worden, und sie konnte auch nicht ratifiziert werden, solange Bosnien nicht Mitglied des Europarates wurde. Ohne völkerrechtliche Ratifizierung der Konvention aber war der Europäische Gerichtshof für Menschenrechte in

Straßburg für Bosnien nicht zuständig. Unter anderem mit der Begründung, diese Zuständigkeit könnte der Entwicklung Bosniens hinderlich sein, haben die Vereinigten Staaten beim Europarat wiederholt gegen einen raschen Beitritt interveniert.[83]

In den Anfängen meiner Arbeit nahm ich die Unstimmigkeiten im Abkommen von Dayton als wohl unvermeidlich hin. Die große Erleichterung meiner bosnischen Mitarbeiterinnen und Mitarbeiter darüber, daß die NATO – endlich! – eingegriffen hatte, daß das Abkommen von Dayton überhaupt abgeschlossen worden und die Internationale Gemeinschaft in Bosnien nun so zahlreich präsent war, übertrug sich auch auf mich. Offensichtlich war es ungemein schwierig gewesen, die verfeindeten Parteien zum Vertragsabschluß zu bewegen, die noch jahrelangen Versuche, die dahin gingen, die Umsetzung des Abkommens zu hintertreiben, mit denen auch wir konfrontiert waren, redeten eine deutliche Sprache. Was den militärischen Bereich anbelangte und andere Teile des Abkommens, mit denen ich nicht befaßt war, blieb es bei dieser Beurteilung. Die strukturellen Widersprüche und rechtlichen Unstimmigkeiten hingegen kosteten uns schon bald recht viel Zeit, die wir besser dafür verwendet hätten, Beschwerdefälle zu bearbeiten. So bedurfte es vieler Sitzungen mit anderen Institutionen, um in gegenseitigen Vereinbarungen überlappende Kompetenzen und sonstige strukturelle Unstimmigkeiten zu bereinigen. Glücklicherweise wurde schon relativ früh die bereits erwähnte Venedig-Kommission mit einer Studie beauftragt, die etwas Ordnung bringen sollte in das Durcheinander der verschiedenen Institutionen. In den ersten Jahren führte ich die Unstimmigkeiten im Abkommen von Dayton darauf zurück, daß bei der Aushandlung ein großer Druck bestanden haben mußte. Wie man der später vom Deutschen Auswärtigen Amt publizierten Dokumentation entnehmen kann, war die Annahme zwar durchaus zutreffend, doch dieses Element erklärte längstens nicht alles. Für die US-Amerikaner stand in Dayton der militärische Teil so sehr im Vordergrund, daß nach Ansicht der dort anwesenden deutschen Delegation die Vorarbeiten für die zivile Umsetzung des Abkommens nicht genügend vorangetrieben worden waren. Auch scheinen die zivilen Teile des Abkommens ebenfalls maßgeblich durch militärische Akteure bestimmt worden zu sein.[84] Es ist somit nicht erstaunlich, daß das Abkommen in diesem Teil Widersprüche und Unstimmigkeiten enthielt, man hatte ihn von seiten der Vereinigten Staaten nicht wichtig genug genommen. Auf die Idee, daß, und auf die Frage, warum ein solches Vorgehen jenseits des Atlantiks durchaus üblich sein könnte, kam ich anfänglich nicht.

Zunächst nochmals zur Grundstruktur des Staates Bosnien und Herzegowina, so wie sie in Dayton konstruiert worden war: Im Prinzip hatten die bosnischen Serben und die mittlerweile wenigstens notdürftig miteinander verbündeten bosnischen Kroaten und Bosniaken so lange gegeneinander gekämpft, bis die Serben auf ein Gebiet zurückgedrängt worden waren, welches 49% des Gesamtstaates ausmachte. Dann wurde in Dayton eine innerstaatliche Grenze festgelegt, die mit geringfügigen Korrekturen der Linie zwischen den verfeindeten Truppen entsprach. Auf der einen Seite dieser Grenze befand sich die »Föderation Bosnien und Herzegowina«, auf der anderen Seite die »Serbische Republik«, und diese beiden Teilstaaten bildeten zusammen den Staat »Bosnien und Herzegowina«. Die »ethnischen Säuberungen« hatten dazu geführt, daß die Serbische Republik weitgehend von bosnischen Serben, die Föderation weitgehend durch Bosniaken und bosnische Kroaten bewohnt waren, die beiden letztgenannten Gruppen ebenfalls gebietsmäßig weitgehend getrennt. Dazu hätte es nicht kommen müssen: Im Januar 1993 war ein Friedensplan vorgelegt worden, der sogenannte Vance/Owen-Plan. Dieser Plan wollte das nationale Denken durch die Schaffung von ethnisch gemischten Regionen überwinden. Er scheiterte wie die späteren Pläne auch, und zwar vor allem daran, daß nicht alle wichtigen internationalen Mächte dahinterstanden und die Kriegsparteien dies wußten. Insbesondere waren die Vereinigten Staaten nicht bereit gewesen, Truppen für die Durchsetzung der Pläne nach Bosnien zu entsenden.[85] Dies änderte sich erst, als die Vereinigten Staaten durch die Konzeption der Verhandlungen in Dayton sicher sein konnten, daß sie den Geschehnissen weitgehend ihren eigenen Stempel würden aufdrücken können.[86] Sicher haben auch einzelne europäische Staaten die Kämpfe in Bosnien verlängert oder gefördert, in dem sie »in alte Schützengräben (stiegen) und die Verbündeten aus dem ersten oder zweiten Weltkrieg (...) hätschelten«.[87] Spätere Ereignisse im Balkan haben allerdings gezeigt, daß die europäischen Staaten aus diesen Vorfällen sehr rasch die Konsequenzen gezogen und ähnliche Rückfälle in die Geschichte später vermieden haben.

Diese Zeilen werden nicht geschrieben, um die Schuldfrage aufzuwerfen; solches wäre nicht nur eine Anmaßung, sondern es macht auch keinen Sinn. Hier geht es vielmehr darum, die Dinge so weit zu verstehen oder zu verstehen zu versuchen, daß allenfalls daraus Hinweise für künftige Situationen gewonnen werden können. Für das hier zur Diskussion stehende Thema kann festgehalten werden, daß in der ganzen Balkankrise die militärischen Randbedingungen jene des zivilen Bereiches sowie das politisch überhaupt Mögliche vorbestimmten. Im militärischen Bereich dominierten offensichtlich die Vereinigten Staaten das Geschehen, die Unterordnung der anderen Bereiche unter den militärischen führte jedoch dazu, daß sich Europa auch politisch und im zivilen Bereich anpassen mußte. Die starke US-amerikanische Prägung des letzteren hat die Friedensbemühungen in Bosnien nicht vereinfacht. Rückblickend erscheint das »Unternehmen Dayton« für Europa als »eine bittere Lehre in internationalem Krisenmanagement wie in Bündnispolitik«.[88] Diese bittere Lehre allein auf die internationalen Machtverhältnisse zurückführen zu wollen, das heißt auf das wenigstens gedanklich nachvollziehbare Verhalten der aus dem Kalten Krieg hervorgegangenen alleinigen Großmacht, wäre zu kurz gegriffen. Die Erfahrung, welche Europa hier machen mußte, liegt auch in verschiedenen transatlantischen Unterschieden begründet, wie sie im vorangegangenen Kapitel dargestellt worden sind. Europa hat ein Interesse daran, sich mit dieser Seite der bitteren Lehre zu befassen, denn die transatlantischen Unterschiede im ideengeschichtlichen Bereich werden auch dann noch vorhanden sein, wenn sich die große Machtballung der Vereinigten Staaten – aus was für Gründen auch immer – jemals abschwächen sollte. Auf einige Elemente in diesem Kontext soll im folgenden noch etwas vertiefter eingegangen werden.

Das Verhältnis von Recht und Politik

Die Widersprüche und Unstimmigkeiten im zivilen Bereich des Friedensabkommens von Dayton sind nicht zufällig. Sie spiegeln die US-amerikanische Sicht des Verhältnisses zwischen Recht und Politik wider, wie sie im letzten Kapitel dargestellt worden ist. Die Widersprüche und Unstimmigkeiten kamen den Interessen des Gastgeberlandes in Dayton entgegen und schufen in Bosnien die Grundlage für ein Vorgehen, welches US-amerikanischerseits wahrscheinlich als »pragmatisch« bezeichnet würde. Aus der Dokumentation des deutschen Auswärtigen Amtes geht hervor, wie lange und offenbar zeitaufwendig zwischen den Vereinigten Staaten und Europa über den Status und die Kompetenzen des obersten zivilen Vertreters der Internationalen Gemeinschaft im Lande selbst gestritten wurde, ob er dem militärischen Bereich zu unterstellen sei, ob er Europäer sein dürfte – den Posten des »Hohen Repräsentanten« hat dann schließlich immer ein Europäer innegehabt – und welche Positionen in seinem Büro europäisch beziehungsweise amerikanisch zu besetzen seien. Um solche Fragen ging es den Vereinigten Staaten vor allem und nicht um ein bißchen mehr oder weniger Unstimmigkeiten in den Rechtsgrundlagen. Die Methode, mittels welcher die Vereinigten Staaten offenbar bereits während der Verhandlungen in Dayton das Geschehen in Bosnien zu dominieren im Sinne hatten und derer sie sich dann auch ausgiebig bedienten, hat ein Journalist nach eingehender Recherche folgendermaßen umschrieben: »Die Europäer haben bisher den Löwenanteil des Wiederaufbaus in Bosnien bezahlt, aber die Amerikaner hatten überall das Sagen. In jedem Büro gibt es – so nehmen es die Europäer wahr – ›den Amerikaner‹, ohne den nichts geht; er ist der Chef oder hat als dessen Stellvertreter eine Schlüsselposition«.[89]

Daß viele dieser US-Amerikaner sich eben nicht vorwiegend als Teil der Internationalen Gemeinschaft – zum Beispiel in der Funktion als Mitarbeiter einer internationalen Organisation – betrachteten, sondern vielmehr als Vertreter Washingtons, die dahin auch regelmäßig Bericht erstatteten und von da instruiert wurden, zeigt das Beispiel eines hohen Funktionärs in ebendiesem »Büro des Hohen Repräsentanten«. Er ging offenbar davon aus, als Mitarbeiter des Büros ein Briefpapier benützen zu können, auf welchem nicht nur der Briefkopf dieses Büros figurierte, sondern an prominenter Stelle auch das Ministerium in Washington, welches ihn dem Büro in Sarajevo für einige Zeit zur Verfügung gestellt hatte ... se non è vero, è ben trovato. Mit den Jahren kursierten in Bosnien mehrere derartige Anekdoten, die auf realen Vorkommnissen basierten und unter Europäerinnen und Europäern in der Internationalen Gemeinschaft genüßlich herumgereicht wurden. Der Missionschef einer internationalen Organisation, die besonderes Gewicht auf Unabhängigkeit von den sie finanziell unterstützenden Staaten legt, erzählte mir einmal, er habe vom State Department in Washington einen Anruf mit der erfreulichen Mitteilung erhalten, man stelle ihm einen Mitarbeiter zur Verfügung und der Betreffende sei bereits unterwegs. Der Missionschef bedankte sich freundlich für die Unterstützung, mietete binnen Stunden ein Büro in der Nachbarschaft, empfing den Neuankömmling sehr herzlich und machte ihm die erfreuliche Mitteilung, man begrüße externe Beobachter aus den Hauptstädten immer gerne und hätte keine Mühe gescheut, für solche Fälle neuerdings auch nahegelegene Räumlichkeiten anbieten zu können ...

Je weniger die Dinge von vornherein in eine bestimmte Ordnung gebracht worden sind, desto mehr besteht ein Spielraum für die Gestaltung der Dinge vor Ort und damit für die

Einflußnahme einzelner Staaten durch einen Großeinsatz an Personal und sonstigen Ressourcen, die nach eigenem Gutdünken und Interesse zielgerichtet zur Verfügung gestellt werden. Für ein europäisches Verständnis von Recht und Politik entsteht so ein Ungleichgewicht, da die Ordnung der Dinge erstens zu wenig klar in Erscheinung tritt und man sich zweitens auf die Ordnung nie richtig verlassen kann. Mit anderen Worten: Die Politik ersetzt das Recht. Dabei wird ein zunächst nebensächlich scheinender Umstand bedeutsam, der heute in Regionen mit internationalem Krisenmanagement offenbar üblich ist und darin besteht, daß viele Internationale, die sich auf »Mission« schicken lassen, in einer bestimmten Region nicht sehr lange anwesend sind. Vor allem in der ersten Zeit nach Abschluß des Abkommens von Dayton hielten sich viele Internationale in Bosnien drei Monate auf, vielleicht auch sechs Monate, und nur wenige blieben jedenfalls anfänglich länger als ein Jahr im Lande. Mit den negativen Konsequenzen dieses ständigen Kommens und Gehens waren wir vor allem bei der Bereinigung von strukturellen Widersprüchen und rechtlichen Unstimmigkeiten konfrontiert. Häufig stellten wir fest, daß an Sitzungen mit anderen Institutionen, in denen es um überlappende Kompetenzen und die Klärung sonstiger struktureller Unstimmigkeiten ging, plötzlich neue Gesichter auftauchten, und Internationale, die Bescheid gewußt hätten über das bisher Vereinbarte oder die bisherige Handhabung, waren nicht mehr in der Institution tätig. Wer »immer wieder neu beginnen« will und Wert legt auf Pragmatismus im US-amerikanischen Sinne, stößt sich nicht an solchen Verhältnissen, im Gegenteil. Es ist jedoch äußerst schwierig, eine »rechts- und staatslos gewordene« Gesellschaft unter solchen Umständen sorgfältig und behutsam wieder vertraut zu machen mit dem Phänomen einer europäisch verstandenen Rechtsstaatlichkeit und der Berechenbarkeit, die staatliche Strukturen unabdingbar brauchen. In der zweiten Hälfte meiner Arbeit in Bosnien verging kaum ein Gespräch mit Vertretern des bosnischen Staates, der Teilstaaten oder anderer öffentlicher Stellen, ohne daß einer dieser Bosnier mir gegenüber den ständigen

Wechsel bei den internationalen Gesprächspartnern beklagt hätte, wofür man mich aufgrund meiner langen Präsenz verständlicherweise für eine geeignete Ansprechpartnerin hielt. Daß diese Situation von jenen im Lande gezielt ausgenützt wurde, die kein Interesse am Vorankommen des Friedensprozesses hatten, weil er ihre bisherige ethnonationalistische Machtbasis schmälerte, versteht sich von selbst.

Mit kurzfristig ausgerichteten politischen Aktionen, welche der langfristigen Etablierung von rechtsstaatlichen Strukturen nicht genügend Rechnung trugen, waren wir gelegentlich auch direkt als Institution konfrontiert. Ich erinnere mich eines Beispiels im ersten Jahr unserer Tätigkeit, als die Rückkehr der Vertriebenen vor allem über die Grenze zwischen den beiden Teilstaaten hinweg noch praktisch unmöglich war, weil Rückkehrwillige oft von jenen gewaltsam an der Heimkehr in ihre Dörfer gehindert wurden, die von den leerstehenden Häusern Besitz ergriffen hatten. Irgend jemand hatte die Idee gehabt, es sei ein Gremium zu schaffen, das sich mit solchen Fällen befassen und kurzfristig darüber entscheiden solle. Die Zielsetzung des Verfahrens bestand darin, die Bewegung der Rückkehr in Gang zu bringen. Dies war eine für den Friedensprozeß äußerst wichtige Angelegenheit, nur hatten die Promotoren dieses Verfahrens auch die Idee gehabt, daß ich als Mitglied dieses Gremiums figurieren sollte. Meine damals US-amerikanische Stellvertreterin – sie hatte einen Großteil ihrer beruflichen Laufbahn in Europa absolviert und war mit der europäischen Menschenrechtskultur sehr gut vertraut – befaßte sich als erste mit diesem Ansinnen und war mehr als erstaunt: Genau solche Fälle konnten in einem späteren Beschwerdeverfahren an uns herangetragen werden, wenn behauptet wurde, es liege eine Menschenrechtsverletzung vor – was damals leider überhaupt nicht ausgeschlossen werden konnte –, und wie hätten wir uns mit solchen Fällen noch befassen können, wenn ich als Beschwerdeadressatin schon vorher in einer ganz anderen Funktion über ein Gremium, dem ich angehören sollte, in den Fall involviert gewesen wäre? Das Unterfangen hätte meine Institution, die damals noch um ein Minimum an Ansehen kämpfte, praktisch aus den Angeln gehoben. Wir lehnten also die Anfrage mit der Begründung ab, es bestehe eine Unvereinbarkeit mit der im Abkommen von Dayton enthaltenen Rechtsgrundlage unserer Institution. Derartige kurzfristige Aktionen, die sich wenig um längerfristige Auswirkungen auch negativer Art kümmerten, zeigten auf, wie groß in der Internationalen Gemeinschaft der Druck war, kurzfristige Erfolge ausweisen zu können. Dieser Druck kam vor allem von seiten der Vereinigten Staaten.[90]

Der Druck wirkte sich auch dahingehend aus, daß sich mit »berühmten« – »berüchtigt« wäre hier wohl die adäquatere Umschreibung – Fällen von Menschenrechtsverletzungen immer viele Organisationen zugleich befaßten. Wie bereits erwähnt waren zahlreiche internationale und nichtstaatliche Organisationen im Bereiche des Menschenrechts-»Monitorings« tätig, wobei Doppelgleisigkeiten verständlicherweise nicht vermieden werden konnten.[91] Hatten wir mit einem Fall zu tun, der einige Publizität erreichte, so kümmerten sich in der Regel auch internationale und nichtstaatliche Organisationen um den Fall, was für uns in konstruktiver Zusammenarbeit nur hilfreich sein konnte. Veröffentlichte ich schließlich meinen Schlußbericht, der in der Regel Empfehlungen enthielt, wie die festgestellten Verletzungen der Menschenrechte behoben oder kompensiert und durch welche Maßnahmen künftige analoge Verletzungen vermieden werden könnten, so kam es in Fällen mit einiger Publizität gelegentlich vor, daß Missionen von internationalen Organisation presseöffentlich ihre Unterstützung meiner Schlußfolgerungen bekundeten. In diese Phase kamen wir in der zweiten Hälfte meiner Amtszeit, als die Institution bereits über ein gewisses Ansehen verfügte. Zur selben Zeit begann ich zu differenzieren: In meiner eigenen Tätigkeit und in der Strategie meiner Institution stand einerseits sehr klar immer die Promotion der Rechtsstaatlichkeit an oberster Stelle. Die alle Personen gleichermaßen schützende Rechtsstaatlichkeit – und erst in zweiter Linie die Fähigkeit des Individuums, sich gegen Verletzungen zu wehren – ist der wirksamste Schutz vor Menschenrechtsverletzungen und bildet deshalb eine wichtige Grundlage der Menschenrechtskultur. In der Zusammenarbeit mit der Internationalen Gemeinschaft brachte ich aber andererseits diese Überzeugung nur noch relativ zurückhaltend ein, denn ich hatte mich damit abgefunden, daß Bosnien zunächst durch eine Phase hindurchging, in welcher ein Menschenrechtsverständnis im Vordergrund stand, das sich an US-amerikanischen Rechts-, Staats- und Politikvorstellungen orientierte und später durch ein mehr europäisch geprägtes abgelöst werden würde. Meine Tätigkeit in diesem Land betrachtete ich deshalb immer mehr als Vorarbeit auf jenen späteren Zeitpunkt hin. Für eine medienöffentliche Unterstützung meiner Empfehlungen bedankte ich mich jeweils, wenn ich in der Folge auf einem Empfang den betreffenden Missionschef oder die zuständigen Mitarbeiterinnen oder Mitarbeiter traf, und soweit meinte ich es auch ehrlich. Was ich nicht erwähnte und auch in meinen Gedanken möglichst zu verdrängen suchte, war die Tatsache, daß ich solche Aktionen eigentlich für problematisch hielt, weil sie das Ansehen und die Wirksamkeit meiner Empfehlungen insgesamt schwächten, indem sie ein Ungleichgewicht bewirkten. Wie verhielt es sich denn mit den übrigen 99% der Fälle, in welchen eine öffentliche Unterstützung durch die Internationale Gemeinschaft unterblieb? Hatten wir in diesen Fällen weniger gute Abklärungen getroffen, waren meine Empfehlungen in jenen Fällen weniger wichtig oder gar falsch? Zweifellos dachte bei den Internationalen kein Mensch an eine solche Interpretation. Aber in der Öffentlichkeit und bei potentiellen Beschwerdeführern mußte der Eindruck entstehen, meine Empfehlungen seien nur dann wirksam oder ernstzunehmen, wenn sie von all jenen öffentlich mitunterstützt würden, die international Rang und Namen hatten, und da lag der Schluß nahe, es habe womöglich keinen Sinn, sich mit einer Beschwerde an unsere Institution zu wenden, wenn man nicht von vornherein über eine gewisse Publizität und internationale Unterstützung verfüge – Rechtsdurchsetzung also politisch verstanden. Dabei war es in der Realität gerade umgekehrt: Je mehr Publizität ein Fall hatte, desto weniger konnten es sich die verantwortlichen Behördenmitglieder leisten, auf meine Empfehlung hin eine Menschenrechtsverletzung rückgängig zu machen oder zu kompensieren, vor allem wenn es eine ethnisch bedingte gewesen war, und ein solcher Hintergrund war fast immer vorhanden. In Fällen ohne große Publizität fiel es erheblich leichter, fehlbare Behörden von einem rechtsstaatlichen Verhalten zu überzeugen, weil sie weniger die Reaktion jener zu befürchten brauchten, welche immer noch die »ethnische Brille« trugen.

Recht und Macht

Die Erfahrung der negativen Konsequenzen einer Verpolitisierung des Rechtes, die im letzten Beispiel zum Ausdruck kommen, begleiteten meine Arbeit in Bosnien mit einiger Konstanz. Daß die bosnischen Behörden von einem ethnischen Rechtsverständnis – welches dort letztlich identisch war mit einem ethnonationalistisch durchtränkten politischen Rechtsverständnis – weggeführt und in geduldiger Kleinarbeit vom Nutzen der Rechtsstaatlichkeit überzeugt werden mußten, war mir von Anfang an klar, denn darin bestand meine Arbeit und dafür war ich in dieses Land gekommen. Daß ein Teil der Internationalen Gemeinschaft ebenfalls von einem politischen Rechtsverständnis ausging, welches im Rechtsdenken letztlich gar keine Alternative zu den lokalen Verhältnissen bot, ärgerte mich hingegen zunehmend. Viele der in Bosnien zu beobachtenden Phänomene betrafen das Verhältnis zwischen Recht und Politik sowie den Umstand, daß sich dieses Verhältnis leicht in ein solches zwischen Recht und Macht verwandelt, sobald die Politik in die Hände übermächtiger Akteure gerät, sei diese Übermacht nun durch Großmachtverhalten oder durch Waffengewalt oder durch beides bedingt. Die bosnische Seite dieses Zusammenhanges wurde im ersten Kapitel ausführlich dargestellt. Was die transatlantische Seite dieses Zusammenhanges betrifft, wäre es verhängnisvoll, wenn dieser nur unter dem Aspekt des Verhaltens einer Großmacht betrachtet würde: Im transatlantischen Verhältnis liegt das Hauptproblem nicht vor allem in der Machtverteilung, sondern viel grundsätzlicher in der Rolle des Rechts zur Eingrenzung der Macht. Selbst wenn sich die transatlantische Machtverteilung einem Gleichgewicht annähern würde, bliebe dieser grundlegende, ideengeschichtlich bedingte Unterschied bestehen.

Die Situation in Bosnien unter dem Friedensabkommen von Dayton erscheint mir rückblickend als eine Widerspiegelung der Situation, in welcher sich seit dem 11. September 2001 das Völkerrecht befindet.[92] Seit den Terroranschlägen sind die Vereinigten Staaten mit einer großen Gruppe von Staaten konfrontiert, welche beinahe den »Rest der Welt« umfaßt. Washington macht heute unumwunden klar, daß es nicht bereit ist, eine internationale Rechtsordnung aufkommen zu lassen, an welche sich auch diese Großmacht binden ließe.[93] Wenn es internationale Absprachen geben soll, dann nur im Sinne eines »provisorischen Rechtszustandes«, der sich immer wieder abändern läßt, zum Beispiel durch Einbeziehen von neuen »willigen« Koalitionspartnern.[94] Genauso provisorisch kam mir bisweilen die rechtliche Situation in Bosnien vor, sie war sehr abhängig von der Politik der Internationalen Gemeinschaft, erst durch deren Aktivität wurde sie greifbar. Ein Stück weit war ein solches Vorgehen unvermeidlich, und anfänglich hatte ich dafür großes Verständnis. Erst als die Verhältnisse über Monate und Jahre hinweg »provisorisch« blieben, kamen in mir Zweifel auf und begann ich mich zu fragen, ob ein Konzept auch hinter jenen Dingen stecken könnte, die mir zunächst als konzeptlos erschienen waren.

Meine persönlichen Wahrnehmungen zu diesem Thema waren damals – außer für einen kleinen Kreis von Spezialistinnen und Spezialisten – von nicht sehr großem Interesse. In der Folge des 11. September 2001 ist das Verhältnis zwischen Macht und Recht jedoch in eine größere Aktualität gerückt, die aber wiederum Rückwirkungen auf Bosnien hat, welche die damaligen Wahrnehmungen bestätigen. Ulrich Ladurner hat eine solche Situation folgendermaßen beschrieben: »Erinnern Sie sich an Bosnien? Das ist der kleine Balkanstaat, in dem vor nicht allzu langer Zeit das Morden an der Tagesordnung war. Der Westen hat dem jahrelang untätig zugesehen. Als er sich 1995 schließlich doch entschloß, mittels Bomben das Töten zu beenden, tat er es im Namen seiner Werte: Demokratie, Menschenrechte, Rechtsstaat. Milliarden Euro sind seitdem nach Bosnien geflossen. Die dienten dem Wiederaufbau eines funktionierenden Staates. Recht sollte in Bosnien wieder von unabhängigen Gerichten gesprochen werden – das war die Botschaft des Westens. Recht ist in Bosnien nun gesprochen worden. Ein Gericht hatte am vergangenen Freitag sechs Araber, die im Verdacht standen, mit Al-Qaida zusammenzuarbeiten, freigelassen. Die Beweise reichten nicht aus, um die seit Oktober Inhaftierten weiter festzuhalten. Die US-Behörden sagten zwar, sie verfügten über Beweise, aber sie wollten sie dem Gericht in Sarajevo nicht übergeben. Die Richter taten daraufhin das einzig Mögliche: Sie entließen die sechs Araber. Trotzdem befanden sich die Verdächtigen wenige Stunden später hinter Schloß und Riegel. US-Soldaten hatten sie geschnappt und vermutlich nach Guantánamo ausgeflogen. Hunderte Menschen demonstrierten in Sarajevo gegen dieses Vorgehen. Selbst die höchste rechtliche Autorität des Landes, die Menschenrechtskammer, protestierte. Es half nichts. Die bosnischen Behörden drückten bei dem fragwürdigen Vorgehen beide Augen zu. Vor die Wahl zwischen Recht und Macht gestellt, entschieden sie sich für die Macht. Der USA. Das ist eine verheerende Lektion für Bosnien. Denn der Westen wollte den kleinen Staat genau das Gegenteil lehren: Recht geht vor Macht.«[95]

Ethnisierung und Individualisierung

Eine andere Folge des Friedensabkommens von Dayton bestand in einer eigentlichen Ethnisierung des Landes. Es ist nicht ausgeschlossen, daß diese Ethnisierung im geschichtlichen Rückblick als eine der Hauptursachen für die schleppende Normalisierung des öffentlichen Lebens in Bosnien ausgemacht werden wird, trotz massiven Einsatzes personeller und finanzieller Mittel. Die Konstruktion des bosnischen Staates trägt einen Kern der Ethnisierung bereits in sich, sie stellt die Zementierung des Resultates »ethnischer Säuberungen« dar. Dabei blieb es aber nicht, sondern das ethnische Denkmodell fand Eingang in die verfassungsrechtliche Grundstruktur des bosnischen Gesamtstaates, durch welche sich die Ethnisierung wie ein roter Faden zieht. Als Beispiel seien hier die kleine Kammer des bosnischen Parlamentes sowie das Staatspräsidium erwähnt. Das »Haus der Völker« besteht gemäß dem Abkommen von Dayton aus 15 Abgeordneten, zehn aus der Föderation und fünf aus der Serbischen Republik. Die Verfassung schreibt vor, daß die fünf Vertreter aus der Serbischen Republik bosnische Serben sein müssen, jene aus der Föderation zur Hälfte Bosniaken und zur Hälfte bosnische Kroaten. Nach dem gleichen Muster wird das dreiköpfige Staatspräsidium bestellt, nämlich ein bosnischer Serbe aus der Serbischen Republik, sowie je ein Bosniake und ein bosnischer Kroate aus der Föderation. Ein bosnischer Serbe, der in der Föderation wohnt, oder ein in der Serbischen Republik wohnhafter Bosniake oder bosnischer Kroate können gar nicht für diese Ämter kandidieren, sie sind hinsichtlich beider Gremien vom passiven Wahlrecht ausgeschlossen.[96] Als Gegengewicht zu dieser Ethnisierung wurden in die Verfassung des Gesamtstaates umfassende Menschenrechtsgarantien aufgenommen, ergänzt durch die bereits erwähnten völkerrechtlichen Instrumente, die ins Landesrecht integriert worden waren. Praktisch wurde der ausgeprägte Diskriminierungsschutz im Rahmen dieser Garantien vor allem in den Bestimmungen zugunsten von Flüchtlingen und Vertriebenen wirksam, indem diesen ausdrücklich das Recht zugesichert war, an ihren ursprünglichen Wohnort zurückzukehren. Die menschenrechtlichen Garantien waren offensichtlich als Ausgleich zur ethnischen Grundstruktur gedacht. In den Verfassungen der beiden Teilstaaten setzte sich die ethnisch orientierte Grundstruktur fort.[97]

Diese Konstruktion erschwerte die Promotion der Menschenrechte massiv. Wie bereits erwähnt waren wir unermüdlich damit beschäftigt zu erklären, Menschenrechte würden einer Person allein aufgrund dessen zustehen, daß sie als Mensch geboren worden sei, und nie aufgrund irgendeines besonderen Merkmals wie beispielsweise der ethnischen Herkunft. Dies erwies sich als so wichtig, weil wir immer wieder konfrontiert waren mit der Argumentation, jemand betrachte seine Menschenrechte »als bosnischer Kroate« verletzt, »als Bosniake« oder »als bosnischer Serbe«. Einerseits war diese Sicht auf die monolithische ethnische Identität zurückzuführen, wie sie im ersten Kapitel dargestellt worden ist. Andererseits aber zwang auch die ethnisierende Grundstruktur des Abkommens von Dayton der bosnischen Bevölkerung diese Sicht der Dinge geradezu auf. Es waren vorwiegend die Menschenrechtsgarantien, welche ein Gegengewicht zu dieser Grundstruktur schufen. Dies mußte die bosnische Bevölkerung, die in ihrem diesbezüglichen Urteilsvermögen durch die Geschehnisse der Kriegsjahre ohnehin geschwächt und traumatisiert war, notwendigerweise überfordern.

Zwar fanden schon bald nach der Unterzeichnung des Abkommens von Dayton Wahlen statt, es fanden immer wieder Wahlen statt, und sie beeinflußten unsere Arbeit in nicht sehr erfreulicher Weise. In den Monaten vor Wahlen war es noch schwieriger als sonst, Behörden oder Behördenmitglieder vom Sinn der Rechtsstaatlichkeit zu überzeugen. Gehörten sie einer nationalistisch gesinnten Partei an, so mußten sie in diesen Monaten besonders unter Beweis stellen, daß sie nicht im Sinn hatten, die »ethnische Brille« abzulegen. Und die Vertreter dieser Parteien waren unter unseren Ansprechpartnern jene, bei denen wir ohnehin auf mehr Widerstand stießen. Natürlich mußte die Demokratie wieder Einzug halten in Bosnien, aber es wäre besser gewesen, wenn dies unter anderen Bedingungen stattgefunden hätte. Präsidial- und Parlamentswahlen auf den verschiedenen Ebenen mußten gerade wegen der ethnisierenden Grundstruktur jedenfalls in den ersten Jahren fast zwangsläufig zum Obsiegen der ethnonationalistisch ausgerichteten Parteien führen. Dem wollten die Vereinigten Staaten mit gezielter Einflußnahme entgegenwirken, und dies mag mit ein Grund dafür sein, daß so häufig Wahlen stattfanden und über die internationalen Medien der unzutreffende Eindruck entstand, Bosnien sei lediglich eine Frage der richtigen Wahlresultate. In Dayton waren die US-amerikanischen Architekten offensichtlich davon ausgegangen, die Identifikation mit den »Befreiern« werde so groß sein, daß die Bevölkerung von selbst »richtig« wählen würde oder dieses richtige Verhalten durch Einflußnahme herbeigeführt werden könne.[98] Dies erwies sich als Illusion, denn die Probleme dieser »rechts- und staatslos gewordenen« Gesellschaft lagen tiefer.[99]

Im Grunde genommen brachte das Abkommen von Dayton eine Individualisierung der Verantwortung für das interethnische Zusammenleben mit sich. Dies ergibt sich aus der Kombination der beiden genannten Elemente: Der einzelne hatte nicht die Möglichkeit, durch seine Mitwirkung als Staatsbürger Einfluß darauf zu nehmen, daß bessere Chancen für dieses Zusammenleben geschaffen wurden. Im Gegenteil mußte er feststellen, daß in der staatlichen Organisation gewisse Strukturen säuberlich entlang ethnischer Trennlinien geschaffen worden waren. Als »Rechtspersonen« hingegen verfügten die Individuen über alle Garantien und Rechte, welche es ihnen ermöglichen sollten, der Einengung durch die ethnisierende Grundstruktur zu entgehen und sich an ihrem ursprünglichen Wohnort niederzulassen, selbst wenn dort inzwischen ausschließlich oder mehrheitlich Angehörige einer anderen Volksgruppe ansässig waren, die sich gegen ihre Rückkehr zur Wehr setzten.[100] Man erwartete von den Bewohnern dieses Landes, daß sie auf der individuellen Ebene – nämlich durch die Rückkehr an ihre früheren Wohnorte – genau das fertigbringen sollten, was das Abkommen von Dayton auf der strukturellen – und kollektiven – Ebene des Staates selber verhinderte: die Wiederherstellung des interethnischen Zusammenlebens im Ausmaß der Verhältnisse vor dem Krieg. Man stattete einerseits das Individuum durch vielfältige menschenrechtliche Garantien mit den besten Voraussetzungen aus, damit es das interethnische Zusammenleben wieder sollte durchsetzen können, aber man hatte andererseits eine stark ethnisierende gesamtstaatliche Struktur geschaffen, die dieses Ansinnen trotzdem zur Illusion werden ließ, jedenfalls in den ersten Jahren nach Ende des Krieges. Mit diesem Vorgehen überforderte man jedoch nicht nur die Bevölkerung, sondern die Menschenrechtskultur als Ganzes wurde in Mitleidenschaft gezogen. Jede verhinderte Rückkehr erschien nun vor allem oder gar ausschließlich als eine Verletzung der Menschenrechte. Das war sie zwar tatsächlich, insofern sie eine Verweigerung der Bewegungsfreiheit darstellte. Aber sie war auch und vor allem eine Folge der staatlichen Organisation. Menschenrechtskultur kann auch dadurch geschwächt werden, daß die Menschenrechte instrumentalisiert werden – um nicht zu sagen mißbraucht –, indem gleichsam eine Inflation von Menschenrechtsverletzungen inszeniert wird.

Wird die Ethnisierung Bosniens durch das Abkommen von Dayton im Lichte der transatlantischen Unterschiede betrachtet, so ist einige Vorsicht geboten: Zu einfach wäre es, diese Ethnisierung direkt und vor allem dem mangelnden Verständnis der Vereinigten Staaten für das zuzuschreiben, was in Europa unter Staatlichkeit verstanden wird. Die in Dayton anwesenden Verhandlungsführer selbst waren es ja gewesen, welche ihre Völker – zum Teil aus Überzeugung, zum Teil aus Gründen des Überlebenswillens, zum Teil aber sogar wider besseres Wissen und aus reinem Machtkalkül – aktiv in die monolithische ethnische Identität hineingetrieben hatten. Unter diesen Umständen wäre es nicht denkbar gewesen, ethnische Kriterien in den Verhandlungen völlig auszublenden. Dennoch ist es sinnvoll, im Rahmen dieses Kapitels über das Dreieck »Westeuropa/Mittelosteuropa/Vereinigte Staaten« den transatlantisch unterschiedlichen Blickwinkel kurz einzublenden, wobei lediglich drei Aspekte erwähnt werden sollen: Zum einen der rein horizontal verstandene US-amerikanische Gesellschaftsvertrag und demgegenüber der europäische Staat als etwas »Drittes«, das über den horizontalen Gesellschaftsvertrag hinausgeht. Zum zweiten die vielfältigen Minderheiten als Akteure in der amerikanischen Politik, deren Zusammenwirken das Entstehen von Mehrheiten vermeiden soll, während in Europa die politische Auseinandersetzung zu Mehrheiten führt, die Minderheitsinteressen letztlich mit berücksichtigen müssen, damit sie überhaupt zustande kommen können. Schließlich zum dritten die europäische Politik, die als Streit um Gesetze stattfindet und die in den Vereinigten Staaten teilweise durch den Streit um Rechte ersetzt ist. Es liegt auf der Hand, daß ein europäisches Verständnis in den erwähnten Bereichen für die »rechts- und staatslos gewordene« Gesellschaft, die aus dem Krieg in Bosnien hervorgegangen war, eine wirksamere Alternative dargestellt hätte als das US-amerikanische, ging es doch darum, den Leuten zu helfen, die »ethnische Brille« abzulegen und die Identität als Mitglied ihrer ethnischen Gruppe zu ersetzen durch eine staatsbürgerliche Identität. Die Gegenüberstellung der Interessen verschiedener Gruppen – insbesondere der ethnischen Volksgruppen – konnte schon deshalb nicht als erfolgversprechend betrachtet werden, weil sie genau das Muster des vorangegangenen Krieges wiederholte. Leider basierte das Abkommen von Dayton jedoch in viel größerem Ausmaß auf US-amerikanischen Denkmustern als auf europäischen. So versagte die Kombination von einerseits einer ethnisierenden Grundstruktur im Aufbau des Gesamtstaates und andererseits umfassender Garantien für Rückkehrwillige den Menschen im Grunde genommen die Möglichkeit des staatsbürgerlichen Bemühens um das multiethnische Zusammenleben, und sie verwies sie statt dessen auf den Kampf um ihr individuelles Recht, wenn sie das multiethnische Zusammenleben durchsetzen wollten. Europäische Denkmuster wären zwar auch in der Lage gewesen, zunächst von Gruppeninteressen auszugehen. Sie hätten jedoch darüber hinaus von diesen Gruppeninteressen wieder abstrahieren können, weil sie mit dem Souveränitätsverzicht umzugehen wissen und das »Dritte« kennen, das letztlich den Staat oder die »Staatlichkeit« ausmacht. Von seiten der Internationalen Gemeinschaft hätte es als Alternative zu den Denkmustern während des Krieges eines klaren und einhellig vorgetragenen Konzeptes für eine öffentliche Ordnungsstruktur bedurft, an der man sich zuverlässig hätte orientieren können. Über solche Zusammenhänge dachte aber damals wohl kaum jemand nach: »Dayton« war damals für viele Menschen in Bosnien identisch mit dem »Schweigen der Waffen«, was Ende 1995 das größte Geschenk des Himmels bedeutete, das man sich überhaupt vorstellen konnte. Die Dankbarkeit für dieses Geschenk war vor allem in den ersten Monaten des Jahres 1996 deutlich zu spüren. In der Zielsetzung, daß die Waffen endlich schweigen sollten, war die Internationale Gemeinschaft zweifellos einhellig, und dies zu Recht.

Die transatlantischen Unterschiede im Verständnis von Staat, Recht, Politik und Demokratie haben bereits beim Zustandekommen des Friedensabkommens von Dayton eine Rolle gespielt. Die europäischen Delegationen willigten letztlich in eine Konstruktion ein, die sich stark am US-amerikanischen Verständnis in diesen Bereichen orientierte, und dies notabene im Hinblick auf den Wiederaufbau eines Landes in Europa. Hätte die Friedenskonferenz auf dem europäischen Kontinent stattgefunden, so wären die Dinge mindestens in dieser Hinsicht anders abgelaufen. Betrachtet man das Geschehen aus der zeitlichen Distanz und vor allem aus der Perspektive der Verhältnisse nach dem 11. September 2001, so entbehrt es nicht einer gewissen Ironie, daß die Europäer, für welche ein Konferenzort in den Vereinigten Staaten zunächst völlig undenkbar war, in diesem Punkt vor allem deshalb nachgeben mußten, weil nur so die Beteiligung von US-Streitkräften am militärischen Einsatz in Bosnien sichergestellt werden konnte.[101]

Gemeinschaft und Staatlichkeit

Was das Dreieck »Westeuropa/Mittelosteuropa/Vereinigte Staaten« anbelangt, ist Bosnien glücklicherweise in genau dem Zusammenhang nicht repräsentativ, der das Interesse der Weltöffentlichkeit am meisten auf dieses Land konzentriert hat: Nirgendwo sonst im Balkan führte das Zerbrechen der alten Ordnung, die seit 1945 gegolten hatte, zu einem so langen Krieg zwischen den ethnischen Volksgruppen. In einer anderen Hinsicht jedoch kann Bosnien gleichsam als Spitze eines Eisberges gelten, welcher sich über ganz Mittelosteuropa erstreckt: Die europäischen und US-amerikanischen Denkmuster, die in Bosnien aufeinandertrafen, konkurrieren auch in den anderen mittelosteuropäischen Staaten miteinander. In Bosnien hat sich das Dreiecksverhältnis nur am deutlichsten manifestiert. Im folgenden sollen verschiedene Kräfte in diesem Dreieck zur Darstellung kommen, die Mittelosteuropa als Ganzes betreffen.

Auch wenn sich die Revolutionen in den mittelosteuropäischen Staaten, die 1989 mit dem Fall der Berliner Mauer einsetzen, als weiche oder »samtene« auszeichnen, so sind es doch eigentliche Revolutionen. Will man sie ins erwähnte Dreieck einordnen, sind sie einerseits der Französischen und andererseits der Amerikanischen Revolution gegenüberzustellen. Der Unterschied zwischen diesen beiden Ereignissen ist im zweiten Kapitel dargestellt worden und liegt im wesentlichen darin, daß die amerikanischen Revolutionäre die Freiheit dadurch errangen, daß sie den Staat in der von den Mutterländern repräsentierten Form so weit wie möglich reduzierten, während sich in der Französischen Revolution das Volk des Staates bemächtigte und seine neugewonnene Freiheit darauf abstützte. Die kommunistische Herrschaft, welche durch die Revolutionen von 1989 beendet wurde, hatte sich eines parteidominierten staatlichen Instrumentariums bedient, welches die Freiheit des Individuums massiv einschränkte. Dadurch kam der Staat auch im Sinne der »Staatlichkeit an sich« in ganz Mittelosteuropa in Verruf, und es ergab sich als logische Konsequenz, daß die Revolutionen von 1989 als »Revolutionen gegen den Staat« verstanden wurden.[102] Soweit diese Revolutionen überhaupt mit historischen Ereignissen verglichen werden können, weisen sie deshalb eher eine Verwandtschaft mit der Amerikanischen als mit der Französischen Revolution auf.[103]

Die Revolutionen von 1989 wurden auch durch die vielfältigen Dissidentenbewegungen in den mittelosteuropäischen Staaten vorbereitet. Diese Bewegungen haben nicht das europäische Urerlebnis des Erringens von Freiheit nachvollzogen, welches darin besteht, daß das souveräne Volk die Herrschaft übernimmt, sich kollektiv der Staatlichkeit bemächtigt und sie zur Garantin seiner Freiheit macht. Angesichts der real existierenden Herrschaftsverhältnisse und der Allgegenwart von Staat und Partei gab es diese Perspektive gar nicht. Vielmehr ging es darum, die Widerstandskräfte der einzelnen Menschen zu stärken, damit sie sich gegen die verständlicherweise verhaßte Staatlichkeit zur Wehr setzen konnten, was denn auch schließlich gelang. Dieser Vorgang ist dem Urerlebnis des individuellen Aktes nach amerikanischem Muster viel ähnlicher, welcher die europäische Staatlichkeit hinter sich gelassen hat. Im Moment des revolutionären Durchbruchs kam dann allerdings das Kollektive des europäischen Urmusters ebenfalls klar zum Ausdruck, so zum Beispiel im Ruf »Wir sind das Volk«, in dessen Folge die damals Herrschenden abtreten mußten. Dennoch konnte sich das europäische Muster – genau 200 Jahre nach den Anfängen seiner Entstehung – nicht durchsetzen, denn der kollektive Gedanke war über Jahrzehnte hinweg negativ strapaziert worden. Oder um es in den Kategorien von Freiheit und Bindung auszudrücken: Individuelle Bindungen zur Familie, zur Religion und zu selbstgewählten staats- und parteiunabhängigen Gemeinschaften waren über Jahrzehnte hinweg so stark und gewaltsam unterdrückt worden oder das individuelle Bekenntnis zu solchen Gemeinschaften war mit so großen Nachteilen verbunden, daß solche Bindungen vielen Menschen in Mittelosteuropa geradezu als Inbegriff von Freiheit und Demokratie erschienen.

Gemeinschaft und Nationalismus

Die Geburtsstunde des Individualismus findet sich im ausgehenden Mittelalter, als die Freiheit des einzelnen der vorgegebenen und »gottgewollten« Ordnung gegenübergestellt wurde. Dieser Individualismus prägt seit Jahrhunderten alle westlichen Gesellschaften, insbesondere alle jene, die das hier zur Diskussion stehende Dreieck bilden: Westeuropa, Mittelosteuropa und die Vereinigten Staaten verfügen im Individualismus über eine identische Grundstruktur. Unterschiede bestehen jedoch in der Art und Weise, in welcher der individuellen Freiheit eine Bindung gegenübergestellt wurde, nachdem die bindungslose neue Freiheit in den Religionskriegen ins Chaos geführt hatte. Etwas verkürzt könnte man sagen, Europa habe damals als gesellschaftliche Einbindung die Staatlichkeit gewählt, die Vereinigten Staaten hingegen die »Gemeinschaft«.[104] Zwar wurde auch jenseits des Atlantiks ein Nationalstaat geschaffen, nachdem man sich von den Mutterländern in Europa losgesagt hatte, aber die Einbindung des einzelnen erfolgte weiterhin durch die selbstgewählten Gemeinschaften. Hans Joas weist auf einen Unterschied zwischen Europa und den USA hin, der darin besteht, daß in Europa der Übergang von der »Gemeinschaft« zur »Gesellschaft« in der Theorie zweiphasig gedacht werde, während die entsprechenden Theorien in den Vereinigten Staaten dreiphasig gedacht würden: An die Stelle der naturwüchsigen mittelalterlichen Dorfgemeinschaft, in die man hineingeboren war, tritt zunächst die künstlich erzeugte »bessere« Gemeinschaft der individuell eingewanderten Menschen, zum Beispiel in den »ethnischen ›Ghettos‹ amerikanischer Großstädte«.[105] Als Beispiel für die nach wie vor ungebrochene Orientierung der öffentlichen Ordnungsstruktur auf die Gemeinschaften hin sei hier der »Kommunitarismus« erwähnt, eine politische und philosophische Denkrichtung, die in den Vereinigten Staaten vor allem seit den achtziger Jahren dem ungebremsten Individualismus die Forderung nach mehr Gemeinsinn gegenüberstellt. Die Kommunitarier sehen die Alternative zur modernen Atomisierung des Individuums in den Gemeinschaften, die sie zum Teil als Inbegriff der Tugendhaftigkeit romantisch verklären.[106]

Die öffentliche Ordnungsstruktur, welche den Zusammenhalt der Gesellschaft sicherstellt, ist in Westeuropa eine staatliche, in den Vereinigten Staaten hingegen eine primär gemeinschaftliche. In Mittelosteuropa überlagern sich verschiedene Schichten historischer Wirkungsmacht: Einer älteren europäischen Geschichte steht die zweite Hälfte des vergangenen Jahrhunderts gegenüber, in welcher der Staat stark in Verruf geriet. Das gemeinschaftliche Denkmuster wird deshalb nicht nur im westeuropäischen Sinne als eine von verschiedenen Möglichkeiten privater gesellschaftlicher Bindungsmöglichkeiten rezipiert, sondern auch im US-amerikanischen Sinne als öffentliche Ordnungsstruktur, die an die Stelle des Staates tritt. Die historisch bedingte Ambivalenz wird vor allem dann bedeutsam, wenn sie im Zusammenhang mit dem Phänomen des Nationalismus betrachtet wird, so wie es der bereits erwähnte Philosoph und Kulturanthropologe Ernest Gellner umschreibt. Seine Definition lautet zunächst folgendermaßen: »Nationalismus ist eine Form des politischen Denkens, die auf der Annahme beruht, daß soziale Bindung von kultureller Übereinstimmung abhängt.« Deshalb seien Nationalisten bestrebt, die politischen Grenzen der Nationalstaaten mit den von ihnen definierten kulturellen Grenzen in Übereinstimmung zu bringen. Dabei entstehe Nationalismus immer dort, »wo sich eine *Gesellschaft* die Sprache einer *Gemeinschaft* aneignet; das heißt, eine sozial mobile, anonyme Gesellschaft tut plötzlich so, als sei sie eine nach außen geschlossene traute Gemeinschaft«[107]. Da hier vom Dreieck »Westeuropa/Mittelosteuropa/Vereinigte Staaten« die Rede ist, muß sogleich eine Klarstellung erfolgen: Nationalismus ist kein mittelosteuropäisches Phänomen. Westeuropa war von dieser Erscheinung genauso heimgesucht und kann sich auch heute noch nicht seiner definitiven Bewältigung rühmen. Allerdings glaubte man nach dem zweiten Weltkrieg in ganz Europa, das Problem des Nationalismus in den Griff bekommen zu haben, und um so größer war das Entsetzen, als das Ungeheuer im letzten Jahrzehnt des Jahrhunderts wieder auftauchte und vor allem in Südosteuropa seine schrecklichen Opfer forderte.

Wer die Mechanismen der nationalistischen Stimmungsmache in dieser Gegend beobachtet hat, weiß, daß Gellners Analyse genau ins Zentrum des Phänomens trifft. In diesen Zusammenhängen mag nun nachträglich einer der Erklärungsansätze dafür aufscheinen, warum die US-Amerikaner zur Befriedung oder »Heilung« der kriegstraumatisierten Gesellschaft in Bosnien möglicherweise schon »von Haus aus« nicht die richtigen Ärzte waren: Aus europäischem Blickwinkel – und sagen wir einmal rein staatsphilosophisch betrachtet – litten sie wenigstens ansatzweise unter derselben Krankheit, die es zu behandeln galt.[108] Aus amerikanischem Blickwinkel waren sie selbstverständlich kerngesund, und objektiv betrachtet sind sie es natürlich auch, denn sie gehen von der öffentlichen Ordnungsstruktur aus, welche sie wiederum »von Haus aus« kennen und die nun einmal viel mehr eine gemeinschaftliche als eine staatliche ist. Deshalb kann auch keine Schuldfrage gestellt werden. Was heute not tut, ist keineswegs eine Frage der Moral, sondern eine Frage der Rationalität: Es geht darum, zu verstehen, daß Westeuropa und die Vereinigten Staaten in verschiedenen Bereichen von viel unterschiedlicheren Prämissen ausgehen, als man während des Kalten Krieges anzunehmen vermochte. An dieser Stelle soll aber nicht auf Bosnien zurückgekommen werden, sondern es geht um das ganze Dreieck »Westeuropa/Mittelosteuropa/Vereinigte Staaten«: Nicht nur für Mittelosteuropa wäre es problematisch, wenn in dieser Region der Begriff der Gemeinschaft auch im US-amerikanischen Sinne als öffentliche Ordnungsstruktur rezipiert würde, die an die Stelle des Staates tritt. Eine solche Rezeption hätte zweifellos auch ihre Rückwirkungen auf Westeuropa und somit auf die Entwicklung des ganzen Kontinentes. Es gibt verschiedene Gründe, warum Europa auf die Staatlichkeit als primäre öffentliche Ordnungsstruktur, welche den Zusammenhalt der Gesellschaft sicherstellt, nicht verzichten kann. Zunächst kann hier zusammenfassend festgehalten werden, daß es nur auf dieser Grundlage möglich ist, nationalistischen Tendenzen wirksam zu begegnen.

Im Zusammenhang mit der Religion auch hier zunächst eine Klarstellung: Die Balkankriege – und insbesondere auch der Krieg in Bosnien – waren keine Religionskriege, auch wenn der letztere durch die Weltöffentlichkeit gelegentlich als das wahrgenommen wurde, weil die drei ethnischen Volksgruppen, die gegeneinander kämpften, verschiedenen Religionsgemeinschaften angehörten. Hingegen wurde Religion zur ethnonationalen Stimmungsmache gezielt eingesetzt, um die kulturell-gemeinschaftlich ererbte Identität zusätzlich durch die religiös-gemeinschaftlich ererbte Identität zu verstärken.[109] Der Eindruck, es handle sich in Bosnien um einen Religionskrieg, wurde auch dadurch verstärkt, daß bevorzugte erste Ziele von bewaffneten Angriffen Moscheen sowie orthodoxe und katholische Kirchen waren. Dies erklärt sich aber nicht etwa durch eine besondere Affinität der Bevölkerung zum Religiösen, sondern viel einfacher dadurch, daß angesichts der Zuordnung der ethnischen Volksgruppen zu verschiedenen Religionen mit der Zerstörung eines Gotteshauses am schnellsten, am unmißverständlichsten und am symbolischsten klargemacht werden sollte und auch konnte, daß die betreffende ethnische Gruppe in der Gegend nichts mehr zu suchen hätte. Die bosnische Bevölkerung war nie sehr religiös, wie im ersten Kapitel im Zusammenhang mit der ethnischen Durchmischung vor allem in städtischen Verhältnissen gezeigt worden ist. Angesichts der Entwicklung seit den Terroranschlägen vom 11. September 2001 soll darauf hingewiesen werden, daß der Islam der bosniakischen Bevölkerung immer ein ausgesprochen säkularisierter war und auch immer noch ist.[110] Es handelt sich dabei um eine typisch europäische, aufgeklärte Variante des Islam, und daß es diese seit Jahrhunderten gegeben hat, ist für die weitere Entwicklung dieses Kontinentes wichtig. Sarajevo war schon immer das Symbol dieses europäischen Reichtums.

Im Zusammenhang mit der »Rückkehr der Religionen« muß differenziert werden zwischen der Religion als Privatangelegenheit und der Religion als öffentliche Ordnungsstruktur, welche die gesellschaftliche Integration gewährleistet. In Europa müssen Wertvorstellungen, die das Individuum im privaten Bereich aus der Religion ableitet, durch einen speziellen Vorgang ihren Weg in die öffentliche Ordnungsstruktur finden, die primär eine staatliche ist: Der Vorgang ist der gleiche wie für moralische Werturteile oder andere Überzeugungen, auf was auch immer diese basieren mögen, auf Glauben, auf Erfahrung oder auf Vernunftgründen. Das Individuum muß seine Überzeugung in die öffentliche Diskussion einbringen, es muß sie gleichsam »übersetzen« in eine Sprache, die auch von Leuten akzeptiert werden kann, welche Religion als solche ablehnen.[111] Damit gelangen diese Wertvorstellungen auf die Ebene der öffentlichen Ordnungsstruktur, wo sie aber konfrontiert sind mit anderen Wertvorstellungen, welche ebenfalls aus ihren jeweiligen Bereichen in eine allgemeine Sprache übersetzt worden sind, so daß sie sich im Recht niederschlagen können. Es gibt in Europa keinen Weg, religiöse, moralische oder andere Werturteile für andere Personen direkt verbindlich zu machen, es sei denn über den Weg des Rechts. Die Rechtssetzung dient gleichsam als Filter für die Ansprüche, die an den einzelnen gestellt werden: Bindend können diese Ansprüche für das Individuum in seiner Eigenschaft als Rechtsunterworfener nur dann werden, wenn sie durch das Verfahren hindurchgegangen sind, an welchem sich dasselbe Individuum in seiner Eigenschaft als Staatsbürger beteiligen konnte.[112] Dies ist dann wiederum die Voraussetzung dafür, daß von der individuellen Rechtsperson die Einhaltung auch jener Rechtsvorschriften verlangt werden kann, die sie als Staatsbürger zwar ablehnte, in dieser Ablehnung jedoch in die Minderheit versetzt wurde und unterlegen ist. Und aufgrund dieses Vorganges ist die Verpflichtung zur Einhaltung der Rechtsvorschriften keine moralische mehr oder gar eine religiöse, sondern lediglich eine rechtliche. Im Grunde genommen ist genau das der Vorgang der »Säkularisierung«: Daß Europa sich so organisiert hat, ist auf den seit Jahrhunderten im Gange befindlichen Prozeß der »Säkularisierung«

zurückzuführen, in welchem sich die staatliche Ordnung von der Religion abgelöst und festgehalten hat, daß sich einerseits religiöse Strukturen den staatlichen unterzuordnen haben, andererseits das Individuum über die Religionsfreiheit verfügt. Man kann aber im übertragenen Sinne auch den Vorgang der Übersetzung von religiösen Werthaltungen auf die öffentliche Ebene als eine Art »Säkularisierung« bezeichnen, die immer wieder im Einzelfall geleistet werden muß, um die Wertvorstellung auf der Ebene der öffentlichen Diskussion einbringen zu können.[113]

Die Verhältnisse jenseits des Atlantiks wurden bereits im letzten Kapitel aufgezeigt: Genauso wie in den Vereinigten Staaten Moralvorstellungen direkt in die gesellschaftlichen Auseinandersetzungen einfließen, geschieht dies auch mit religiösen Wertvorstellungen. Dadurch erhält auch die Religion den Stellenwert einer öffentlichen Ordnungsstruktur, wofür jenseits des Atlantiks durchaus ein Bedürfnis besteht, da die öffentliche Ordnungsstruktur nicht wie in Europa eine primär staatliche, sondern eine gemeinschaftliche ist, die sich mit der religiösen noch so gern verbindet, denn die beiden haben denselben historischen Ursprung in den Glaubensgemeinschaften. Darin liegt nun auch der Grund, warum in Mittelosteuropa eine gewisse Empfänglichkeit für das US-amerikanische Muster besteht: Religion war in den kommunistischen Diktaturen verpönt, und wer sie dennoch ausüben wollte, hatte mit Benachteiligungen und Schikanen zu rechnen. So ist denn eine relative Empfänglichkeit für Religion als öffentliche Ordnungsstruktur im Grunde genommen auch die Kehrseite einer relativen Rezeptionshemmung für die Staatlichkeit als primäre öffentliche Ordnungsstruktur. Diese beiden Phänomene in Mittelosteuropa haben historische Wurzeln: Eine ältere und jahrhundertealte Prägung Mittelosteuropas ist eine völlig europäische, aber sie wird zur Zeit noch überdeckt durch die Verarbeitung der Erlebnisse des letzten halben Jahrhunderts.

Diese Überlegungen führen nun zurück zur ideengeschichtlichen Weggabelung des Jahres 1648, als sich Europa für die

Freiheit *zum* Staat entschied, um die Freiheit *von* der Religion durchsetzen zu können, während sich die Vereinigten Staaten umgekehrt zur Freiheit *vom* Staat bekannten, um die Freiheit *zur* Religion durchsetzen zu können. Religionsfreiheit ist der Bereich, in welchem die Vereinigten Staaten, was die Ideengeschichte anbelangt, auch weltweit am intensivsten versuchen, ihre Sicht zu einer allgemeingültigen zu machen. So werden im Außenministerium regelmäßig Berichte erarbeitet, in welchen Mängel in der freien Religionsausübung in allen Ländern der Welt aufgelistet werden. Auch europäische Staaten erscheinen immer wieder in diesen Mängellisten. Im Dreieck »Westeuropa/Mittelosteuropa/Vereinigte Staaten« stellt das Verhältnis von Kirche und Staat möglicherweise das Aktionsfeld par excellence dar, in welchem die Vereinigten Staaten heute politisch sowohl in Mittelosteuropa wie auch ganz direkt in Westeuropa intervenieren. Als Beispiel sei das Gesetz zum Sektenwesen erwähnt, welches im Juni 2001 vom französischen Parlament erlassen worden ist und das es ermöglicht, gegen religiöse Vereinigungen vorzugehen, welche die Menschenrechte und Grundfreiheiten in Frage stellen. Vor seinem Erlaß führte der Gesetzesentwurf sogar zu einer Debatte im US-amerikanischen Senat, in der die Befürchtung zum Ausdruck kam, das Gesetz tangiere die Religionsfreiheit, also ebenfalls ein Menschenrecht. Es ist auch kein Zufall, daß gerade Frankreich in der Sektenfrage besonders sensibel ist und die Dinge klar geregelt haben will: Dieses Land ist bedingt durch die Französische Revolution geprägt durch eine äußerst klare, staatspolitische Identität, welche keine Halbheiten zuläßt. In der Kontroverse um die Sektenfrage wird auch das unterschiedliche Menschenrechtsverständnis beiderseits des Atlantiks deutlich. In der Tat trifft die Sektenfrage die transatlantischen Unterschiede im ideengeschichtlichen Bereich in ihrem Kerngehalt: Europa erlaubt Kirchen, Freikirchen und Sekten die Betätigung nur im Rahmen der vom Staat geschützten öffentlichen Ordnung und ist in der Trennung von Kirche und Staat ganz bewußt nicht so weit gegangen wie die Vereinigten Staaten, weil es die Kirchen in einen staatlichen Ordnungsrahmen eingebunden behalten will, was längst nicht heißt, daß die europäischen Kirchen allesamt Staatskirchen sein müßten. In der Frage der Trennung von Kirche und Staat unterscheiden sich die europäischen und die US-amerikanischen Wunschvorstellungen für Mittelosteuropa genau besehen denn auch diametral. Die US-amerikanischen Methoden der Einflußnahme auf Mittelosteuropa sind zum Teil recht aggressiv. Mit großer Selbstverständlichkeit gehen US-amerikanische Religionssoziologen davon aus, daß in Europa mit den Ereignissen von 1989 nun endlich die Voraussetzungen geschaffen worden seien, die Trennung von Kirche und Staat à l'Américaine definitiv zu verwirklichen: »Obgleich es einige Zeit dauern könnte, bevor sich das amerikanische Modell allgemein in Europa durchsetzt, zeigt sich zunehmend, daß es seiner historischen ›Ausnahmestellung‹ zum Trotz mit seiner Trennung von Kirche und Staat, seiner freien Religionsausübung, seinen freiwilligen Denominationen und seinem religiösen Pluralismus am besten mit den differenzierten Strukturen der Moderne übereinstimmt«, läßt sich einem Sammelband entnehmen, der auf einen internationalen Kongreß zur Religion in Europa zurückgeht.[114]

Zunächst soll die Bedeutung von Religion betreffend etwas klargestellt werden: »Re-ligio« heißt Rückbindung, Verankerung des Individuums in Wertvorstellungen. Viele positive Impulse auch für die ideengeschichtliche Entwicklung stammen weltweit aus dem religiösen Bereich, und zwar aus praktisch allen Religionen. So hat die katholische Soziallehre Impulse gegeben, die sich neben anderen wichtigen Einflüssen in den europäischen Modellen der sozialen Marktwirtschaft niedergeschlagen haben, oder Impulse für einen pfleglichen Umgang mit der Natur gehen auf die Prozesse zurück, die sich im Rahmen der Ökumene mit der »Schöpfung« befassen, aber auch im Islam finden sich bemerkenswerte Ansätze, ebenso in den asiatischen Religionen.[115] Daß in der privaten Religionsausübung derartige Impulse aufgenommen werden, ist eine begrüßenswerte Erscheinung, und in diesem Sinne hat eine Rückkehr der Religionen durchaus positive Auswirkung.[116]

Die positive Auswirkung verkehrt sich für Europa hingegen in ihr Gegenteil, wollten sich solche Impulse direkt einbringen – ohne die Übersetzungsleistung, welche den Impuls gleichsam vom privaten in den öffentlichen Bereich transportiert –, denn dies kommt einer Aufforderung gleich, sich der betreffenden Wertvorstellung *als religiöse* anzuschließen. Religion als öffentliche Ordnungsstruktur, welche den Zusammenhalt der Gesellschaft sicherstellt, kann dieser Kontinent nicht akzeptieren. Betreffend die Religion wird hier also dieselbe Schlußfolgerung gezogen wie oben im Zusammenhang mit den »Gemeinschaften« als Ersatz für die staatliche Ordnungsstruktur: Daß es nämlich nicht nur für Mitteleuropa problematisch wäre, wenn hier Religion im US-amerikanischen Sinne als öffentliche Ordnungsstruktur rezipiert würde, die an die Stelle des Staates tritt. Eine solche Rezeption hätte zweifellos auch Rückwirkungen auf Westeuropa und somit auf die Entwicklung des ganzen Kontinentes.

Wie bereits dargestellt, gibt es eine Affinität zwischen der öffentlichen Ordnungsstruktur, die auf dem Gemeinschaftsdenken beruht, und dem Nationalismus. Vor diesem Hintergrund ist die Parallele zwischen Nationalismus und Religion nicht zufällig, denn der Nationalismus ist in Europa seinerzeit an die Stelle der Religion getreten.[117] Zwischen bestimmten Erscheinungsformen von Religion und dem Entstehen nationalistischer Bewegungen bestehen Parallelen: Diese äußern sich zum einen darin, daß der Nationalismus »mit ähnlichen Mitteln wie die Kirchen arbeitet und sakral-liturgische Formen besitzt. Die Menschen grüßen die Nationalfahne wie das Allerheiligste, sie singen die Landeshymne wie das Te Deum, sie versammeln sich zu Massenmeetings wie bei religiösen Festtagen, sie veranstalten Prozessionen zu nationalen Heiligtümern wie die Gläubigen zu Wallfahrtsorten.«[118] Ein anderes Element, das den Nationalismus vor allem mit den sogenannten »Erweckungsreligionen« verbindet, ist das nationale Erwachen, welches Ernest Gellner folgendermaßen umschreibt: »Jenen, für die menschliche Erfüllung an das Erreichen eines nationalen Bewußtseins sowie dessen erfolgreiche politische Ausprägung geknüpft ist, bedeutet ein nationales Erwachen weit mehr als ein geistiges Erwachen; tatsächlich ist es für sie eine Art geistiges Erwachen, vielleicht sogar seine höchste Form.«[119] In genau diesem Phänomen sind die Wurzeln dafür zu suchen, daß es überhaupt zu monolithischer ethnischer Identität kommen kann, wie sie im ersten Kapitel dargestellt worden ist. Das »Erwachen«, das plötzliche Wahrnehmen dessen, was man selbst ist und offenbar immer gewesen ist – ohne dies aber früher in dieser Klarheit realisiert zu haben –, und die erlösende Einfachheit, welche diese Einsicht plötzlich mit sich bringt, weil es jetzt nur noch einen einzigen Maßstab gibt und einen einzigen Auftrag, um den man sich zu kümmern hat, dies ist dem Nationalismus und den Erweckungsreligionen gemeinsam.

Jenseits des Atlantiks spielen die Erweckungsreligionen eine in Europa unbekannte und bedeutsame Rolle.[120] Dazu sei nochmals der Autor mit dem US-amerikanischen Blick auf mögliche religiöse Entwicklungen in Mittelosteuropa erwähnt, und dies mit zwei Zitaten: »Angesichts der allgemeinen Demoralisierung und des moralischen Verfalls wie auch der säkularisierten Einöde, wie sie von der jahrzehntelangen kommunistischen Herrschaft produziert wurde, sollten wir nicht unterschätzen, welche Bedeutung die Wiederbelebung der traditionellen theologischen Tugenden (Glaube, Liebe, Hoffnung) und der Kardinaltugenden (Gerechtigkeit, Klugheit, Mäßigung und Tapferkeit) haben kann. Würde eine religiöse Wiedererweckung zu einer moralischen Erweckung im Privatbereich führen, könnte dies nur günstige Folgen für den öffentlichen Bereich haben.« Und weiter: »Unter den Bedingungen der Moderne beinhaltet das religiöse Bekenntnis eines Individuums, selbst wenn es einer orthodox religiösen Tradition anhängt, immer auch, daß es sich dabei um eine reflektierte, persönliche und freie Wahl handelt. So gesehen ist die moderne individuelle Religiosität zumindest ihrer Struktur nach implizit immer eine Wiedergeburt, eine Bekehrung im Erwachsenenalter. Das pietistische Erweckungserlebnis des evangelischen Protestantismus ist daher für alle modernen Formen der Religion in gewisser Weise paradigmatisch. Auch hier lautet die entscheidende Frage, ob die osteuropäischen Religionen einen derart evangelischen Wandel durchmachen.«[121] So unangemessen derartige Erwartungen von jenseits des Atlantiks für Europa auch sind, als nützlich erweisen sie sich dennoch, und zwar zum Verständnis verschiedener Elemente der Entwicklungen seit den Terroranschlägen vom 11. September 2001.

Rassismus, Fremdenfeindlichkeit und Gewalt

Es ist nun noch ein Bereich anzusprechen, in welchem sich Westeuropa keineswegs rühmen kann, von sehr viel günstigeren Voraussetzungen ausgehen zu können als Mittelosteuropa. Rassismus, Fremdenfeindlichkeit und Nationalismus sind miteinander verwandte Phänomene. Ihr Ausgangspunkt ist ansatzweise derselbe, nämlich die Entwurzelung des einzelnen Menschen durch die zunehmende Individualisierung, die seit dem 16. Jahrhundert unaufhaltsam voranschreitet. Dem großen initialen Verlust der Geborgenheit in der »gottgewollten« mittelalterlichen Ordnung folgten bis heute unzählige weitere Geborgenheitsverluste. Individualisierung heißt Befreiung des Individuums, aber die gewonnene individuelle Freiheit hat immer zwei Seiten, weshalb sie bereits im vorangegangenen Kapitel in Bezug gesetzt worden ist zur Bindung, die sich das befreite Individuum dann wiederum organisiert oder organisieren läßt und die ihm eine Identität verschaffen. Identitätsverlust kann nicht nur zu Nationalismus führen, sondern auch zu Rassismus und Fremdenfeindlichkeit. Im Moment, da der einzelne durch die Maschen des sozialen Netzes zu fallen beginnt, oder auch bereits vorher, sobald er befürchtet, daß so etwas eintreten könnte, sucht er nach Schuldigen und findet sie in Personen, die »anders« sind als er selber: Angehörige einer anderen Nation, einer anderen Religion oder einer anderen Hautfarbe, und zu nennen ist hier zweifellos auch die Frauenfeindlichkeit. Fehlende oder wegfallende soziale Integration schafft den Nährboden für Rassismus und Fremdenfeindlichkeit mit, es ist ein häufiger Grund, aber nicht der einzige. Nationalismus, dem auch durchaus gut situierte und sozial integrierte Menschen anhängen können, bringt Fremdenfeindlichkeit immer und Rassismus meistens als Begleiterscheinungen mit sich. Generell läßt sich sagen, daß eine Identität desto weniger zu Rassismus und Fremdenfeindlichkeit neigt, je breiter sie abgestützt ist.[122] Monolithische Identität, wie sie eingangs dargestellt worden ist, muß diese beiden Erscheinungen geradezu hervorbringen.

Rassismus und Fremdenfeindlichkeit gibt es diesseits und jenseits des Atlantiks, doch bedeuten die beiden Phänomene in der europäischen und in der US-amerikanischen Gesellschaft nicht genau dasselbe. In diesem Zusammenhang ist nochmals auf die generellen Mechanismen zurückzukommen, mittels deren »Fremdheit« integriert oder eben nicht unbedingt integriert wird. Der traditionelle US-amerikanische Integrationsmechanismus ist der »melting pot«, der Schmelztiegel. Nach dieser Idee sollen die Einwanderer ihre bisherige Identität hinter sich lassen und zu einer US-amerikanischen Identität verschmelzen. Auf die oft sehr rasche Übernahme des »American way of life« durch Einwanderer ist bereits hingewiesen worden, die darauf zurückgeht, daß sich Einwanderer nach außen sichtbar zu Amerika bekennen wollen, um möglichst rasche Zugehörigkeit zu erlangen.[123] Ebenfalls bereits erwähnt wurde die »Fremdheit«, welche es in Europa in vielen Formen gibt. In Europa mit seiner kulturellen Kleinräumigkeit und Vielgestaltigkeit wurde eine solche Verschmelzung nie verlangt, zwischen den europäischen Ländern hat das »Fremdbleiben« in einem anderen Land eine jahrhundertelange Tradition. Im vergangenen Jahrzehnt wurde von Einwanderern aus Ost- und Südosteuropa wie auch aus anderen Kontinenten zwar eine größere Integrationsleistung erwartet, und dies vor allem dann, wenn ihre Einwanderungsgruppe eine gewisse Größe erreichte. Diese Tendenz wird aber bereits wieder in Frage gestellt, weil sich vor allem die zweite Generation solcher Einwanderungsgruppen offensichtlich häufig in einer Art organisiert, die eine fremde Identität durchaus beibehält, sie aber gesellschaftlich ins europäische Zielland zu »integrieren« und mit einem örtlichen Zugehörigkeitsgefühl zu verbinden weiß.[124] Umgekehrt wird die US-amerikanische melting-pot-Idee zunehmend durchkreuzt von der bewußten Beibehaltung ethnischer Identitäten, die über die bisherige ebenfalls traditionelle, aber kleinräumige Nachbarschaftskultur der Stadtviertel – etwa im Sinne von »china town« oder »little Italy« – hinausgehen und ethnisch definierte Gruppenansprüche im sozialen Verteilungskampf geltend machen.[125] Es handelt sich dabei aber nicht um gelebte, sondern eher um instrumentalisierte Ethno-Identitäten. Ungeachtet dessen sind zwischen Europa und den Vereinigten Staaten nach wie vor große Unterschiede in der Erscheinungsform von Rassismus und Fremdenfeindlichkeit festzustellen.

Ein wichtiger transatlantischer Unterschied zeigt sich im Hinblick auf die Gewalt, welche im Zusammenhang mit rassistischen und fremdenfeindlichen Aktivitäten immer wieder auftritt. Daß die Gewalt-Akzeptanz in den Vereinigten Staaten viel größer ist als in Europa, hat historische Wurzeln und läßt sich in verschiedener Hinsicht durch die bereits erläuterten transatlantischen Unterschiede erklären.[126] Der illustrativste ist in diesem Zusammenhang der individuelle Souveränitätsverzicht, welcher in Europa zur Garantie der individuellen Freiheit führt, während die US-amerikanische Freiheit primär in einem individuellen Akt erlangt wird, der dem individuellen Souveränitätsverzicht letztlich entgegengesetzt ist. Ein nicht zu unterschätzendes Element in der US-amerikanischen Identität ist die seinerzeitige Eroberung des Kontinentes von Osten nach Westen, welche einerseits individuelle Mobilität – damals mit Roß und Wagen – und andererseits individuelle Verteidigungsbereitschaft voraussetzte. Diese Nation wurde gleichsam in »individueller Anstrengung und individueller Entbehrung« geschaffen. Auch wenn diesem historischen Aspekt heute überhaupt keine Bedeutung mehr zukommt, weil sich die Lebensverhältnisse inzwischen bis zur Unkenntlichkeit verändert haben, so haben sich doch gewisse Elemente erhalten, die in der nationalen Identität nach wie vor eine große Rolle spielen.[127] Der unverzichtbare Anspruch der US-Amerikaner auf individuelle Mobilität geht darauf zurück, genauso wie das

Recht auf persönlichen Waffenbesitz. Beides wird in den Vereinigten Staaten gleichsam als religiös-nationale Wertvorstellung geheiligt und kann nur vor diesem Hintergrund verstanden werden. Was die Mobilität anbelangt, hat die religiös-nationale Wertvorstellung vor allem außenpolitische Konsequenzen, zum Beispiel im Umgang mit erdölproduzierenden Staaten. Was den persönlichen Waffenbesitz anbelangt, sind die Auswirkungen zunächst vor allem innenpolitische: Die US-Waffen-Lobby sorgt dafür, daß die Gesetze nicht geändert werden, obwohl die entsprechende Diskussion immer dann aufkommt, wenn sich irgendwo ein Exzeß privater Waffengewalt ereignet hat. Nicht nur greifen US-Amerikaner leichter zur persönlichen Waffe, die generell größere Akzeptanz von Gewalt geht ebenfalls auf diese Zusammenhänge zurück. Eine außenpolitische Auswirkung dieser Grundhaltung ist allerdings ebenfalls festzustellen, vermehrt wiederum seit den Terroranschlägen vom 11. September 2001.[128]

Das US-amerikanische Modell sozialer Integration wird sich auf Europa nicht anwenden lassen, zunächst schon deshalb, weil sich nirgends in Europa eine reine Einwanderungsgesellschaft vorfindet oder – was in den Vereinigten Staaten gegeben ist – eine Gesellschaft auf einem Territorium, in welchem die indigene Bevölkerung so weit zurückgedrängt worden ist, daß ihre Geschichte und Eigenart praktisch nur noch unter dem Titel der Kultur in die gesellschaftliche Auseinandersetzung einfließt. Europas Völker leben mit jahrhundertealter Geschichte auf voneinander abgegrenzten Territorien. Ihre nationale Identität entsteht nicht durch Verschmelzung der Nationalitäten, sondern durch mehr oder weniger gelungene Versuche der Einbindung der Nationalitäten in eigene Nationalstaaten und in eine staatsbürgerliche Identität. Die europäische Erscheinungsform von Rassismus und Fremdenfeindlichkeit kann nicht getrennt von der Entwicklung der Nationen in Europa betrachtet werden, wovon im nächsten Abschnitt die Rede sein wird.

Wenn die Konkurrenz westeuropäischer und US-amerikanischer Denkmuster in Mittelosteuropa in der Öffentlichkeit diskutiert wird, so geschieht dies meistens im Zusammenhang mit wirtschaftlichen Strukturen. Oft dient als Beispiel dafür die Russische Föderation und deren abrupter Übergang von der Staatswirtschaft zu einer stark deregulierten Wirtschaftsordnung, welche vor allem mit Hilfe US-amerikanischer Berater und ohne großen europäischen Einfluß erfolgt sei. Die hier diskutierte Dimension hat zwar ebenfalls einen wirtschaftlichen Bezug, insoweit – wie gerade das Beispiel Rußlands aufzeigt – gewisse staatliche Rahmenbedingungen nötig sind, damit sich wirtschaftliche Beziehungen erfolgreich entwickeln können, sie geht aber über das rein wirtschaftliche hinaus und betrifft das Verhältnis von Individualismus und Staatlichkeit ganz generell. Im Kalten Krieg waren die Vereinigten Staaten der Inbegriff der »Freiheit gegen den Staat«, die Sowjetunion stand in der westlichen Wahrnehmung für den »Staat gegen die Freiheit«. Viele Beobachter und Kommentatoren deuten heute die westeuropäische Entwicklung während des Kalten Krieges als auferlegt durch äußeren Zwang, der durch das Lavieren zwischen den beiden Blöcken unvermeidbar gewesen sei. In Wirklichkeit profitierte Westeuropa davon, daß es im Schatten der beiden großen Protagonisten des Kalten Krieges seine nun bereits jahrhundertealte ideengeschichtliche Linie getreulich weiterführen konnte, relativ unbeachtet von der Weltöffentlichkeit: Das europäische 16. Jahrhundert hatte den Individualismus geboren, die individuelle Freiheit. Im europäischen 17. Jahrhundert machte der Individualismus zunächst die obligaten Kinderkrankheiten durch, indem er vor allem in den Religionskriegen zunächst zu einer fast vollständigen Entbindung von der öffentlichen Ordnung führte, zum Chaos und dadurch zu Bedrohung und Unfreiheit des Individuums. Europa reagierte durch die Unterwerfung der Religion unter die Staatlichkeit, verbunden aber mit der individuellen Gewissensfreiheit. Staatlichkeit und Individualismus wurden so zum

Ausgleich gebracht. Entscheidend in dieser Staatlichkeit war auch das Element der »Inklusivität«: Jede Person genoß die Freiheit des Gewissens, und jede Person war in die staatliche Sicherheitsgarantie eingeschlossen. Auf dieser Basis fand später denn auch die Französische Revolution statt. In dieser Phase erlebte Europa zum erstenmal eine Antithese, die nicht von fremden oder gar »wilden« Völkern kam, sondern von »eigenen Leuten«, die allerdings nach Amerika ausgewandert waren, wobei diese Antithese in den ersten Jahrzehnten oder fast einem Jahrhundert gar nicht unbedingt als eine solche wahrgenommen wurde: In den Vereinigten Staaten hatte man einen Nationalstaat ins Leben gerufen, in welchem das Verhältnis zwischen Staatlichkeit und Individualismus anders gehandhabt wurde: Staatlichkeit wurde auf ein absolutes Minimum beschränkt, Individualismus war alles. So konnte es Europa kaum erschüttern, als etwas mehr als ein Jahrhundert später genau die umgekehrte Antithese das Licht der Welt erblickte, und dies im Jahre 1917 mit der Russischen Revolution. Hier wurde das Verhältnis zwischen Staatlichkeit und Individualismus auch anders gehandhabt, aber unter umgekehrtem Vorzeichen: Staatlichkeit war alles, Individualismus hatte sich dem unterzuordnen. Der Kalte Krieg erlaubte es Westeuropa, unter diesen Umständen seine eigene Linie weiterzuverfolgen, nämlich die gleichgewichtige Verbindung von Individualismus und Staatlichkeit, die sich gegenseitig geradezu bedingen, indem einerseits der Staat die individuelle Freiheit garantiert und andererseits die individuelle Freiheit den so verstandenen Staat erst ermöglicht. Die Entwicklung der sozialen Marktwirtschaft in weiten Teilen Westeuropas geht auf diesen ideengeschichtlichen Hintergrund zurück. Sie ist der wirtschaftliche Ausdruck einer Philosophie, deren Auswirkungen jedoch weit über den wirtschaftlichen Bereich hinausreichen.

Sicherheitspolitisch, wirtschaftspolitisch und in der politischen Wahrnehmung der Weltöffentlichkeit gehörte Westeuropa im Kalten Krieg vorbehaltlos zur westlichen Kriegspartei. In diesem Rahmen spielte sich denn auch dessen ideengeschichtliche Abgrenzung zu Mittelosteuropa ab, in welcher die westeuropäische »freiheitliche Inklusivität« einer »unfreiheitlichen Inklusivität« gegenüberstand. Neben der ideengeschichtlichen Antithese im Osten bestand aber für Westeuropa auch während des Kalten Krieges jene andere Antithese im Westen durchaus weiter, welche viel älter ist und in der die westeuropäische »freiheitliche Inklusivität« einer »freiheitlichen Exklusivität« gegenübersteht. Ideengeschichtlich existierte das hier diskutierte »Dreieck« also eigentlich schon während des Kalten Krieges, nur stellte es damals eine Linie mit westöstlicher Ausrichtung dar, auf welcher man von Osten nach Westen die Konzepte in folgender Reihenfolge vorfand: »Unfreiheitliche Inklusivität«, »Freiheitliche Inklusivität«, »Freiheitliche Exklusivität«. Die Unterschiede zwischen den beiden erstgenannten Konzepten interessieren hier nicht mehr, sie sind seit 1989 Geschichte geworden. Die Unterschiede zwischen den beiden letztgenannten Konzepten basieren einmal mehr auf den Kategorien »Zugehörigkeit« und »Verantwortung«, wie sie im letzten Kapitel dargestellt worden sind. In den Vereinigten Staaten werden Zughörigkeit und damit verbundene Verantwortung für Dinge abgelehnt, für die sich das Individuum im einzelnen Falle nicht entschieden hat; das Korrelat zur fehlenden Zugehörigkeit stellt der aktive Zutritt dar, den sich der einzelne individuell verschafft. In Europa gibt es – neben der ebenfalls vorhandenen Möglichkeit des aktiven individuellen Zutritts, aber über diesen hinausgehend – die existentielle Zugehörigkeit und als Gegenstück dazu die Verantwortung auch für Situationen, für die man sich nicht aktiv entschieden hat, sondern in die man durch geschichtliche und aktuelle Randbedingungen hineingestellt worden ist und welche letztlich etwas mit dem Kollektiv zu tun haben.

Mit dem Ende des Kalten Krieges ist die Antithese im Osten verschwunden, und dies bringt für die ideengeschichtliche Entwicklung Europas eine Veränderung. Die Auseinandersetzung mit der viel älteren und noch bestehenden Antithese im Westen kann nicht mehr gleichsam in jenem Schatten stattfinden, welchen die Auseinandersetzung mit der Antithese im Osten warf. Deshalb wird die Auseinandersetzung mit der Antithese im Westen nicht nur sichtbarer, sondern sie verlangt eine andere und neue Art der Aufmerksamkeit in Europa selbst. Was die Entwicklung Europas in der sicherheits- und sonstigen Zusammenarbeit im transatlantischen Bereich anbelangt, sollen hier keine Spekulationen angestellt werden. Im Hinblick auf die ideengeschichtliche Entwicklung ist hingegen eine Antwort möglich: Es hat sich gezeigt, daß und warum Europa mit dem Ende des Kalten Krieges zum natürlichen Gegenspieler der Vereinigten Staaten geworden ist, und es ist nicht auszuschließen, daß diese ideengeschichtliche Dimension dereinst für die Entwicklung der sicherheits- und sonstigen Zusammenarbeit im transatlantischen Verhältnis ebenfalls zu einem bestimmenden Faktor werden könnte.

Die Zukunft der Nation in Europa

Die Kriege im Balkan haben nicht nur Mittelost-, sondern auch Westeuropa in einer Weise mit der eigenen Geschichte konfrontiert, die sehr viel von dem in Frage stellt, was man über Jahrzehnte als gesichert betrachtete. An der Nahtstelle zwischen den beiden Teilen Europas, die so lange voneinander getrennt waren, zeigen sich Brüche aus der Geschichte, die aber die Identität dieses Kontinentes immer mitbestimmt haben.[129] Die Chance liegt heute darin, Geschichte und Identität aller Beteiligten neu und besser zu verstehen, und sie vor allem auch aufeinander zu beziehen. Im folgenden soll die transatlantische Dimension zunächst außer Betracht bleiben, und es soll nochmals auf die europäische Geschichte eingegangen werden.

Das Bündnis zwischen »Republik« und »Nation«

Der moderne europäische Nationalstaat geht auf die Französische Revolution zurück. Wie bereits erwähnt, haben in dieser Revolution zwei Elemente miteinander ein Bündnis geschlossen, die historisch durchaus verschiedene Wurzeln haben, nämlich einerseits die Republik und andererseits die Nation. Die beiden recht ungleichen Bündnispartner sollen zunächst kurz charakterisiert werden. Die europäische »Republik« ist eine Staatsform. Im Mittelalter war die Stellung der Menschen von ihrem gesellschaftlichen Status abhängig gewesen, der als durchaus »gottgegeben« betrachtet worden war und aus dem es praktisch kein Ausbrechen gab. Dem stellte die Aufklärung eine Philosophie gegenüber, die individualistisch, universalistisch und egalitär war: »Die Pflichten beziehungsweise die Erfüllung des Menschen wurden nicht mehr vom gesellschaftlichen Status abgeleitet, sondern vielmehr von der allen gemeinsamen Menschlichkeit«, wie es Ernest Gellner umschreibt.[130] Aufgrund dieser Philosophie sollte der Staat eine Sache aller werden, eine Sache der Öffentlichkeit, umschrieben mit dem lateinischen Ausdruck »res publica«, und dies war die Geburtsstunde des republikanischen Gedankens. Die Französische Revolution setzte diesen Gedanken in die Praxis um – allerdings vorerst lediglich für die männliche Hälfte der Bevölkerung. Der Begriff der Nation – der andere Bündnispartner – existierte bereits bei den Römern, und im Lauf der Geschichte bezeichnete »Nation« in verschiedenen Gegenden ganz unterschiedliche Dinge.[131] Für die hier interessierenden Zusammenhänge beginnt die entscheidende Entwicklung im 18. Jahrhundert, und zwar in der Romantik, die auf die von ihr als »kalt« empfundenen Vernunftargumente der Aufklärung reagierte und den Begriff der Nation mit kulturellem Inhalt füllte.

Unter dem Titel »›Wurzeln‹ kontra Vernunft« beschreibt Ernest Gellner dies folgendermaßen: »(Es) sind die beiden zentralen Punkte, in denen die Romantik den Ideen der Aufklärung widerspricht; während letztere noch Vernunft und menschliche Universalität betonte, war erstere darum bemüht, gerade das Gefühl und das Besondere, sprich die *kulturellen* Eigenarten in den Vordergrund zu stellen. Die beiden Negationen waren natürlich eng miteinander verbunden. Während die Vernunft in ihren Vorschriften universell ist (was sie für gültig erklärt, ist für *jeden immer* und *überall* gültig), werden Emotionen bestimmten Gemeinschaften (Kulturen) zugeschrieben; es handelt sich hierbei also um Vereinigungen, die auf der Grundlage gemeinsamen Empfindens zustande kommen und aufrechterhalten werden; dieses Empfinden teilen nur die Mitglieder, nicht jedoch die Außenseiter.«[132] In dem von der Romantik geprägten Begriff der Nation gibt es anfänglich weder eine ethnische noch eine politische Interpretation dieses Begriffes, er wird lediglich kulturell definiert. Es ist wichtig, dies festzuhalten, um die damalige Entwicklung richtig zu verstehen. So schrieb Friedrich Schiller in einem Brief: »Deutsches Reich und deutsche Nation sind zweierlei Dinge (…) Abgesondert von dem Politischen hat der Deutsche sich seinen eigenen Wert gegründet, und auch wenn das Imperium unterginge, bliebe doch die deutsche Würde unangefochten. Sie ist eine sittliche Größe, sie wohnt in der Kultur und dem Charakter der Nation, der von ihren politischen Schicksalen unabhängig ist.«[133] Nationalismus ist also in seinen Anfängen alles andere als aggressiv. Dazu nochmals Ernest Gellner: »(Der) frühe Nationalismus (neigte) zu Bescheidenheit und Schüchternheit, so etwa bei Herders Verteidigung der Reize von Volkskulturen gegen den arroganten und anmaßenden Imperialismus des französischen Hofes oder des englischen Kommerzialismus oder des blutleeren Universalismus der Aufklärung. Die anfängliche Rückkehr zum Totempfahl oder vielmehr zum Dorfanger war defensiv, fast kleinlaut sich entschuldigend.«[134]

So wie die Aufklärung den einen der beiden Bündnispartner hervorgebracht hat, nämlich die Republik, so hat die Romantik den anderen Bündnispartner kreiert, nämlich die kulturell definierte Nation. »Republik« umschreibt eine Staatsform, während die kulturell verstandene Nation im Prinzip eine Identität umschreibt. Die beiden Dinge haben nichts gemeinsam, sie haben – und hatten vor allem Ende des 18. Jahrhunderts – auch wenig Berührungspunkte. Trotzdem kam es zum Bündnis zwischen den beiden. Dieses Bündnis wurde in Frankreich geschlossen, wo in einem revolutionären Akt die bisherigen Machtträger – König, Adel und Klerus – gestürzt und durch den »dritten Stand«, das Volk mit seinen demokratischen Rechten, ersetzt worden waren.

Land und Volk waren somit gegeben. Das reichte aber offensichtlich noch nicht, denn mit dem gestürzten König war auch die bisherige Repräsentationsfigur des Staates verschwunden, mit dem man sich hatte identifizieren können. Staat und König waren eins gewesen, nicht nur durch den König, sondern sogar »im« König war der Staat repräsentiert.[135] Deshalb hatte der stürzende König den Staat gleichsam mit sich vom Sockel gerissen, auch wenn dies die Revolutionäre sicher nicht beabsichtigt hatten. Die aufklärerischen Ideen waren jedoch zu abstrakt, um als Identifikation zu dienen: An die Stelle der früheren Stände war das Individuum getreten, und die neuen Vernunftgedanken beanspruchten Universalität, beides taugte nicht als Identifikationsmöglichkeit mit dem in neuer Form entstandenen Frankreich. Es mußte eine Identität geschaffen werden, und diese fand man nun in der »nationalen« Identität. Oder anders gesagt: Die Nation diente dem republikanischen Gedanken gewissermaßen als Gefäß, und zwar zur Ermöglichung einer Identität.[136] Dazu mußte dieses Gefäß jedoch umgebildet werden, und zwar von der Kulturnation zur Staatsnation, wobei es genau besehen zur »Staatsbürgernation« wurde.[137] Auf dieses Bündnis ist es zurückzuführen, daß die damaligen Demokratiebewegungen auch zu nationalistischen Bewegungen werden konnten.

Obwohl die Romantik zunächst gewissermaßen nur das identitätsstiftende Gefäß zum Nationalstaat beigesteuert hatte, kam es später zu einem substantielleren Beitrag. Dies geschah vor allem in der Folge der napoleonischen Kriege, welche zwar die aufklärerischen Ideen der Französischen Revolution über ganz Europa verbreiteten, aber umgekehrt dafür sorgten, daß sich der kulturelle Nationenbegriff im Widerstand gegen die französische Fremdherrschaft politisch auflud.[138] Der Historiker Hagen Schulze umschreibt das Zusammenwirken von Aufklärung und Romantik in der nationalen Idee folgendermaßen: »(Die) zwei Nationalideen, die subjektiv-politische der französischen Revolution und die objektiv-kulturelle der deutschen Romantik, befruchteten sich gegenseitig, überkreuzten einander und verliehen dem tausendstimmigen Chor der europäischen Moderne den kontinuierlichen Grundton. In einer Zeit der immer neuen Entwurzelung und Sinnkrise, des Vergangenheitsverlusts und der Zukunftseuphorie bot die Idee der Nation dreierlei: Orientierung, Gemeinschaft und Transzendenz.«[139] Der Nationalstaat war als Kind der Aufklärung geboren worden, er machte dieser Philosophie in der Folge aber keine große Ehre. Durch Exzesse des Nationalismus haben auch europäische Nationalstaaten in der ersten Hälfte des 20. Jahrhunderts andere Völker weit über den eigenen Kontinent hinaus ins Verderben gerissen. Westeuropa hat auf die Katastrophen der beiden Weltkriege mit der Errichtung einer neuen Friedensordnung reagiert, die wiederum stark aufklärerisch abgestützt ist. Mit den Revolutionen von 1989 ist Europa zu einem Ganzen geworden, die im Wachsen begriffene Friedensordnung erfährt eine neue Herausforderung. Möglicherweise hat Europa heute nochmals die Chance, aufklärerisches und romantisches Gedankengut – endlich – miteinander zu versöhnen. Selbst wenn dies gelingen sollte, so können darüber die Opfer der jüngsten Balkankriege nicht in Vergessenheit geraten, welche auch Westeuropäerinnen und -europäern wieder abrupt und schrecklich ins Bewußtsein gerufen haben, daß diese Versöhnung eine Voraussetzung ist für die Weiterarbeit an der europäischen Friedensordnung.

Staat und Nation in West- und Mittelosteuropa

Mit dem Begriff »Nationalität« wird in Mittelosteuropa noch heute die Volkszugehörigkeit umschrieben, während in Westeuropa dieser Begriff dazu dient, die formale Staatsangehörigkeit einer Person zu bezeichnen. Diese Differenz ist auf den unterschiedlichen Verlauf der Geschichte in den beiden Teilen Europas zurückzuführen. Nach der Entdeckung des Begriffes der »Nation« als ideengeschichtliches Denkmodell und nachdem »Republik« und »Nation« zum Nationalstaat verbunden worden waren, erfuhr der Begriff der »Nation« eine unterschiedliche Entwicklung, je nach dem, ob sich die Bewohner eines bereits bestehenden Staates ihre »Nation« schufen oder ob sich ein »staatsloses« Volk auf eine gemeinsame Herkunft berief. In Westeuropa erfolgte die Nationenbildung entweder im Rahmen bereits bestehender Staaten wie in England und Frankreich oder dann später im Rahmen des Zusammenschlusses verschiedener Fürstentümer oder anderer territorialer Einheiten zu einem neuen Staat wie in Deutschland und Italien. Beide Entwicklungen führten zu Nationalstaaten, in denen ein Staatsvolk auf einem bestimmten Territorium lebte, in weitaus den meisten Fällen verbunden durch eine gemeinsame Sprache und eine gemeinsame Kultur. In Frankreich und England fand die Idee der Nation einen seit Jahrhunderten bestehenden Staat in mehr oder weniger gegebenen Grenzen vor, so daß die bereits im letzten Kapitel erwähnten »Staatsnationen« direkt entstanden. Vor allem in Deutschland, aber auch anderswo blieb es demgegenüber bei »Kulturnationen«, indem sich die nationale Identität mangels bereits bestehender Staaten zunächst an der als national verstandenen Dichtung, Malerei, generell der Bildung und der Kunst festmachte. Erst ein Jahrhundert später wurden auch aus diesen Kulturnationen Staatsnationen.[140] Resultat waren aber schließlich dennoch in ganz Westeuropa Nationalstaaten nach dem Muster von England und Frankreich, wobei der Begriff »Nation« heute territorial gesehen dasselbe bezeichnet wie der Begriff »Staat«. Staaten und Nationen waren in Übereinstimmung gebracht worden. Im Adjektiv »international«, welches heute weltweit einheitlich verstanden wird, zeigt sich dieses westeuropäische Verständnis der Nation mit identischer Verwendung der Begriffe »Staat« und »Nation«: »International« ist ein Phänomen dann, wenn es mehrere Staaten betrifft, der Begriff hat die Bedeutung von »interstaatlich«.

Obschon in Westeuropa Nationen und Staaten im Prinzip territorial übereinstimmen, ruft der Begriff »Nation« auch in westeuropäischen Köpfen und Herzen zum Teil unterschiedliche Assoziationen hervor. So versteht man beispielsweise in

Frankreich und in Deutschland unter »Nation« nicht genau dasselbe, obwohl der Nationalstaat für diese beiden Länder formal dieselbe Bedeutung hat. Dies hängt vor allem damit zusammen, daß zwischen den Gründungen dieser beiden Nationalstaaten praktisch ein ganzes Jahrhundert liegt. Im Grunde genommen bildet das ursprüngliche deutsche Verständnis der Nation die Basis für die auch heute noch in Mittelosteuropa geltende Bedeutung dieses Begriffes, da die deutsche Nationenbildung in einem »staatslosen« Zustand, d. h. zunächst als Kulturnation erfolgte, und der Übergang zur »Staatsnation« erst später formal eine Angleichung an das heutige westeuropäische Verständnis brachte. In Mittelosteuropa war die Entstehung von »Kulturnationen« der Normalfall, denn hier bestanden noch lange über die Entstehungszeit westeuropäischer Nationalstaaten hinaus die großen Reiche der türkischen Osmanen, der österreichischen Habsburger und der russischen Romanows. Diese Reiche waren alle multikulturell, multisprachlich und größtenteils auch multireligiös, sie schafften den Zusammenhalt der verschiedenen Völker mit ganz anderen Mitteln als mit gemeinsamer Kultur: von der Gewährung größerer oder kleinerer Autonomie auf der einen Seite bis zu gewaltsamer Unterdrückung auf der anderen. Da Staatsgründungen, also die Bildung von Staatsnationen in diesem Umfeld nicht möglich waren, kam es zu romantischen Vorstellungen, in denen die Grenzen der erträumten Staatsnation ohne Probleme so gedacht werden konnten, daß sie auch noch den am weitesten entfernten Angehörigen des eigenen Volkes mit einschlossen. Da solche Träume in den bestehenden Reichen ohnehin nicht konkretisiert werden konnten, stießen solche erträumten Grenzen auf keinen Widerstand, und so wurden unzählige Territorien durch verschiedene Völker und Volksgruppen in Gedanken mehrfach »besetzt«. Dies hatte zum Teil verheerende Folgen, als nämlich zu einem späteren Zeitpunkt versucht wurde, solche Träume in die Tat umzusetzen, wofür die jüngsten Kriege im Balkan erschreckendes Zeugnis sind.

Mangels der Bildung von Staatsnationen existierte die Nation in Mittelosteuropa als Kulturnation weiter, und dies während einer so langen Periode, daß der Begriff der Nation noch heute nicht staatlich, sondern kulturell zugeordnet wird. Das Beispiel eines kroatischen Studenten serbischer Abstammung an der Universität Zagreb illustriert diese Situation anschaulich: Da er in seinem Studienbuch anzugeben hat, welcher Staatsbürgerschaft und welcher Nationalität er angehört, wird er als heute kroatischer Staatsbürger unter Nationalität dennoch seine serbische Herkunft nennen.[141] Heute orientieren sich die mittelosteuropäischen Staaten grundsätzlich am westeuropäischen Verständnis des Nationalstaates. Dennoch ist festzuhalten, daß in diesem Teil Europas die Begriffe »Staat« und »Nation« nicht zusammengewachsen sind. In Mittelosteuropa ist »Nation« nach wie vor ein kultureller Begriff. Dies hindert jedoch nicht, das Adjektiv »international« im Sinne seiner weltweiten Bedeutung zu verwenden. In Gesprächen zwischen mittelost- und westeuropäischen Diskussionsteilnehmern stellt dies manchmal einige Anforderungen, wobei eine rechtzeitige Begriffsklärung von beiden Seiten mitunter hilfreich ist.[142] Kulturelle Identität erstreckt sich auf ein viel breiteres Feld als nur die ethnische Herkunft. Umgekehrt ist gelegentlich mit »ethnisch« auch ein viel breiteres Spektrum an Herkunftskriterien gemeint, welche nicht selbstgewählt sind, aber auch nicht nur die Abstammung einer Person von einem bestimmten Volk betreffen. In Mittelosteuropa klingen im Begriff der Nation auch heute noch viele Töne mit, die letztlich dem romantischen Gedankengut entstammen. In Westeuropa ist der Begriff der Nation stärker von Elementen geprägt, die der Aufklärung entstammen.

Wie steht es nun heute mit dem Bündnis zwischen Republik und Nation, also 200 Jahre nach seinem Entstehen in Europa? Beide Bündnispartner sind heute ganz anders eingebettet als noch vor einigen Jahrzehnten. Zunächst soll vom Bündnispartner »Republik« die Rede sein. Als solche wurde eine besondere Staatsform bezeichnet, die sich durch die demokratische Mitwirkung der Bürgerschaft auszeichnet, sie ist also eine Kategorie im Rahmen der »Staatlichkeit«. Der westeuropäische Nationalstaat ist heute in seiner Ordnungsfunktion in

Frage gestellt, und dies in zweierlei Hinsichten: Einerseits entzieht ihm die Globalisierung die Möglichkeit, Dinge zu regeln, die er bislang geregelt hat, andererseits tritt er im Rahmen der Europäischen Union Kompetenzen ab. Diese beiden Phänomene unterscheiden sich allerdings insoweit, als die Globalisierung bisherige nationale Regelungen aus den Angeln hebt, um sie häufig einem ungeregelten oder ausschließlich durch Marktmechanismen geregelten Raum zu überlassen, während dies für die Kompetenzübertragungen an die EU nicht der Fall ist. Im weiteren ist eine Verschiebung von Staatlichkeit »nach unten« zu beobachten, unter die Ebene des Nationalstaates, indem Kompetenzen an Teilstrukturen von Nationalstaaten delegiert werden. Oft ist dies eine Folge des »Subsidiaritätsprinzipes«, wonach öffentliche Funktionen immer auf der untersten Ebene wahrgenommen werden sollen, auf welcher sie sinnvollerweise noch wahrgenommen werden können.[143] Diese Phänomene sind auch in Mittelosteuropa zu beobachten oder bereiten sich im Hinblick auf die Osterweiterung der Europäischen Union ebenfalls vor. Daneben aber wurden und werden in diesem Teil Europas immer noch Schritte nachgeholt, die in Westeuropa zum größten Teil früher stattgefunden haben. Vielerorts wurde das Bündnis zwischen »Nation« und »Republik« erst 1989 geschlossen, indem in bestehenden »National«-Staaten demokratische Formen Einzug hielten. Es werden neue Nationalstaaten gegründet, wobei eine Tendenz nicht zu verkennen ist, politische und kulturelle Grenzen miteinander in Übereinstimmung zu bringen. Der andere Bündnispartner, die »Nation«, befindet sich heute über den ganzen europäischen Raum hinweg betrachtet also gleichzeitig in verschiedenen Stadien, und dies nicht nur hinsichtlich seiner eigenen Entwicklung, sondern auch hinsichtlich seiner Beziehung zum Bündnispartner »Republik« im Sinne der Staatlichkeit.

Wenn Staatlichkeit und damit die »republikanische« Teilnahme der Bürgerschaft die Tendenz hat, sich teils über die Ebene des Nationalstaates und teils unterhalb dieser Ebene auszudehnen, so führt dies zu einer langsamen Ablösung der Staatlichkeit von der Nation oder umgekehrt ausgedrückt zu einer langsamen Ablösung der Nation von der Staatlichkeit. Der republikanische Gedanke bricht das Gefäß der Nation gleichsam auf, das er seit 200 Jahren mehr oder weniger erfolgreich benutzt hat, er dringt nach oben und nach unten, und dies einfach deshalb, weil die Staatlichkeit dabei ist, sich nach oben und nach unten auszubreiten. Insoweit die Bewegung »nach oben« geht, auf die supra-»nationale« Ebene der Europäischen Union, müssen neue Formen der republikanischen Mitwirkung erfunden werden, eine der Aufgaben des Konvents, der durch die Staats- und Regierungschefs der Europäischen Union eingesetzt worden ist. Im Gegensatz zu den Vorgängen vor mehr als 200 Jahren ist dieser »republikanische Akt« jedoch nicht mehr emotional eingebettet in eine nationale Identität, denn Europa ist keine Nation und wird auch nicht dazu werden, selbst wenn der republikanische Akt dereinst gelungen und vollendet sein wird. Dies liegt nicht etwa an der geographischen Dimension der Union in ihren künftigen Grenzen – die Vereinigten Staaten zeigen ja eindrücklich, daß nationale Identität in dieser geographischen Größenordnung durchaus möglich ist –, sondern es ist in der europäischen Geschichte begründet: Die nationale Identität der Europäerinnen und Europäer wird weiterhin mehr oder weniger dort verankert bleiben, wo sie es bisher war, nämlich auf der Ebene der bisherigen Nationalstaaten oder sogar in kleinräumigeren Einheiten. Auf europäischer Ebene eine Art romantischer »Heimat«-Identität postulieren zu wollen wäre aber auch aus anderen Gründen verfehlt, auf welche im letzten Kapitel im Rahmen des Verhältnisses zwischen Aufklärung und Romantik zurückzukommen ist.[144]

Etwas anders liegen die Dinge hinsichtlich der anderen Bewegung, nämlich jener »nach unten«. Diese erscheint zunächst als etwas einfacher, weil auf den Ebenen unterhalb des Nationalstaates eine gemeinsame kulturelle Identität durchaus vorhanden sein kann, denn nationale Identität als kulturelles Phänomen ist aus ihrer Entstehung heraus gemeinschaftsorientiert und kleinräumig. Man könnte also auf die Idee kommen, wenn sich der republikanische Gedanke nach unten ausbreite, brauche er das Bündnis mit der Nation nicht aufzugeben. Genau da aber liegt das Problem: Wenn Dezentralisierungsbestrebungen dadurch motiviert sind, daß sie dem Prinzip der Subsidiarität zum Durchbruch verhelfen sollten, entspringen sie dem republikanischen Gedanken und fördern die staatsbürgerliche Identität. Sind solche Bestrebungen hingegen dadurch motiviert, daß die politischen und die kulturellen Grenzen in Übereinstimmung gebracht werden sollen, so tragen sie bereits das Umkippen in nationalistische Sezessionsbestrebungen in sich und stehen somit der staatsbürgerlichen Identität entgegen.[145] Soll diese zweite Variante vermieden werden, so ist es auch für die Bewegung »nach unten« unumgänglich, sich vom Bündnis zwischen »Republik« und »Nation« zu verabschieden.

»Säkularisierung« der Nation?

Gemeinsam ist diesen verschiedenen Entwicklungssituationen – so zeitungleich sie auf dem ganzen Kontinent auch ablaufen und so unterschiedlich sie auch wahrgenommen werden mögen – eine langsam ablaufende Trennung von staatspolitischer und kultureller Identität, wobei die Nation allmählich wieder zu einer rein kulturellen Kategorie wird, wie sie es ursprünglich gewesen ist.[146] Es liegt auf der Hand, daß dieser Prozeß nur dann und nur dort voranschreiten kann, wo Nationalismus kein Thema ist. Wenn in »heiligem Eifer« versucht wird, kulturelle und politische Grenzen in Übereinstimmung zu bringen, kommt es in diesem Prozeß zu Rückschritten. Nehmen solche nationalistischen Exzesse mörderische Formen an, wie dies im zweiten Weltkrieg der Fall war oder – wenn auch in quantitativ kleinerem Rahmen, aber qualitativ nicht minder schrecklich – in den Kriegen auf dem Balkan, so kann dies später zur Einsicht führen, daß der Prozeß eben doch unumgänglich ist. Schreitet die Trennung von staatspolitischer und kultureller Identität voran, kann der Prozeß nach einer gewissen Zeit durchaus einen Schutz vor nationalistischen Rückfällen bewirken. Hat die Trennung einmal eingesetzt, so können staatspolitische und kulturelle Identität durchaus verschiedene Wege gehen. Die staatspolitische Identität des Individuums findet sich schließlich auf sämtlichen Ebenen, auf welchen dieses überhaupt mit Staatlichkeit konfrontiert sein kann: Gemeinden, Städte oder Kommunen, mit denen man durch Wohnen, Arbeiten oder anderweitig begründetem temporärem Aufenthalt verbunden ist, eventuell existierende Teilstaaten der »National«-Staaten sowie die »National«-Staaten selbst, in welchen diese Kommunen liegen, über deren Staatsbürgerschaft man verfügt oder auf deren Gebiet man sich vorübergehend oder dauernd aufhält, ohne aber (noch) über die Staatsbürgerschaft zu verfügen, und schließlich die Europäische Union. So unterschiedlich die republikanischen Mitwirkungsrechte auf diesen Ebenen geregelt sein mögen – auf der kommunalen Ebene mögen sie zum Beispiel völlig fehlen, auf EU-Ebene müssen sie erst noch definiert werden –, auf allen diesen Ebenen kann sich für das Individuum eine staatspolitische Identität entwickeln, was gleichbedeutend ist einerseits mit Zugehörigkeit und andererseits mit Verantwortung. Man könnte diese Identität auch als eine staatsbürgerliche bezeichnen, weil sie sich auf die Staatlichkeit im allgemeinen bezieht – vorläufig soll hier aber dieser Begriff vermieden werden, weil er erstens als bezogen nur auf den »National«-Staat verstanden und zweitens mit der Staatsangehörigkeit verwechselt werden könnte, womit er direkt nichts zu tun hat. Mit der nationalstaatlichen Ebene ist die staatspolitische Identität in dieser Konzeption zwar auch noch verbunden, aber einfach deshalb, weil diese Ebene in der oben aufgeführten Kaskade der verschiedenen Ebenen auch ihren Platz einnimmt, und nicht etwa, weil diese Identität langfristig gesehen noch irgendwelcher Elemente aus dem Bereich der »Nation« bedürfte. Zu ergänzen wäre die Frage, inwieweit sich in der erwähnten Stufenfolge der Ebenen am oberen Ende eine staatspolitische Identität auf globaler Ebene anfügt. Sie soll jedoch hier offengelassen werden, da es um die Entwicklung in Europa geht.

Die beschriebene Auffächerung der staatspolitischen Identität auf verschiedene Ebenen geht parallel mit der entsprechenden Bewegung der nationalen Identität, welche langsam und fast unmerklich zu einer rein kulturellen wird – oder vielmehr wieder zu einer kulturellen wird. Diese beiden Bewegungen haben zur Folge, daß die kulturelle Identität nach und nach davon absieht, eine Umsetzung in staatspolitische Kategorien zu beanspruchen. Es ist auch denkbar, daß es sich dabei um einen zweistufigen Prozeß handelt: Nationalismus – die intensivste und virulenteste Verbindung von Kultur und Politik – wird zunächst zurückbuchstabiert auf eine nationale Identität, die nach außen weder physisch noch ideologisch erobern und im Innern das Fremde nicht mehr auslöschen will. Die Umwandlung der nationalen Identität in eine kulturelle Kategorie würde dann erst den zweiten Schritt darstellen. Wie langsam solche Entwicklungen vor sich gehen, zeigt die westeuropäische Geschichte. Geht man von der zweistufigen Variante aus, so bahnte sich der erste Schritt Mitte des 20. Jahrhunderts an, und der zweite ist ein halbes Jahrhundert später in vollem Gange, wie es im Rahmen der Europäischen Union beobachtet werden kann. Mittelosteuropa befindet sich auf genau derselben Entwicklungslinie. Die Beitrittskandidaten zur Europäischen Union sind bereits mit dem zweiten Schritt konfrontiert, gleichzeitig aber auch noch mit dem ersten, und dies vor allem im Zusammenhang mit Fragen der Minderheiten, auf welche noch zurückzukommen ist. Südosteuropa war in aller Grausamkeit mit einem Geschehen konfrontiert, das die verzweifelte Notwendigkeit des ersten Schrittes in diesem Prozeß aufzeigte oder hätte aufzeigen müssen. Deshalb bestand unsere Arbeit in Bosnien genau darin, den Leuten zu helfen, die ethnische Brille weglegen zu können: Es war in einem ersten Schritt die Rückführung von nationalistischem Denken auf eine westeuropäisch verstandene nationale Identität, die im Inneren nicht mehr »ethnisch säubern« – um dieses entsetzliche Wort nun doch zu verwenden – und nach außen nicht mehr erobern muß. Aber eigentlich war unsere Arbeit Teil einer längerfristigen Entwicklungslinie, jener der langsamen Trennung von staatspolitischer und kultureller Identität.

Heute weiß ich, daß es diese vorerst nur intuitive Wahrnehmung war, die mich jedesmal bei der Fahrt um die zerstörte Nationalbibliothek in Sarajevo ein wenig erschauern ließ. Anfänglich schrieb ich es meinem generellen Gefühl des Grauens über das Kriegsgeschehen zu, daß ich den Blick von diesem Gebäude nie abwenden konnte. Jedoch auch später, als mich die anderen zerstörten Gebäude nicht mehr besonders beeindruckten, behielt dieses Gebäude für mich etwas Schauerliches. Ich spürte, daß hier eine tiefere Bedeutung verborgen lag. Immer und überall, wo Bücher verbrannt werden und Feuer in Bibliotheken gelegt wird, verbindet sich Politik und Kultur auf das Schauerlichste. Die Bibliothek war bei der Belagerung Sarajevos ganz bewußt eines der ersten Angriffsziele gewesen, und sie wurde gezielt in Schutt und Asche gelegt, weil sie für die Belagerer eine Provokation darstellte: Wenn es aber einen Ort gibt in Europa, wo sich kulturelle Vielfalt und Toleranz unbeschadet staatspolitischer Geschehnisse immer wieder hat halten können, und wenn es einen Ort gibt in Europa, wo diese Vielfalt und Toleranz einen so großen Reichtum von Kulturen einschloß, wie nirgendwo sonst, dann ist es Sarajevo, und seine Nationalbibliothek ist nach wie vor ein Symbol für diese Tradition. Konrad Paul Liessmann schrieb 1994: »So wie das alte Europa des Fin de Siècle mit den Schüssen von Sarajewo unterging, wird das *Neue Europa* angesichts des belagerten und zerschossenen Sarajewo geboren. Dieses aber mußte in diesem Konflikt erkennen, daß es das alte noch in sich trägt und es noch lange nicht weiß, was eigentlich das Neue an ihm sein soll.«[147] Das kurze 20. Jahrhundert, wie es Eric J. Hobsbawm genannt hat, und das zwischen den beiden genannten Ereignissen liegt, dauerte fast achtzig Jahre.[148] Dies sind die Größenordnungen, in welchen derartige Entwicklungsprozesse ablaufen. Letztlich ist es aber diese langsame Trennung von staatspolitischer und kultureller Identität, welche heute die Klammer zwischen Mittelosteuropa und Westeuropa ausmacht. Beide Teile Europas befinden sich auf derselben Entwicklungslinie, die zwar nicht linear verläuft, sondern manchmal verschlungene Formen zeichnet, schließlich aber doch immer wieder eine generelle und konstante Richtung erkennen läßt. In beiden Teilen Europas sind die einzelnen Staaten in diesem Prozeß recht unterschiedlich vorangeschritten, und manchmal geht es auch einen Schritt zurück, wobei es sich gelegentlich später herausstellt, daß gerade dies der Anfang der nächsten Schritte nach vorne war. Dies ist in mittelosteuropäischen Staaten genauso zu beobachten wie in der Europäischen Union, denn anders können derartige Entwicklungen möglicherweise gar nicht vorankommen.

Die eben beschriebene Entwicklung – so langsam und so zeitungleich sie über den ganzen europäischen Raum hinweg betrachtet auch ablaufen mag – zeigt verschiedene Perspektiven auf. Hat der Prozeß einmal eine bestimmte Wegmarke erreicht, so kann sich nationale Identität im kulturellen Bereich voll einbringen, ohne daß ein Umkippen in nationalistische Bestrebungen befürchtet werden muß, denn sie hat sich vom politischen Bereich so weit abgelöst, daß sie keine politische Umsetzung in territoriale Grenzen mehr verlangt.[149] Ein Keim zum Umkippen in Nationalismus wird zwar in jeder nationalen Identität immer enthalten bleiben, aber das Wissen um die Geschichte macht es möglich, zu verhindern, daß er zum »schlafenden« Ungeheuer werden kann, das sich »erwecken« läßt.[150] Eine andere Perspektive der beschriebenen Entwicklung sind kulturelle Mehrfachidentitäten, was unter anderem auch einwanderungspolitisch von Interesse ist. So wie die staatspolitische Identität vertikal alle Ebenen der möglichen Staatlichkeit betrifft, kann die kulturelle Identität auf der geographischen Karte – also gleichsam horizontal – gleichzeitig ganz unterschiedliche Anknüpfungspunkte aufweisen, herkunftsabhängig, frei gewählt oder durch die Lebensumstände bedingt. Solche kulturellen Identitäten können nebeneinander bestehen und durchaus intensiv gelebt werden.[151]

Auf zwei Bereiche ist noch näher einzugehen, in welchen Berührungspunkte zwischen der staatspolitischen und der kulturellen Identität bestehen. Es gibt einen Teil der »Kultur« im weitesten Sinne, welcher der staatspolitischen Identität zuzurechnen ist, nämlich die politische Kultur, Staatskultur und Rechtskultur. Diese Elemente sollten von all jenen mitgetragen und geteilt werden, welche derselben staatspolitischen

Ebene zugehören und deshalb die entsprechende Verantwortung mittragen.[152] Abzugrenzen ist die staatspolitische Identität umgekehrt von der Staatsangehörigkeit, durch welche die »National«-Staaten ein Verhältnis besonderer Rechte und Pflichten zu bestimmten Personen festlegen, das aber nicht zu verwechseln ist mit der staatspolitischen Zugehörigkeit und Verantwortung.[153] Die Regelung der Staatsangehörigkeit ist eines der wenigen Gebiete, in welchen aus geschichtlichen Gründen Politik und Kultur heute noch nicht oder jedenfalls noch nicht so bald getrennt betrachtet und gehandhabt werden können. Die Art und Weise, wie europäische Nationalstaaten die Staatsangehörigkeit zuerkennen, ist sehr unterschiedlich, was nur mit der gewachsenen nationalen Identität erklärt werden kann.[154] Dennoch begründet dieser Status des Individuums seine demokratische Mitwirkungsmöglichkeit auf der Ebene des »National«-Staates, also ein sehr entscheidendes »republikanisches« Element. Dies verhindert jedoch nicht, daß der Entwicklungsprozeß um diese Insel herum dennoch vorangeht. Im Rahmen der Ablösung der Staatlichkeit von der Nation und der Ausdehnung republikanischer Mitwirkung auch unter und über die Ebene des traditionellen »National«-Staates werden heute tendenziell auch zunehmend Nicht- oder Noch-nicht-Staatsbürger ins öffentliche Leben einbezogen, auch wenn es sich dabei nicht um das formelle Wahlrecht für »nationale« Parlamente handelt.[155] Dies fördert auch in diesem Bereich eine Entwicklung, die – wenn auch etwas langsamer – in Richtung der Trennung von staatspolitischer und kultureller Identität führt.

Wenn sich staatspolitische und nationale Identität langsam voneinander trennen, so kommt dies einer Art »Säkularisierung« der Nation gleich, wobei der Begriff »Säkularisierung« im übertragenen Sinne gebraucht wird. Säkularisierung bedeutet die Ablösung immer umfassenderer Lebensbereiche von der Religion. Der europäische Staat ist letztlich durch Säkularisierung entstanden, wie bereits dargelegt wurde. Nachdem Religion seit Beginn der Menschheitsgeschichte dazu gedient hatte, den Zusammenhalt zwischen den Individuen zu sichern, wurde diese Aufgabe später von der Religion abgelöst und vom Staat übernommen. In Europa müssen sich Wertvorstellungen, die das Individuum in der privaten Auseinandersetzung mit »seiner« Religion aufnimmt, durch die bereits erwähnte Übersetzungsleistung auf die Ebene der öffentlichen Auseinandersetzung transferiert werden, wo sie konfrontiert sind mit anderen Wertvorstellungen, welche aus dem Bereich der Moral, der Kultur oder aus anderen Zusammenhängen stammen mögen. Nichts anderes geschieht nun einige Jahrhunderte später mit der Nation, wenn sich staatspolitische und nationale Identität voneinander trennen: Der Säkularisierungsprozeß erfaßt nun auch die nationale Identität, welche in die kulturelle Dimension zurückkehrt, wo sie ursprünglich entstanden ist. Nationale Impulse können nach Ablauf dieses Prozesses durchaus die Ebene der Diskussion im Rahmen der öffentlichen, staatlichen Ordnungsstruktur erreichen, aber sie müssen auf diese Ebene übersetzt werden. So kann vermieden werden, daß gleichsam eine Aufforderung entsteht, sich den betreffenden Impulsen *als nationale* oder im schlimmeren Falle *als nationalistische* anzuschließen, genauso wie die Säkularisierung dazu geführt hat, daß Impulse aus der privaten Religionsausübung nicht mehr *als religiöse* Wertvorstellungen in die öffentliche Diskussion eingebracht werden.[156] Da die Nation den gleichen Weg geht wie seinerzeit die Religion, darf von »Säkularisierung« durchaus gesprochen werden.[157] Wenn man bedenkt, daß der Nationalismus in Europa seinerzeit an die Stelle der Religion getreten ist und daß es zwischen bestimmten Erscheinungsformen von Religion und dem Entstehen nationalistischer Bewegungen gewisse Parallelen gibt, ist diese Umschreibung durchaus sinnvoll.

Verschiedene Wege nach Europa

Wie bereits erwähnt befindet sich die Nation über den gesamten europäischen Raum hinweg betrachtet in ganz verschiedenen Stadien. Zwar ging sie 1989 und geht sie noch heute in

Mittelosteuropa neue Bündnisse mit ihrem traditionellen Partner, der »Republik«, ein, wodurch neue Nationalstaaten entstehen oder bereits bestehende Nationalstaaten republikanische Formen übernehmen. Trotzdem kann nun folgendes gefragt werden: Gibt es für jene Länder, in welchen »Nation« eine kulturelle Kategorie geblieben ist, eine Möglichkeit, auf das Bündnis zwischen »Republik« und »Nation« zu verzichten, die 200 Jahre dauernde Reise nicht anzutreten und gleichsam den Direktsprung durch die Geschichte zu schaffen? Diese Fragestellung ist nicht nur eine zeitliche, sondern auch eine inhaltliche. In Mittelosteuropa stimmen die Grenzen der – als kulturelle Kategorie verstandenen – Nationen und jene der Staaten längst nicht überall überein. Die verhängnisvolle nationalistische Vorstellung, daß diese Grenzen in Übereinstimmung gebracht werden sollten, führt notwendigerweise zu »ethnischen Säuberungen« mit allem, was in diesem schrecklichen Begriff angelegt ist. Nirgends ist es demnach so wichtig, kulturelle und politische Identität zu trennen, wie in jenen Ländern, wo derartige nationalistische Vorstellungen leicht wieder aufbrechen können. Im Zusammenhang mit der Minderheitenfrage können solche Emotionen wach werden, wenn kulturell verstandene Nationen in mehreren Staaten beheimatet sind oder wenn Staaten mehrere kulturell verstandene Nationen umfassen. Zwischen Westeuropa und Mittelosteuropa bestehen im Verhältnis zwischen der staatspolitischen und der kulturellen Identität nicht nur zeitliche Unterschiede, sondern auch inhaltliche. Obwohl die Zielrichtung der Entwicklung dieselbe ist, unterscheidet sich die Ausgangslage recht erheblich: Während der westeuropäische »Nationalstaat« in Richtung eines Staates *jenseits der Nation* geht, entwickelt sich der mittelosteuropäische »Staat der Nationen« zum Staat *jenseits der Nationen.* Dies führt zu einer Feststellung, die in westeuropäischen Ohren zunächst etwas eigenartig klingen mag: Im Verständnis der Nation als kulturelle Kategorie ist einerseits Mittelosteuropa näher beim Ziel dieses Prozesses als Westeuropa. In der Virulenz der verhängnisvollen Bemühungen, Kultur und Politik in Übereinstimmung bringen zu wollen, ist andererseits Mittelosteuropa weiter vom angestrebten Ziel entfernt als Westeuropa. Deshalb wird Westeuropa auch diesbezüglich vorangehen müssen. Und dennoch ist – erstaunlicherweise – der Weg Westeuropas zu diesem Ziel ein längerer als jener Mittelosteuropas zum selben Ziel, sofern Mittelosteuropa sich nicht auf die 200 Jahre dauernde Reise des Bündnisses zwischen »Republik« und »Nation« begibt.

Aber auch innerhalb Westeuropas werden verschiedene Wege beschritten. Als die Französische Revolution für ihre »Republik« zum Gefäß der »Nation« griff, wandelte sie dieses von der Kulturnation zur Staatsnation oder besser zur Staatsbürgernation. Die Nation wurde zur Trägerin und Verkünderin all der aufklärerischen und universell gültigen Ideale, wobei die Schulbildung eine wichtige Funktion hatte: Schule war nun immer auch »Schule der Nation«. Über die französische Sprache wurde eine allgemeine französisch-»nationale« Rechts- und Staatskultur vermittelt, regionale Sprachen, die vorher durchaus bestanden hatten, verschwanden und wurden durch die Einheitssprache ersetzt – über deren Reinheit wacht noch heute die »Académie française« –, und in diesem Prozeß wurden regionale oder sonstwie kleinräumige kulturelle Identitäten zurückgedrängt. Dies war nur deshalb möglich, weil eine durchaus auch kulturell verstandene Ersatzidentität angeboten wurde, nämlich jene auf der »nationalen« Ebene. So hatte jedes Individuum Anteil an der »Grande Nation«. Mit anderen Worten hatte sich die politische Identität kulturell aufgeladen: Kultur war für Französinnen und Franzosen hinfort alles, was diese »Grande Nation« jemals hervorgebracht hatte, einerseits die Werke der Kulturschaffenden, andererseits aber auch die universell gültigen Errungenschaften der Aufklärung, Demokratie, Menschenrechte oder genereller gesagt der »Republikanismus«, so wie ihn die Französische Revolution geschaffen hatte. In dieser Kombination eroberte das neue Gedankengut nicht nur Europa, sondern im folgenden Jahrhundert auch andere Teile der Welt. Für den hier interessierenden Zusammenhang ist vor allem wichtig, daß in Frankreich die staatspolitische Identität auch heute noch kulturelle Elemente einschließt, welche über die politische Kultur, die Staatskultur und die Rechtskultur hinausgehen. Diese drei Elemente sind auch bei einer allmählichen Trennung von kultureller und staatspolitischer Identität der letzteren zuzurechnen. Das französische Filmschaffen ist durchaus eines der »Grande Nation«, und dessen Verteidigung gegen Hollywood ist auch ein Akt des republikanischen Stolzes. In Frankreich ist geschichtsbedingt die staatspolitische und die kulturelle Identität nach wie vor intensiver und emotionaler verbunden als in vielen anderen westeuropäischen Staaten.

Wie bereits dargestellt verlief der Prozeß in Deutschland annähernd umgekehrt. Kulturelle und politische Identität blieben lange getrennt. Jean-Marc Ferry hat den Prozeß der Bildung der deutschen Nation – im Vergleich zur französischen – folgendermaßen umschrieben: »Etwas idealisierend könnte man sagen, daß dem dogmatischen Verfahren der bestimmenden Bewegung, mit dessen Hilfe der französische Staat sich bemühte, auf dem Weg über die Schule die Universalie (das heißt die universell gültigen Errungenschaften der Aufklärung) in den kulturellen und politischen Corpus der Nation einzupflanzen, das kritische Verfahren der reflektierenden Bewegung gegenübersteht, mit dessen Hilfe sich die deutsche Nation in Gestalt ihrer zahlreichen Staaten bemühte, über ihre Universitäten ihre ureigene Kultur in Richtung auf die Universalie zu entwickeln.«[158] Die deutschen Intellektuellen übernahmen die philosophischen Vorstellungen der Französischen Revolution, ohne sie zunächst in einen politischen Rahmen einbringen zu können oder einbringen zu wollen, so daß diese Vorstellungen nicht in Widerspruch gerieten zu kleinräumigeren kulturellen Identitäten. Als der Nationalstaat schließlich geschaffen wurde, hielten ihm diese kleinräumigeren kulturellen Identitäten weiterhin stand, staatspolitische und kulturelle Identität blieben getrennter als in Frankreich, wo die staatspolitische Identität die kulturelle gleichsam in sich aufnahm. Für die gesamteuropäische Entwicklung der allmählichen Trennung von staatspolitischer und kultureller Identität gelangt man somit innerhalb Westeuropas zu einer ähnlich erstaunlichen Feststellung wie vorhin in der

Gegenüberstellung von West- und Mittelosteuropa: Bei an sich gleicher Zielsetzung erscheint der Weg zu diesem Ziel etwas länger, wenn man von der französischen staatspolitischen Identität ausgeht, als jener, den die Erreichung des Ziels ausgehend von der deutschen staatspolitischen Identität beansprucht. Erstaunlich ist dies vor allem deshalb, weil inhaltlich im französischen Staatsverständnis genau das am klarsten verwirklicht ist, was – und damit sei nun wieder Bezug genommen auf den Gegenstand dieses ganzen Kapitels, nämlich das Dreieck »Westeuropa/Mittelosteuropa/Vereinigte Staaten« – die europäische »Staatlichkeit« ausmacht und sich damit so diametral von den ebenfalls historisch gewachsenen Verhältnissen jenseits des Atlantiks unterscheidet. Auf diese Dimension soll im folgenden noch näher eingegangen werden, und zwar zunächst anhand einer Gegenüberstellung von Gruppendenken und Individuum.

Minderheiten, Gruppenrechte und Individuum

In Westeuropa treten Minderheitenprobleme meist innerhalb der bestehenden Staaten auf, denn oft wurde seinerzeit bei der Nationalstaatenbildung mit verschiedenen Methoden etwas nachgeholfen, die neue »Nation« zusammenzuschweißen und womöglich einen gemeinsamen Herkunftsmythos zu präsentieren. Geschah es nicht mir der nötigen Umsicht und Behutsamkeit – vor allem, wenn Minderheitsgruppen gewaltsam integriert wurden –, so kann sich dies noch nach Jahrzehnten oder gar Jahrhunderten rächen, und zwar genau nach dem bereits geschilderten Muster der schlummernden nationalen Identität, welche politisch »erweckt« werden kann.[159] Mittelosteuropa unterliegt denselben Mechanismen, doch ist die Minderheitensituation komplizierter, was wiederum auf die geschichtliche Entwicklung und auf das kulturelle Verständnis der Nation zurückgeht. Wenn die Angehörigen einer kulturell verstandenen »Nation« in mehreren Staaten wohnen und wenn in einem dieser Staaten die betreffende Nation klar in der Mehrheit ist, so liegt die klassische Ausgangssituation vor für das Entstehen von nationalistischen Träumen zur Verschiebung der politischen Grenzen, um sie mit den kulturellen in Übereinstimmung zu bringen. Kann dies vermieden werden, so entsteht oft trotzdem der Wunsch, die Beziehungen zwischen den Angehörigen der kulturell verstandenen »Nation« und dem Staat, in welchem diese Personen zwar nicht selber wohnen, in welchem aber die Angehörigen derselben »Nation« in der Mehrheit sind, rechtlich zu regeln. Dagegen ist nichts einzuwenden, falls es sich um Personen handelt, die über die Staatsangehörigkeit dieses Staates verfügen, denn die Staatsangehörigkeit begründet ein staatspolitisch besonderes Band zwischen Staat und Individuum, auch wenn das Individuum nicht im Staat seiner Staatsangehörigkeit wohnt. Verfügen hingegen Angehörige der kulturell verstandenen »Nation« nicht über die Staatsangehörigkeit jenes anderen »Heimat«-Staates, so wird die rechtlich festgehaltene Beziehung dieses Staates zu ihnen problematisch. Ein staatspolitisch definiertes Band zu ihnen existiert in solchen Fällen nämlich nicht, sondern die Beziehung ist ausschließlich eine rein kulturell definierte »nationale«.[160] Mit der langsamen Trennung von staatspolitischer und kultureller Identität wird die Rechtsbeziehung zum Staat des Wohnens zu einer rein staatspolitischen und damit rechtlich geregelten Angelegenheit, jene zum Staat, welcher die eigene kulturell verstandene »Nation« verkörpert, hingegen zu einer rein kulturellen. In Westeuropa ist dieser Zustand faktisch mehr oder weniger erreicht, auch wenn die Trennung von staatspolitischer und kultureller Identität noch längst nicht abgeschlossen ist. Dieser Teil Europas verdankt das frühere Erreichen dieses Zustandes der früheren Nationalstaatenbildung. Davon ist nicht Mittelosteuropa als Ganzes, aber es sind einige Staaten, insbesondere solche in Südosteuropa noch ein längeres Stück Weg entfernt. Das folgende Beispiel, welches allerdings schon einige Jahre zurückliegt, mag dies illustrieren: In Bosnien nach dem Krieg war die Bezeichnung »bosnische Serben« und »bosnische Kroaten« bereits eine Errungenschaft, denn sie löste die Bezeichnung »Serben« und »Kroaten« ab, welche nationalistisch orientierte, in Bosnien lebende Personen serbischer oder kroatischer Herkunft verwendeten. Darin kam zunächst die kulturell verstandene Nation zum Ausdruck, wobei aber die Bedeutung des Nachbarstaates Serbien – also die Bundesrepublik Jugoslawien – oder Kroatien stark mitklang, weshalb man durch die Verwendung dieser Bezeichnung zum Ausdruck bringen konnte, daß man einen Anschluß der von anderen »Nationen« »befreiten« Landstriche Bosniens an diesen Nachbarstaat durchaus befürworte. Redete man von »bosnischen Serben« oder »bosnischen Kroaten«, so war das dementsprechend ein Signal in umgekehrter Richtung. Die Bezeichnung »Serben« oder »Kroaten« wurde im Nachkriegs-Bosnien als Symbol für die Verschmelzung von politischer und kultureller Identität bewußt eingesetzt. So konnte es durchaus geschehen, daß ein Adressat einen von mir unterzeichneten Brief entrüstet zurücksandte mit der Bemerkung, er verbitte sich die Verwendung des Ausdruckes »bosnische Serben« oder »bosnische Kroaten«, was mich nicht davon abhielt, bei diesem Sprachgebrauch zu bleiben und das folgende Schreiben an denselben Adressaten auch zu einer Erklärung zu benützen, warum ich dies für richtig hielt. In dieser zweiten Variante zeigen sich das kulturelle und das staatspolitische Element bereits nebeneinander, indem das Adjektiv »bosnisch« die staatspolitische Komponente darstellt, die für beide identisch ist, während sich im Substantiv die kulturelle Komponente zeigt, welche in Bosnien wie in ganz Mittelosteuropa als die »nationale« bezeichnet wird.

Für den hier interessierenden Zusammenhang ist aber vor allem wichtig, wie Guppenrechte und Rechte des Individuums gehandhabt werden. Nationale Identität verlangt eher nach Gruppenrechten, staatspolitische Identität hingegen eher nach individuellen Rechten. Nachdem für die Darstellung der langfristigen Entwicklungslinie innerhalb Europas das Dreieck »Westeuropa/Mittelosteuropa/Vereinigte Staaten« vorübergehend ausgeblendet worden ist, soll der Gesamtkontext dieses Kapitels hier nun wieder einbezogen werden. Zwei bereits wiederholt erwähnte transatlantische Unterschiede bilden dabei den Ausgangspunkt: Zum einen hat Europa als Antwort auf die Individualisierung für die gesellschaftliche Einbindung die Staatlichkeit gewählt, die Vereinigten Staaten hingegen die »Gemeinschaft«. Zum andern ist Politik jenseits des Atlantiks vorwiegend ein Kampf um Rechte, in Europa demgegenüber ein Kampf um Gesetze. Recht und Politik greifen diesseits und jenseits des Atlantiks unterschiedlich ineinander, Gruppe und Individuum haben einen unterschiedlichen Stellenwert.

Nach der verhaßten Einbindung in die allgegenwärtige Partei- und Staatsstruktur, die auf bescheidenem Niveau auch eine ökonomische Sicherheit beinhaltete, erlangten die Menschen in Mittelosteuropa 1989 abrupt eine Freiheit, die mit einem ebenso abrupten Individualisierungsschub verbunden war, begleitet vom allmählichen Verlust der vorherigen Versorgungssicherheit. Auch eine verhaßte Bindung ist aber letztlich eine Bindung. Nehmen mittelosteuropäische Staaten in dieser sowohl ökonomisch als auch staatspolitisch nicht sehr einfachen Situation den Gedanken auf, zum Ausgleich der abrupt zunehmenden Individualisierung vor allem auf das Element der »Gemeinschaften« zu setzen, so durchläuft der gesamteuropäische Prozeß der langsamen Trennung von staatspolitischer und kultureller Identität eine Phase des Rückschrittes. Dasselbe geschieht, wenn Politik vorwiegend als Kampf um die Rechte verschiedener Minderheitsgruppen verstanden wird. Die verschiedenen Entwicklungen können nämlich nicht getrennt voneinander betrachtet werden: Die drei Fragenkreise, wie erstens Politik funktionieren soll, worin zweitens Bindungen als Ausgleich zur Individualisierung bestehen sollen, und inwieweit drittens staatspolitische Identität mit der kulturellen – sprich in Mittelosteuropa »nationalen« – Identität verbunden bleiben soll, rücken unversehens auf dieselbe Entscheidungslinie zwischen Gruppe und Individuum. Damit werden die drei Fragenkreise so interdependent, daß es auf sie gar keine voneinander unabhängigen Antworten mehr gibt. Im Klartext gesprochen: Wenn in Mittelosteuropa zum Ausgleich von Individualisierung Bindung im US-amerikanischen Sinne vor allem in der Gemeinschaft – anstelle der europäisch verstandenen Staatlichkeit – gesucht wird, so fördert dies die Ansprüche »nationaler« Minderheiten *als Gruppen* auf rechtliche und damit staatliche Anerkennung. Und wenn in Mittelosteuropa »Politik« nach US-amerikanischem Muster verstanden wird als ständiger Widerstreit von Minderheitsgruppen – darauf angelegt, einen Mehrheitskonsens zu vermeiden –, so wird dies zum rechtlichen Kampf um die Durchsetzung von Ansprüchen »nationaler« Minderheiten *als Gruppen* führen. Wie das funktioniert, zeigt ein Blick über den Atlantik, wo sich ethnisch definierende Minderheiten zunehmend in den sozialen Verteilungskampf einschalten.[161] Solche Erscheinungen werden sich nie ganz vermeiden lassen. Sicher ist jedoch, daß sie sich nur im Rahmen einer europäisch verstandenen staatspolitischen Kultur, die auf der Mitwirkung des Individuums in seiner Eigenschaft als Teil des Volkssouveräns beruht, bändigen lassen und nicht in einer Politik der widerstreitenden Minderheitsgruppen nach dem Muster der Vereinigten Staaten, denn diese Form der »Politik« fördert unausweichlich die ethnische Gruppenbildung, was sich für Staaten verheerend auswirkt, in denen nationalistische Strömungen nach wie vor vorhanden sind.[162]

Hier ist nun nochmals zurückzukommen auf die subtilen Differenzen im Verständnis der Nation innerhalb Westeuropas. Wenn sich transatlantische Differenzen zeigen, dann ist auf der europäischen Seite fast immer Frankreich an vorderster Front. Man könnte nun annehmen, dies sei in irgendwelchen Hegemonieansprüchen begründet und darin, daß Frankreich auf die Hegemonieansprüche der Vereinigten Staaten deshalb am schärfsten reagiere. Die Annahme ist jedoch nicht richtig, denn der Grund liegt viel tiefer, nämlich in einer äußerst klaren, staatspolitischen Identität, die bereits im Zusammenhang mit dem Sektenwesen erwähnt worden ist. Diese Identität zeigt sich auch in der Minderheitenfrage. Frankreich hat immer die Haltung vertreten, in diesem Land gebe es keine »nationalen« Minderheiten, eine konsistente Haltung, die historisch begründet ist.[163] Der ungeheure Kraftakt der Französischen Revolution hat die »Grande Nation« so stark geprägt, daß sie sich nach wie vor als Hüterin der damals geschaffenen aufklärerischen Inhalte sieht. Durch die »Schule der Nation« und über die französische Sprache wurde im 19. Jahrhundert eine »nationale« Identität geschaffen, welche Trägerin war für die aufklärerischen Ideen und welche kleinräumigere kulturelle Identitäten ersetzte. Die Beheimatung in Gemeinschaft und Gruppe, welche diese früheren Identitäten geprägt haben mag, wurde ersetzt durch jene in den aufklärerischen Ideen, und diese fanden auf der »nationalen« Ebene auch einen emotionalen Rahmen. Durchbruch zur Aufklärung war identisch mit der Überwindung der kleinräumigeren kulturellen Identität und mit der Ersetzung von Gemeinschaft und Gruppe durch das Individuum. Deshalb ist für Frankreich noch heute die Vorstellung der Existenz von Minderheiten ein Verrat am republikanischen Gedankengut und an der Französischen Revolution. Die »gemeinschaftliche« Ordnungsstruktur, die in den Vereinigten Staaten dem individualisierten Individuum als Bindung dient und den Zusammenhalt der Gesellschaft sicherstellt, wie auch das Verständnis von »Politik« als Kampf um Rechte durch Minderheitsgruppen bilden deshalb zu der in Frankreich entstandenen staatspolitischen Identität einen noch schärferen Gegensatz als zu jenen Identitäten, welche andere europäische Staaten prägen. Staatspolitische Identität nach französischem Muster ist somit die in reinster Form auftretende Antithese zur amerikanischen Identität. Dies ist der eigentliche Grund dafür, daß in transatlantischen Auseinandersetzungen Frankreich oft an vorderster Front steht.

Die Minderheitenfrage kann hier nicht ausdiskutiert werden. Abschließend sei indessen noch auf einen Aspekt hingewiesen, in welchem die kulturelle und die staatspolitische Dimension einmal mehr zu verschiedenen Lösungsansätzen führten. Sucht man nach einer Möglichkeit, Kleinräumigkeit im Rahmen einer staatspolitischen Dimension mitzuberücksichtigen, so bietet sich die föderative Organisation des Nationalstaates an. Die Organisation eines Staates in Teilstaaten oder noch kleineren Einheiten beruht nicht auf Gruppenrechten, sondern genauso auf dem Individuum als Teil des souveränen Volkes, wobei dieses Individuum über eine staatspolitische Mehrfachidentität verfügt, die sich vertikal aufteilt. Steht hingegen die kulturelle Dimension im Vordergrund – nach mittelosteuropäischem Verständnis also die »nationale« –, so ergibt sich daraus notwendigerweise ein Denken in Gruppenrechten, welches zur Folge hat, daß Personen mit gleichem kulturellem Hintergrund *als Gruppe* nach Anerkennung und besonderer Behandlung verlangen. Der erstgenannte Ansatz ist durchaus vereinbar mit der gesamteuropäischen Entwicklung, staatspolitische und kulturelle Identität allmählich voneinander abzulösen. Der zweitgenannte Ansatz läuft dieser Entwicklung entgegen.[164]

Freiheit durch Souveränitätsverzicht

Im vorangegangenen Kapitel wurde dargelegt, warum die Amerikanische Revolution im Unterschied zur Französischen nicht zu einer Staatsgründung, sondern genau besehen nur zur Gründung einer Nation geführt habe. Außenpolitisch agieren die Vereinigten Staaten ohne Zweifel als Nationalstaat. Und ohne Zweifel fand in der Amerikanischen Revolution formal gesehen dasselbe statt wie in der Französischen Revolution, nämlich die Gründung eines Nationalstaates. Die Differenzen liegen im Bereich der Identitäten. Identität entsteht durch die Bindungen, welche die individualisierte Person akzeptiert. Die Französische Revolution offerierte dem Individuum Freiheit in der Form staatspolitischer Identität. Die Amerikanische Revolution offerierte hingegen Freiheit in der Form der nationalen Identität. Um ein Angebot staatspolitischer Identität handelte es sich dabei nicht, denn dafür bestand in Amerika kein Bedürfnis: Das bereits durch den individuellen Auswanderungsakt befreite Individuum suchte nach Bindung, aber nicht nach Bindung durch Staatlichkeit, denn just von der kollektiven Bindung durch die Staatlichkeit hatte es sich ja befreit. Deshalb haben US-Amerikaner auch heute noch keine staatspolitische Identität. Für Europäerinnen und Europäer ist die staatspolitische Identität hingegen nicht nur die Grundlage der Freiheit des Individuums, sondern auch die Grundlage der Friedensordnung seit 1945. Beides beruht auf Souveränitätsverzicht: Historisch gesehen verzichtete das Individuum auf seine Urfreiheit, trat diese dem Staat ab und erhielt im Gegenzug eine Freiheit, die nun nicht mehr die »Freiheit des Stärkeren« ist, sondern eine Freiheit, welche allen dem Staat Unterworfenen in gleichem Maße zusteht, und diese Freiheit manifestiert sich auch in der Volkssouveränität, die darin besteht, die staatspolitische Grundordnung gemeinsam festzulegen. Gleichheit ist im europäischen Freiheitsverständnis immer untrennbar mitenthalten. Darin liegt ein grundlegender Unterschied zu den Vereinigten Staaten, wo Freiheit zwar auch allen zusteht, aber praktisch genießt derjenige mehr Freiheit, der sie sich erkämpft. Und analog sind auf der nächsthöheren Ebene die europäischen Staaten im Rahmen der Europäischen Union zunehmend bereit, auf ihre Souveränität teilweise zu verzichten, wodurch sie im Gegenzug eine Friedensordnung erhalten, die sich bisher als stabil erwiesen hat. Wohl haben größere Staaten in der Union einen größeren Einfluß als kleinere, doch von einem plumpen »Recht der stärkeren Staaten« kann nicht die Rede sein, denn gerade für größere Staaten ist der Souveränitätsverzicht ja eigentlich einschneidender als für kleinere, welche ohne den Souveränitätsverzicht im Zusammenspiel der Staaten weniger zu sagen hätten.

Der grundlegende Unterschied zu den Vereinigten Staaten ist beim Souveränitätsverzicht durch Staaten derselbe wie beim individuellen Souveränitätsverzicht: Die Vorstellung der Freiheit des eigenen Nationalstaates ist jenseits des Atlantiks nicht verbunden mit der Vorstellung der Gleichheit aller Nationalstaaten, sondern mit der Vorstellung des Rechtes des stärkeren Staates. Das Recht des Stärkeren ist in den Vereinigten Staaten nicht nur ein Argument, welches je nach Interessenlage gerade dann in Anspruch genommen wird, wenn es einem nützt, weil man gerade der Stärkste ist, sondern es ist ein eigentliches Grundprinzip, das ideengeschichtlich jahrhundertelang gewachsen ist. Es handelt sich um eines der wenigen dauerhaften Prinzipien im US-amerikanischen Denken und dient als Grundmuster zur Ordnung sehr vieler Lebensbereiche. Es wäre deshalb falsch, die US-Mentalität nur auf die heutige Stellung der allein übriggebliebenen Weltmacht zurückzuführen. Machtdenken mag die Haltung der Vereinigten Staaten zwar fördern, aber deren Wurzeln liegen viel tiefer, und sie wären auch dann noch wirksam, wenn sich die Machtposition dieses Landes abschwächen würde.

Auf das Vorhandensein einer staatspolitischen Identität in Europa und deren Nichtvorhandensein in den Vereinigten Staaten können praktisch alle transatlantischen Differenzen zurückgeführt werden: das Fehlen des Souveränitätsbegriffes in der US-amerikanischen Verfassung, der immer wieder gelungene Versuch, zu verhindern, daß sich eine politische Gewalt überhaupt anmaßen kann, im Namen des Volkes zu sprechen, und die negativ bewertete Vorstellung vom Souveränitätsverzicht des Individuums zugunsten des Staates. Diese grundlegend andere Einstellung zum Souveränitätsverzicht hat verschiedene Wurzeln. Es sollte nicht vergessen werden, daß eine dieser Wurzeln religiöser Natur ist. In der US-amerikanischen Tradition ist der Mensch mit seinem Gott allein, und niemand soll in diese Beziehung intervenieren können. Der bereits verschiedentlich zitierte Politologe Otto Kallscheuer umschreibt den Hintergrund dieser Einsamkeit mit Gott folgendermaßen: »(...) eine mögliche Deutung dieser ›innern Fülle‹ der amerikanischen Einsamkeit (...) [hat], wie schon der Bund des auserwählten Volkes, mit der symbolischen Geschichte der Wanderschaft, mit dem Überschreiten der offenen *frontier* zu tun (...): ›Amerika‹, so sahen wir, gründete in einer Auswanderung in die Demokratie. Diese Wanderung setzte sich beim Zug nach Westen fort und nötigte den Wanderern die Erfahrung von Grenze und Einsamkeit auf. Der kalifornische Philosoph Josiah Royce, ein idealistischer ›Kommunitarist‹ der Jahrhundertwende, beschreibt Gottes Anwesenheit als Kehrseite der Wüstenerfahrung auf den großen Wagenzügen der den Westen des Kontinents besiedelnden Trecks: Wem anders als Gott konnte man in der Wüste begegnen? (...) Der Gott der Bibel konnte auf dem großen Zug gar nicht durch institutionelle Stellvertreter sprechen, auch der Text des Buches der Bücher mußte in persönlicher Erfahrung erlebt werden.«[165] Einmaligkeit des Individuums wird in der US-amerikanischen Tradition auch über die religiöse Identität erlebt, in der Tradition der Französischen Revolution hingegen vor allem über die staatspolitische Identität. Darauf wird im nächsten Kapitel im Zusammenhang mit Aufklärung und Romantik zurückzukommen sein. So erstaunlich es zunächst anmutet, findet sich aber auch hier wieder ein Bezug zur Weggabelung des Jahres 1648.

Eine andere Wurzel des mangelnden Zuganges der US-Amerikaner zum Souveränitätsverzicht wurde bereits erwähnt. Volkssouveränität neigt dazu, immer mehr Kategorien von Personen einzuschließen, und zwar unabhängig von irgendwelchen Beitrittshandlungen oder Bekenntnissen.[166] Volkssouveränität tendiert mit anderen Worten langfristig immer zur Gleichheit, die zwar für Europäerinnen und Europäer, nicht aber für US-Amerikaner zum Freiheitsverständnis gehört.

Europäische staatspolitische Identität basiert auf der existentiellen Zugehörigkeit, europäische Staatlichkeit bedarf keines Bekenntnisses, keines Beitrittes, keiner Mitgliedschaft, sie unterscheidet sich von der Tätigkeit eines Vereins oder eines Wirtschaftsunternehmens ganz diametral. Es geht letztlich nie nur darum, Lösungen zu finden, die akzeptierbar sind lediglich für einen selber oder für eine Gruppe, der man angehört, sondern es geht immer darum, Lösungen zu finden, die in der Akzeptanz niemandes Interessen völlig ausschließen, auch wenn die Akzeptanz für einige immer kleiner sein wird als für andere. Und dies alles wohlverstanden nicht aus Philanthropie oder Nächstenliebe, sondern aufgrund des sehr rationalen Souveränitätsverzichtes, den das Individuum geleistet hat, in der durchaus auch egoistischen Güterabwägung, daß es dadurch mehr gewinnt, als es verliert. Die große Freiheit, die sich das Individuum dadurch einhandelt, besteht in der Gewißheit, daß die Entscheidungen anderer, an denen es nicht direkt mitbeteiligt ist, seine Interessen wenigstens in einem Mindestmaß ebenfalls mitberücksichtigen werden. Europa hat sich auf den Souveränitätsverzicht geeinigt. Dies war nur möglich aufgrund einer langen leidvollen Geschichte. Die uneingeschränkte Souveränität muß zu so massiver und/oder so lange andauernder Gewaltanwendung geführt haben, daß entweder der Souveränitätsverzicht erfunden wird oder daß man sich in späteren Zeiten darauf zurückbesinnt und ihn der Gesellschaftsordnung definitiv zugrunde legt. Die europäische Geschichte ist Zeugnis für diese Vorgänge.[167]

Souveränitätsverzicht bedeutet somit auch die Ersetzung der Gewaltanwendung durch das Recht: Der individuelle Souveränitätsverzicht führt zur staatlichen Rechtsordnung, welche das Faustrecht unter den Individuen ablöst. Der Souveränitätsverzicht der Staaten führt entweder zur Ordnung durch Völkerrecht oder kann – wie in Europa – sogar zu supranationalem Recht führen, und beides löst die Gewaltanwendung zwischen den Staaten ab.[168] Jenseits des Atlantiks wird der Souveränitätsverzicht negativ bewertet. Sowohl im außenpolitischen als auch im innenpolitischen Bereich führt dies zu einem bestimmten Konzept der Handhabung von Gewalt. Von der tendenziell größeren Gewaltakzeptanz sowie der tendenziell größeren individuellen Gewaltbereitschaft in den Vereinigten Staaten war bereits die Rede. Das Gegenstück dazu bildet das staatliche Gewaltmonopol. Die Polizei übt die legale Gewalt im Staat aus, wohingegen die Gewaltausübung durch Private illegal und strafbar ist, vorbehaltlich einiger im Gesetz ausdrücklich vorgesehener Ausnahmen. In den Vereinigten Staaten beginnt das staatliche Gewaltmonopol abzubröckeln, und dies sowohl am »unteren« wie auch am »oberen« Ende der gesellschaftlichen Skala zwischen »arm« und »reich«. Es gibt städtische Viertel, in welchen wieder das Faustrecht herrscht und wo sich die Polizei nicht mehr hineinwagt. Private Banden halten hier eine Ordnung aufrecht, wie sie ihnen behagt. Am anderen Ende der Skala finden sich die bereits erwähnten geschützten Bezirke, welche von hohen Mauern umgeben sind. Diese werden von privaten Sicherheitsdiensten bewacht, welche auch die Ordnung im Inneren gewährleisten. Eine staatliche Polizei brauchen solche Bezirke nicht mehr, sie brauchen nur noch eine militärische Landesverteidigung sowie die Sicherung des Staates durch die Geheimdienste, um zu verhindern, daß ihr geschützter Bezirk als Ganzes plötzlich von der geographischen Karte verschwindet. Die Bewohner solcher Bezirke befürworten dementsprechend eher Militärausgaben als die Stärkung der polizeilichen Sicherheit. Sowohl für die ganz armen wie auch für die ganz reichen Individuen privatisiert sich die Gewaltanwendung wiederum, es handelt sich gewissermaßen um die Abschaffung des Staates in Teilbereichen. Daß das Abbröckeln des staatlichen Gewaltmonopols in den Vereinigten Staaten viel leichter akzeptiert wird als in Europa, ergibt sich ebenfalls aus der jenseits des Atlantiks nicht geläufigen Vorstellung des Souveränitätsverzichtes und der fehlenden staatspolitischen Identität. Und eben diese ist es, welche analoge Phänomene in Europa undenkbar macht: Wo sie dennoch auftreten, muß Europa viel rascher handeln.[169]

Der Souveränitätsverzicht tangiert aber auch das Recht als solches. Im vorangegangenen Kapitel wurde dargelegt, daß das europäische Recht eher eine Friedensordnung anstrebt, das US-amerikanische Recht hingegen eher eine Streitkultur. Auch diese Aussage kann nun in einen weiteren Zusammenhang eingeordnet werden, nämlich in jenen des vorangegangenen oder eben nicht vorangegangenen Souveränitätsverzichtes. Je nach dem, ob sich Recht auf oder außerhalb der Grundlage einer Vorstellung von Souveränitätsverzicht entwickelt, basiert es logischerweise auf unterschiedlichen Grundelementen. Die staatspolitische Identität, welche der Souveränitätsverzicht mit sich bringt, ermöglicht die Etablierung einer objektiv gültigen Rechtsordnung, die einen Ordnungsrahmen setzt und eine gewisse rechtliche Stabilität. Genauer besehen wird die staatspolitische Identität damit zu einer rechts- und staatspolitischen Identität, denn im Rahmen der so geschaffenen Staatlichkeit entsteht die Rechtsordnung. Hat ein Souveränitiätsverzicht nicht stattgefunden, so entwickelt sich Recht auf der Basis der subjektiven Rechte des Individuums, die immer wieder aufeinandertreffen, wobei »Recht« einem ständigen Wandel unterworfen ist. Eine rechts- und staatspolitische Identität im europäischen Sinne entsteht dabei nicht. Hingegen entsteht anstelle der staatspolitischen Identität eine Art direkte rechtspolitische Identität, die aber ganz anders ausgestaltet ist als die europäische: Mangels Souveränitätsverzicht überspringt sie gleichsam die staatliche Ebene und die Phase der Einigung auf eine Rechtsordnung, und das Individuum stürzt sich direkt in den Kampf um die subjektiven Rechte. Daß unter diesen Umständen die Auseinandersetzung vor den Gerichten zu der Arena wird, welche viel mehr die Funktion des europäisch definierten »Politischen« übernimmt als der Geschäftsgang in Parlament und Regierung, ergibt sich daraus als eine logische Folge. Dies ist eine der Grundlinien des US-amerikanischen Rechtsverständnisses, welches sich auch im Umgang der Vereinigten Staaten mit dem internationalen Recht manifestiert. Undemokratisch kann dieses Rechtsverständnis nicht genannt werden, aber es beruht auf einem anderen Demokratieverständnis als jenem, das in Europa entstanden ist. Europäisch verstandene Rechtsstaatlichkeit basiert demgegenüber auf Souveränitätsverzicht.[170] Nach Immanuel Kant kennzeichnet »die privatrechtliche Souveränität des Individuums und die daraus resultierende objektive Rechtslosigkeit« den »Naturzustand«, also die Zeitspanne, bevor das Individuum den Souveränitätsverzicht geleistet hat.[171] Subjektive Rechte gibt es in diesem Naturzustand sehr wohl, aber die Individuen haben sich noch nicht darauf geeinigt, was objektives Recht sein soll, also die »Rechtsordnung«. Den analogen europäischen Vorgang auf staatlicher Ebene soll ein Zitat des früheren Präsidenten der Europäischen Kommission Jacques Delors illustrieren: »Dieses gemeinsame, unter Wahrung der Identität der Beteiligten unternommene Projekt ist dank der Erfindung eines neuen politischen Raums möglich geworden, in dem der Nationalstaat keineswegs verschwindet, sondern in dem er akzeptiert, einen Teil der Souveränitätselemente zu delegieren, wenn er darin ein

Erfordernis der Macht, aber auch des Großmuts sieht. Dieser Raum, in dem die Souveränitäten je nach Fall eingeschränkt sind, konkurrieren oder zusammenwirken, in dem sich etwas abzeichnet, was kein Supernationalstaat mit erweiterten Grenzen ist (mit dem ja wieder ein Hegemoniezentrum geschaffen würde), sondern ein ausdifferenziertes Netz von Zuständigkeiten und Rechten – das ist die Europäische Gemeinschaft.«[172]

Zu Beginn dieses Kapitels wurde auf das Friedensabkommen von Dayton eingegangen, wobei einige seiner strukturellen Mängel zur Sprache kamen. Diese Mängel stellten im Nachkriegs-Bosnien nur eine Seite des Problems dar, die andere Seite bestand in der praktischen Umsetzung und in der täglichen Arbeit, in der sich die fehlende staatspolitische Identität von US-Amerikanern praktisch auswirkte: Über was man nicht verfügt, das kann man auch nicht anbieten. Dies war einer der Gründe, weshalb staatsbürgerliche Identität in Bosnien nicht in dem Ausmaß zum Thema wurde, wie es für die Normalisierung der Situation nötig gewesen wäre. Schade ist nur, daß sich gelegentlich auch Europäer so verhielten, als verfügten sie ebenfalls kaum über eine staatspolitische Identität. Hier soll nun im Zusammenhang mit der Volkssouveränität nochmals kurz auf dieses Friedensabkommen eingegangen werden, weil es sich auch in dieser Hinsicht als sehr US-amerikanisch geprägt erweist. Aus Anlaß ihres fünfjährigen Bestehens hat Edin Šarčević die bosnische Verfassung analysiert, die als ein Annex dieses Abkommens auf völkerrechtlichem Weg erlassen worden ist. Neben verschiedenen anderen Aspekten kritisiert er, daß die Volkssouveränität in diesem Erlaß nicht nur nicht abgesichert, sondern nicht einmal in Ansätzen entfaltet werde. Von einem Verfassungsverständnis, das der Volkssouveränität Rechnung trägt, ist man heute weiter entfernt denn je: »Das Daytoner Verfassungssystem ethnisiert die bosnisch-herzegovinische pouvoir constituant mit der Folge, daß das bosnische Staatsvolk (verstanden als demos) durch die drei ›Nationen‹ (verstanden als ethnos) ersetzt wurde. Statt einen Staat zu bilden, schuf das Abkommen die drei Ethnien, die sich aufgrund einer völkerrechtlichen Vereinbarung im latenten Konflikt befinden«, schreibt Šarčević.[173] Den Vereinigten Staaten ging es darum, in Bosnien geordnete Verhältnisse herbeizuführen, und es war für sie nicht wichtig, auf welche Weise dies erreicht wurde. Einerseits setzten sie auf den Druck der internationalen Gemeinschaft: »Vor allem gegen Stimmen aus den Vereinigten Staaten hielt ich daran fest, daß sich die Demokratie Schritt um Schritt entwickeln muß und nicht durch die Machtvollkommenheit eines Hohen Repräsentanten erzwungen werden kann«, sagt Wolfgang Petritsch zum Abschluß seiner Tätigkeit als Hoher Repräsentant in Bosnien.[174] Andererseits vertrauten die Architekten in Dayton offenbar darauf, daß die Auseinandersetzungen zwischen den ethnischen Gruppen zu den von ihnen gewünschten Resultaten führen würden. Zu diesem Zweck erfanden sie auch Dinge wie zum Beispiel das »Vetorecht«, mittels welchem jede ethnische Gruppe im Parlament Entscheidungen blockieren kann, wenn sie ihr »vitales Interesse« für verletzt hält. Dieses Instrument führte während langer Zeit zu einer weitgehenden Blockade der Legislative, jedenfalls in wichtigen Staatsgeschäften. Carsten Stahn weist auf die verhängnisvollen Folgen dieses Konzepts für den bosnischen Staat hin und verwendet den Begriff der »ethnischen Demokratie«, die offensichtlich aufgrund dieses Konzeptes an die Stelle der auf Volkssouveränität basierenden Demokratie getreten sei.[175] In verschiedener Hinsicht erinnert das Muster an die Geschichte der Vereinigten Staaten: ein Spiel zwischen Minderheitsinteressen, auf der Grundlage einer Verfassung, die gleichsam über dem Volk steht, wenn sie einmal in Kraft gesetzt ist. Die bosnische Verfassung kann zwar geändert werden, aber das »Vetorecht« macht Verfassungsänderungen sehr schwierig, wenn nicht gar unmöglich.[176]

Was das Dreieck »Westeuropa/Mittelosteuropa/Vereinigte Staaten« anbelangt, kann zusammenfassend für dieses Kapitel festgehalten werden, daß das Wachsen staatspolitischer Identität auch in Mittelosteuropa unerläßlich ist. Würde anstelle der staatspolitischen Identität eine »Identität der Gemeinschaft« entwickelt, so wäre es kaum möglich, die nationalistischen Kräfte in ein Ganzes zu integrieren, die sich in diesem

Teil Europas geschichtsbedingt noch virulenter manifestieren als in Westeuropa, wo sie aber durchaus auch noch vorhanden sind. Grundlage der europäischen staatspolitischen Identität ist der Souveränitätsverzicht. Dieser ist auf der individuellen Ebene für die Freiheit des Individuums und auf der Ebene der Staaten für die Erhaltung des Friedens von so zentraler Bedeutung, daß staatspolitische Identität und die damit verbundene Rechtsstaatlichkeit die Grundlagen Europas darstellen, um deren Verteidigung dieser Kontinent nicht herumkommen wird. In den Vereinigten Staaten basiert die gesellschaftliche Ordnung auf anderen Elementen, auf einer nationalen Identität, die auch religiös begründet ist und die schon vor Jahrhunderten an die Stelle der staatspolitischen Identität nach europäischem Muster getreten ist. Die USA beurteilen den individuellen Souveränitätsverzicht als etwas Negatives und lehnen den völkerrechtlichen Souveränitätsverzicht weitgehend ab. Daraus ergibt sich die Schlußfolgerung, daß es in den kommenden Jahren in beiden Teilen Europas, die jetzt wieder aufeinander zugehen, notwendig ist, die transatlantischen Differenzen im ideengeschichtlichen Bereich und deren jahrhundertealte Wurzeln zu kennen, die europäische Identität im staatspolitischen Bereich zu benennen und sie im Auge zu behalten.

4
Westeuropa

Westeuropa hat das große Privileg, daß es nun bereits seit mehr als einem halben Jahrhundert an einer Friedensordnung bauen kann, welcher sich anzuschließen die mittelosteuropäischen Staaten erst seit 1989 überhaupt in Betracht ziehen können. Im Vergleich mit Mittelosteuropa leitet sich daraus eine größere Verantwortung Westeuropas ab, mit dem Weitblick des privilegierten Teils für die Identität des endlich wieder zusammenwachsenden Kontinentes einzustehen. Dabei sollte Westeuropa die friedenspolitische – und die das Freiheitsverständnis betreffende – Sprengkraft nicht unterschätzen, welche Mittelosteuropa in die gesamteuropäische Ehe einbrächte, wenn in diesem Teil des Kontinentes US-amerikanische Traditionen der Ideengeschichte rezipiert würden. Dieser Teil Europas ist aufgrund seiner Geschichte der zweiten Hälfte des 20. Jahrhunderts für solche Traditionen empfänglicher als Westeuropa. Auch in Westeuropa selbst, und somit auf dem ganzen Kontinent, ist jedoch eine US-Amerikanisierung auszumachen, welche sowohl den Bereich der Wirtschaft als auch den Lebensstil betrifft. Europa hat eine lange Tradition im Umgang mit dem »Anderen«, mit dem »Fremden«, und es wird die Bereicherung zu nutzen wissen, die sich aus der neuen Situation ergibt. Wirtschaft und Lebensstil haben vordergründig keinen Zusammenhang mit der staatspolitischen Identität. Ein solcher Zusammenhang entsteht erst dann, wenn Wirtschaft und Lebensstil nach anderen staatspolitischen Randbedingungen verlangen, als sie die europäische Tradition bisher hat entstehen lassen. Die Beurteilung dieser Entwicklung ist nur möglich aufgrund einer unvoreingenommenen Auseinandersetzung mit den Unterschieden, die zwischen Europa und den Vereinigten Staaten seit jeher bestanden haben. Bemühungen zum vertieften Verständnis dieser Unterschiede gibt es erfreulicherweise sowohl in West- wie auch in Mittelosteuropa.

Die Unterschiede verstehen heißt nicht, ein Werturteil zugunsten der einen oder der anderen Seite des Atlantiks abzugeben. Es geht nicht um eine Wertung, schon gar nicht um eine moralische Wertung. Es geht ganz einfach darum, zu verstehen, worin und inwieweit Europa anders ist als die Vereinigten Staaten oder – um dem historischen Lauf der Geschehnisse zu folgen – warum die Vereinigten Staaten anders geworden sind als Europa. Und gestützt darauf geht es für Europäerinnen und Europäer vor allem darum, zu erkennen, inwieweit in entscheidenden Fragen an den Grundfesten der europäischen Identität im staatspolitischen Bereich gerüttelt werden könnte. Das US-amerikanische Selbstverständnis geht auf eine jahrhundertealte Abgrenzung der Neuen Welt von der Alten Welt zurück. Das heißt nicht, daß in den Vereinigten Staaten niemand auch mit dem europäischen Gedankengut vertraut wäre. Gerade im Geschehen seit den Terroranschlägen vom 11. September 2001 sind verschiedene solche Stimmen an die Öffentlichkeit getreten, weil die Beurteilung diesseits und jenseits des Atlantiks recht unterschiedlich war. In diesem Buch geht es im transatlantischen Verhältnis jedoch nicht um den Unterschied zwischen den einzelnen Individuen, sondern um den gesellschaftliche Rückhalt, in welchem sich die Unterschiede zeigen. Insoweit die europäische Identität von der US-amerikanischen abweicht, betrifft ihr Kernpunkt die Staatlichkeit und das Recht. Auf diese beiden Bereiche soll nun deshalb noch etwas vertiefter eingegangen werden.

Die Rolle der Staatlichkeit

Wenn in Europa über staatliche Funktionen diskutiert wird, so geht es meistens um die ökonomische Fragen: wieviel Sozialstaat der heutigen Zeit angemessen und ob in Europa die Marktwirtschaft weiterhin eine soziale sein solle oder könne.

Es wäre eine Illusion anzunehmen, man diskutiere in diesem Zusammenhang ausschließlich über wirtschaftliche Belange. Wenn sich Europa sozialpolitisch dem US-amerikanischen Modell annähern würde, so erfolgte Hand in Hand damit auch eine Annäherung an das US-amerikanische Rechtsverständnis und an den Umgang dieser Nation mit der Gewalt. Dies wäre nicht in erster Linie eine direkte Auswirkung einer derart umgestalteten Sozialpolitik auf diese beiden anderen Bereiche, sondern in einer solchen Annäherung würde sich die europäische Vorstellung des Souveränitätsverzichtes abschwächen, welche allen diesen Bereichen zugrunde liegt. Ohne Zweifel sind die wirtschaftliche und die nichtwirtschaftliche Rolle des Staates direkt voneinander abhängig, und ohne Zweifel trägt ein leistungsfähiger Sozialstaat auch zur staatspolitischen Identität im allgemeinen bei. Staatspolitische Identität kann jedoch bei weitem nicht ausschließlich auf ökonomische Faktoren zurückgeführt werden, eher ist die umgekehrte Variante zutreffend, daß sich nämlich die Erfindung der Sozialen Marktwirtschaft in Europa aus der Philosophie einer existentiellen Zugehörigkeit ableitet, welche auf dem Souveränitätsverzicht beruht. In den wirtschaftlichen Diskussionen, die heute geführt werden, schwingt diese Philosophie zwar mit, sie wird jedoch selten beim Namen genannt, da Politikerinnen und Politiker, die mit Ökonomie vertraut sind, relativ selten auch gerne über Rechts- und Staatsphilosophie sprechen, was nicht heißen soll, daß sie sich dafür nicht interessieren. Die europäische Philosophie existentieller Zugehörigkeit hat durchaus einen starken Einfluß auf die Ökonomie, ihre Begründung und ihre Auswirkung geht aber weit über das Wirtschaftliche hinaus, und wo ökonomische und nichtökonomische Motive zu unterschiedlichen Handlungen führen würden, kann sogar leicht das nichtökonomische Motiv die Oberhand gewinnen. Mit was für einer gewaltigen Irrationalität nichtwirtschaftliche Motive die wirtschaftlichen wegfegen können, haben die Kriege im Balkan wieder in Erinnerung gerufen: Monolithische ethnische Identität schließt europäische staatspolitische Identität grundsätzlich aus, auch bei ökonomisch privilegierten Leuten. Nationalismus, Rassismus und Fremdenfeindlichkeit sind längst nicht nur eine Folge wirtschaftlicher Unterprivilegierung, selbst wenn festgestellt werden kann, daß ökonomische Verunsicherung diese Phänomene fördert.[177]

Wenn im folgenden – wie schon verschiedentlich in den bisherigen Ausführungen – von »Staatlichkeit« die Rede ist und lediglich in Ausnahmefällen vom »Staat«, so soll dies deutlich machen, daß sich staatspolitische Identität in Europa nach oben und nach unten auszuweiten beginnt. Die hier anzustellenden Überlegungen beziehen sich auf diese zum Teil neuen Ebenen genauso wie auf jene des traditionellen »National«-Staates, so daß diese Wortwahl als zukunftsorientierter erscheint. Daneben bringt sie zum Ausdruck, daß staatspolitische Identität heute schon immer stärker losgelöst von nationaler Identität betrachtet werden kann, auch wenn der diesbezügliche Ablösungsprozeß in Europa teilweise weiter und teilweise weniger weit fortgeschritten ist oder sich sogar noch im Anfangsstadium befindet, was jedoch eine zukunftsorientierte Ausdrucksweise nicht ausschließen soll.

Entstaatlichung als Ideologie

Staatliche Tätigkeit ist heute vor allem insofern im Wandel begriffen, als neue Formen der Zusammenarbeit staatlicher und nichtstaatlicher Instanzen und Institutionen gesucht werden. Auch wenn solche Veränderungen gelegentlich unter dem Titel der »Privatisierung« diskutiert werden, ist an sich dagegen nichts einzuwenden, denn in einem gut konzipierten Zusammenspiel können effektiv Resultate erreicht werden, die der zunehmenden Individualisierung mindestens so gut Rechnung tragen wie bisherige, rein staatliche Lösungen. Bedingung für solche Lösungen bleibt die letztliche Kontrollmöglichkeit durch den Staat, insbesondere auch dessen Garantie für Gleichbehandlung.[178] Die Grenzen der Akzeptanz dieses Wandels liegen dort, wo er in eine Ideologie der Entstaatlichung umkippt.

Ideologien sind Denkkonstrukte, die nicht mehr rational begründbar sind, sondern an die man einfach glauben muß. Die Suche nach neuen und sinnvollen Formen des Zusammenspiels zwischen öffentlicher Hand und privaten Akteuren, welche die Umsetzung der europäischen Philosophie einer existentiellen Zugehörigkeit effizient gewährleisten kann, trägt an sich keine ideologischen Züge. Es gibt jedoch Privatisierungsbemühungen, die nur um der Privatisierung willen stattfinden und die sich einreihen in eine Art »Ideologie der Entstaatlichung«. In Mittelosteuropa, wo ein Privatisierungsbedarf in bezug auf bisherige Staatswirtschaften durchaus gegeben war, fällt es nicht leicht, die Grenze zu erkennen, an welcher dieser Umschlag vom rational Begründbaren ins Ideologische stattfindet. In Westeuropa sind vor allem Beratungsfirmen am Werk, deren Mutterhäuser oft in den Vereinigten Staaten beheimatet sind. Und deren Mitarbeiter tragen die Idee der Privatisierung mit einer Selbstverständlichkeit an die öffentlichen Verwaltungen heran, die oft einen ideologischen Hintergrund offenbart. Die Konsequenzen der Entstaatlichung im wirtschaftlichen Bereich sind feststellbar und werden in Zahlen diskutiert. Im nichtwirtschaftlichen Bereich ist die Entstaatlichung hingegen eine eher verborgene, welche die Gefahr einer langsamen Verdrängung der europäischen Philosophie existentieller Zugehörigkeit mit sich bringt und deren Ersetzung durch die US-amerikanische Zugehörigkeit, die man sich erstreiten muß. Problematisch für europäische Verhältnisse würde dieser Verdrängungsprozeß, sobald dadurch der Souveränitätsverzicht angetastet wäre, wobei man davon allerdings zunächst wohl nicht viel merken würde, denn so bewußt ist Europäerinnen und Europäern dieser jahrhundertealte Hintergrund gar nicht. Direkt würde sich eine zunehmende Verweigerung des Souveränitätsverzichtes mit der Zeit in einer zunehmenden ideologisch motivierten Ablehnung von Staatlichkeit manifestieren, indirekt jedoch auch in einer zunehmenden Ablehnung des europäischen Integrationsprozesses, denn der individuelle Souveränitätsverzicht ist untrennbar verbunden mit dem staatlichen Souveränitätsverzicht, der die Grundlage bildet für diesen Integrationsprozeß. Mit anderen Worten: Insoweit eine US-Amerikanisierung Europas stattfindet und insoweit diese auf eine Ideologie der Entstaatlichung hinausläuft, tangiert sie längerfristig nicht nur das europäische Freiheitsverständnis, sondern auch die europäische Friedensordnung.

Entstaatlichung als Ideologie hat im nichtökonomischen Bereich aber weitere Konsequenzen, indem sie die Staatlichkeit als öffentliche Ordnungsstruktur schwächt, welche in Europa den gesellschaftlichen Zusammenhalt gewährleistet. Jede Gesellschaft braucht und hat eine öffentliche Ordnungsstruktur. Wenn es nicht die Staatlichkeit ist, so tritt etwas anderes an deren Stelle. Da die Ideologie der Entstaatlichung einen US-amerikanischen Hintergrund hat, liegt es auf der Hand, welche Elemente bereitstehen, um anstelle der Staatlichkeit als öffentliche Ordnungsstruktur zu dienen: Es ist die im letzten Kapitel dargestellte Gemeinschaft, basierend auch auf religiösen Elementen. Im Sinne eines Beispieles sei hier der sprichwörtlich gewordene Begriff eines »clash of civilisations« erwähnt. Der amerikanische Politologe Samuel Huntington bezeichnet damit eine Konfrontation, die durch das Aufeinanderprallen von Kulturen verursacht werde, welche durch verschiedene Religionen geprägt sind. Europa wird von Huntington mit großer Selbstverständlichkeit in ein Lager eingebunden, in welches dieser alte Kontinent vom Verständnis des Staates, der Nation und der Religion her gesehen so gar nicht hineinpassen will, nämlich in ein von den Vereinigten Staaten dominiertes westliches Lager. Daß sich Europa dem »Westen« zurechnet, steht außer Frage, aber innerhalb dieses Westens gibt es grundlegende Differenzen, die sich gerade im Umgang mit anderen Kulturkreisen und Religionen auswirken. »Huntingtons Kulturkonfliktparadigma (...) wirft uns unmittelbar in die Zeit der Religionskriege zurück und spricht sich gegen die gesamte europäische Tradition rationaler Friedenspolitik aus«, stellt Wolfgang Kersting denn auch fest.[179] Viele zeitgenössische Entwicklungen im transatlantischen Spannungsfeld können nur im Rückblick auf das Jahr 1648 verstanden werden. Es ist heute nicht etwa so, daß die

Entstaatlichung die ganz große Freiheit zur Folge hätte, was immer die Protagonisten einer Ideologie der Entstaatlichung sich unter Freiheit auch vorstellen mögen. An die Stelle der Staatlichkeit tritt etwas, und dieses etwas ist die Religion.[180] Sie manifestiert sich entweder direkt in religiösen Kategorien oder in moralischen, deren Berücksichtigung vom Individuum jedoch direkt verlangt wird, ohne daß es geschützt wäre durch den Filter der Rechtssetzung.

Ein von der Staatlichkeit befreites Individuum sucht Bindung. Wenn staatspolitische Identität verblaßt, muß eine andere Bindung auf den Plan treten, denn jeder Mensch braucht ein ausgewogenes Verhältnis zwischen Freiheit und Bindung, ob er sich dessen nun bewußt ist oder nicht. Entstaatlichung hat deshalb nicht so sehr mit mehr oder weniger Freiheit zu tun, sondern mit der Frage, wie Freiheit definiert wird. Mangels staatspolitischer Identität besteht in den Vereinigten Staaten bis zu einem gewissen Grade die Notwendigkeit, sich zu »freiwilligen Gemeinschaften« zu bekennen, damit sich Freiheit und Bindung die Waage halten, wobei die nationale Identität, verstärkt durch religiöse Elemente, den Zusammenhalt der Gesellschaft garantiert. In Europa wird dieser Zusammenhalt durch die staatspolitische Identität gewährleistet, und umgekehrt besteht die Möglichkeit, das individuelle Leben frei von Bekenntnissen und frei von Bindungen an »Gemeinschaften« zu gestalten sowie nationale Identität zunehmend zurücktreten zu lassen. Entstaatlichung bedeutet somit nichts mehr und nichts weniger als zwei Bewegungen: einerseits die Verschiebung der Freiheit von einem Bereich in einen anderen und andererseits die Verschiebung der Bindung von einem Bereich in einen anderen.

Konkret könnte Entstaatlichung für Europa bedeuten, daß sich der Stellenwert des individuellen Souveränitätsverzichts vom Positiven ins Negative wendet. Entstaatlichung dreht in Europa das Rad der Zeit zurück, letztlich sogar bis an den Scheideweg von 1648, um die Weichen zwischen Staat und Religion in entgegengesetzter Richtung zu stellen. Damit aber nicht genug: Daß in Europa der Nationalismus die Religion abgelöst hat, ist ein historisches Phänomen, das nicht rückgängig gemacht werden kann. Deshalb könnte an die Stelle der Staatlichkeit nicht nur die Religion treten, sondern auch der Nationalismus.

Etwas »Drittes« gibt es in allen Gesellschaften, wann und wo immer sie auf diesem Planeten auch beheimatet sein oder gewesen sein mögen. Dieses Dritte geht über die rein horizontalen Beziehungen zwischen den Individuen hinaus, gibt der Gesellschaft einen Zusammenhalt und ermöglicht es dem Individuum, eine gesellschaftliche Identität zu entwickeln, die ebenfalls über die rein horizontalen Beziehungen zu anderen Individuen hinausgeht. Am Anfang der Menschheit war das Dritte überall die Religion, später konnte das Dritte auch ein Gemisch von Religion und Staat sein. Im Mittelalter traten Staat und Religion immer mehr in Konkurrenz zueinander, und beide beanspruchten, dieses Dritte zu verkörpern. In Europa siegte 1648 der Staat, jenseits des Atlantiks siegte die Religion. Als später die Romantik die Nation erfand, diente diese neue Erfindung auf beiden Seiten des Atlantiks als Mantel für das jeweilige Dritte: Amerika kleidete die Religion in den Mantel der Nation, Europa kleidete den Staat in den Mantel der Nation. In Europa beginnt heute das Dritte – hier also die Staatlichkeit – ganz langsam, den Mantel der Nation wieder abzulegen: Die Blutflecken auf diesem Mantel sind zum Teil neu, zum Teil auch schon recht verblichen, der Mantel ist abgetragen. Erst jetzt wird man gewahr, daß das Dritte diesseits und jenseits des Atlantiks ja gar nicht dasselbe ist, nie dasselbe gewesen ist: Die beiden Mäntel, in welche das Dritte diesseits und jenseits gekleidet worden ist, sehen nämlich ähnlich aus.

Und so ist es kein Zufall, daß jenseits des Atlantiks genau das mit einigem Argwohn betrachtet wird, was hervortritt unter dem Mantel, den Europa vorsichtig abzustreifen beginnt, nämlich Europas Staatlichkeit und die staatspolitische Identität der Europäerinnen und Europäer: Was da zum Vorschein kommt, glaubte man in den Vereinigten Staaten doch definitiv hinter sich gelassen zu haben. Die Religion, die jenseits des Atlantiks das Dritte ausmacht, wird den Mantel der Nation in den nächsten Jahrzehnten nicht ablegen, denn Religion als Drittes ohne den Mantel der Nation ist für die Vereinigten Staaten nicht vorstellbar. Staatlichkeit und Nation haben im Europa der vergangenen 200 Jahre recht gut zusammengepaßt, nur hat sich das Rad der Zeit weitergedreht, und plötzlich nehmen wir wahr, daß sich das Ablegen des Mantels schon seit längerer Zeit vorbereitet. Jede Gesellschaft – auch die europäische – braucht etwas »Drittes«. Dieses Dritte ist in Europa und den Vereinigten Staaten entweder die Staatlichkeit oder die Religion, es ist nie beides, und es ist immer eines von beiden. »Nation« allein kann es nicht sein, denn die Nation ist immer nur der Mantel. Nimmt man den Menschen das »Dritte« weg, so konstruieren sie sich sofort ein anderes »Drittes« als Ersatz für das, was man ihnen weggenommen hat. Staatlichkeit ist in Europa ideengeschichtlich ein sehr kostbares Gut.

Die »Zivilgesellschaft«

Sprache verrät oft viel mehr, als man gemeinhin annehmen möchte. Vorweg sei auf den Bedeutungswandel hingewiesen, den das Wort »zivil« in den letzten Jahren oder Jahrzehnten durchgemacht hat. Bis vor einigen Jahren war »zivil« ein Gegenbegriff zu »militärisch«, er wurde auch im Sinne von »zivilisiert« verwendet, zur Bezeichnung einer gewaltlosen Bewältigung von Konflikten. Insbesondere im humanitären Völkerrecht ist mit »Zivilbevölkerung« die Gesamtheit der nichtmilitärischen Personen gemeint. War die Abgrenzung von militärischen Dingen nicht nötig, so redete man von »Bevölkerung«. Mittlerweile ist das Wort »Bevölkerung« aus dem medialen Wortschatz praktisch verschwunden. Auch der Wirbelsturm X bedroht heute die »Zivilbevölkerung«, und solche Naturkatastrophen machen keinen Unterschied zwischen militärischen und nichtmilitärischen Einrichtungen. Zwar wird »zivil« immer noch als Gegenbegriff zu »militärisch« oder im Sinne von »zivilisiert« verwendet, aber das Wort scheint auch Gegenbegriff zu anderen Domänen geworden zu sein. In der

Diskussion über Sanktionen gegen Simbabwe wie auch gegen den Irak war zu vernehmen, die Sanktionen dürften nicht die Zivilbevölkerung treffen, sondern nur die Regierung dieser Staaten. Das Wort »zivil« scheint allmählich in die Nähe der Achse »für/gegen Regierungen« zu gelangen, in die Nähe von »nichtgouvernemental« und damit ins Umfeld der verschiedenen Bemühungen um den Stellenwert der Staatlichkeit.

Ein ähnliches Schicksal wie die »Bevölkerung« erlitt die »Gesellschaft«, die im Sprachgebrauch heute ebenfalls viel seltener auftaucht: »In den letzten Jahrzehnten wurde ein neues Ideal geboren oder wiedergeboren: die Zivilgesellschaft. Früher hatte man davon ausgehen können, daß jemand, der sich für den Begriff der Zivilgesellschaft interessierte, ein Geistesgeschichtler war, der sich etwa mit Locke oder Hegel beschäftigte. Aber der Ausdruck selbst war ohne aktuelle Resonanz und evokative Kraft, er schien vielmehr gänzlich verstaubt zu sein. Jetzt ist er plötzlich hervorgeholt, gründlich abgestaubt und zu einem strahlenden Sinnbild geworden.« So beginnt Ernest Gellner sein Buch über die Zivilgesellschaft, und dieses Zitat findet sich unter dem Titel »Ein Schlagwort wird geboren«.[181] Kaum ein Wort wird in so verschiedenen Bedeutungen verwendet wie »Zivilgesellschaft«, wobei sich einige dieser Interpretationen sogar diametral gegenüberstehen können und sich gegenseitig ausschließen.[182]

Insbesondere in Deutschland hat sich als Übersetzung des englischen Begriffes der civil society auch die »Bürgergesellschaft« durchgesetzt. »Gemeint ist damit der in der Gesellschaft vorhandene Bürgersinn, das heißt die politische Kultur und die ihr zugrundeliegenden vielfältigen Organisationen und Institutionen auch außerhalb des direkten staatlichen Machtapparats, also die Vereine und Selbstverwaltungskörperschaften, die Honoratiorenstruktur, die Zivilcourage usw.«[183] In diesem Verständnis der Zivilgesellschaft geht es um die vielfältigen Vereinigungen und Organisationen, in denen sich der einzelne eine Meinung bildet und Aktivitäten ausübt, um der Aktivität selbst willen oder um auf das politische Geschehen Einfluß zu nehmen. Es handelt sich dabei somit um ein gesellschaftliches

Geschehen, das mit der europäisch verstandenen staatspolitischen Identität nicht nur vereinbar ist, sondern diese sogar stärkt, auch wenn neue Formen des Zusammenwirkens zwischen staatlichen und nichtstaatlichen Instanzen und Institutionen angestrebt werden: Möglicherweise erfolgt eine Stärkung dieser Identität zum Teil gerade auf dem Weg über solche neuen Formen, sofern dabei die bereits erwähnten Randbedingungen der Gleichbehandlung und der demokratischen Kontrolle nicht tangiert werden.

Daneben gibt es aber auch ein Verständnis der Zivilgesellschaft, mittels welchem versucht wird, die staatspolitische Identität zu verdrängen und durch eine gemeinschaftsorientierte Identität zu ersetzen, wie sie im letzten Kapitel als eine vor allem US-amerikanisch geprägte dargestellt worden ist. Ein eindrückliches Beispiel dafür ist die US-amerikanische Publikation »To Empower People: from state to civil society«, erstmals erschienen 1977 und 1996 zusammen mit neueren Kommentaren wieder aufgelegt.[184] Mit eindrücklichen Worten wird hier die »Auferstehung der Civil Society« beschworen, um der Staatlichkeit durch ein »Projekt vermittelnder Strukturen« (Mediation structure Project) entgegenzutreten: »No longer understood to be the instrument of high national purpose, the federal government comes to be seen instead as a distant, alienating, bureaucratic monstrosity. In the wake of this development, it was inevitable that the American people would return to the idea of community that finds expression in small participatory groups such as family, neighborhood, and ethnic and voluntary associations – an idea far more natural and easier to sustain.«[185] Und zur Titelfrage »What Is the Role of Civil Society?« erfolgt eine bestechend klare Antwort: »The term for all these nonstatist forms of social life – those rooted in human social nature, under the sway of reasons – is *civil society*. That term includes natural associations such as the family, as well as the churches, and private associations of many sorts; fraternel, ethnic, and patriotic societies; voluntary organizations such as the Boy Scouts, the Red Cross, and Save the Whales; and committees for the arts, the sciences, sports, and education. Human associations come in a multitude of forms. Civil society is normally ›thick‹ with many types of civic association. In free and complex societies such as those of Western Europe and the United States, a single individual is likely to belong to many different associations at once. Some are natural (the family), some are voluntary but enduring across generations, and still others are founded for limited purposes and are quite transitory. In a sense, therefore, the ›mediation structures project‹ is simultaneously a project in the strengthening of civil society, as defined over against the state.« Schließlich holt der Autor dieser Zeilen zur Vision auf das 21. Jahrhundert aus: »The logic of the past sixty years led to an overpromising, underachieving state. A correction, of course, is both essential and healthy. If the twentieth century unfolded under the sign of the state, pictured as a beneficent mother sheltering her children at her bosom, the twenty-first century is likelier to see a rebirth of the idea of freedom, in communities of men and women eager to practice self-government both in their private and in their public lives.«[186] Diese Publikation bildet den Ausgangspunkt für den Kernbegriff des »mitfühlenden Konservatismus«, der weit über die Partei des heutigen Präsidenten hinaus auch im Lager der demokratischen Partei seine Anhänger gefunden hat und die Sozialhilfe nicht mehr durch staatliche Stellen, sondern vermehrt durch kirchliche Organisationen lenken will, nicht zuletzt in der erklärten Absicht, zusammen mit der Hilfeleistung auch einen spirituellen Einfluß auf die Bedürftigen auszuüben.[187]

Bei allen unterschiedlichen Bedeutungen, die dem Begriff der Zivilgesellschaft beigemessen werden, läßt sich somit grundsätzlich unterscheiden zwischen einem »entstaatlichenden« Konzept der Zivilgesellschaft, welches seine Wurzeln jenseits des Atlantiks hat, und einem solchen, das geeignet ist, staatspolitische Identität nach europäischem Muster zu stützen und zu fördern. Diese beiden Konzepte schließen sich gegenseitig aus.[188] Vor dem Hintergrund eines US-amerikanischen »Staats«-Verständnisses macht es Sinn, die Zivilgesellschaft wo immer möglich »anstelle« der staatlichen Institutionen treten zu lassen; dies setzt aber voraus, daß sich die öffentliche Ordnungsstruktur aus anderen Rastern ableitet, nämlich aus gemeinschaftlichen, religiösen und nationalen. Anders die europäisch verstandene Zivilgesellschaft, welche nur im Rahmen staatspolitischer Identität gedeiht. Fehlt die staatspolitische Grundstruktur, so bleiben alle Mühen vergebens. Ich habe über Jahre beobachten können, wie in Bosnien zahllose Vertreterinnen und Vertreter von nichtstaatlichen Organisationen, vereinzelt aber auch solche von internationalen oder nationalen Projekten, landauf und landab zogen, in der wohlmeinenden Absicht, die Zivilgesellschaft zum Leben zu erwecken, während das Land zunächst noch viel verzweifelter der staatspolitischen Identität und seine Bewohner der staatsbürgerlichen Identität bedurft hätten, um die monolithische ethnische Identität überhaupt überwinden zu können. Eine europäisch verstandene Zivilgesellschaft kann ohne staatspolitische Identität ihrer Mitglieder nicht zum Tragen kommen. Und die US-amerikanisch verstandene Zivilgesellschaft macht in Europa keinen Sinn.[189]

In Europa ist der Begriff der »Bürgergesellschaft« schon eine glücklichere Wahl als die »Zivilgesellschaft«, obwohl auch darunter Verschiedenes verstanden werden kann. Bei der Verwendung beider Begriffe, insbesondere aber jenes der »Zivilgesellschaft«, ist es unerläßlich, genauer zu umschreiben, was damit gemeint ist. Wird der Begriff sowohl im europäischen als auch im US-amerikanischen Verständnis verwendet, so kann dies zu recht eigenartigen Situationen führen: Aus der Tätigkeit internationaler Aufbauhelferinnen und -helfer aus aller Welt in Krisengebieten, wo es um den Wiederaufbau staatlicher – oder eben »staatlicher« – Strukturen geht, können an die Bewohnerinnen und Bewohner des betreffenden Landes sehr widersprüchliche Signale ergehen, die in der öffentlichen Diskussion Verwirrung hervorrufen. Und es kann auch zu Aktivitäten kommen, die sich gegenseitig in der Tendenz neutralisieren. Daß sich das US-amerikanisch verstandene »entstaatlichende« Konzept der Zivilgesellschaft auf dem mittelosteuropäischen Markt befindet, kann nicht verwundern, denn es ergibt sich aus dem Ablauf der Revolutionen von 1989, wie sie im letzten Kapitel beschrieben worden sind. Eher schon verwunderlich mutet es an, daß dieses Konzept auch auf dem westeuropäischen Markt anzutreffen ist. Ein Grund dafür kann die relativ kurze Zeitspanne sein, die seit 1989 verstrichen ist und in welcher transatlantische Differenzen – insbesondere jene ideengeschichtlicher Natur – überhaupt erst aus dem Schatten des Kalten Krieges hervorgetreten sind, so daß sie erst nach und nach wahrgenommen werden können.

Angelpunkt »Recht«

Will man das europäische und das US-amerikanische Rechtsverständnis vergleichen, so bietet sich etwas verkürzt eine Formel an, die sowohl auf die Rechtsverhältnisse zwischen den Privaten als auch auf jene zwischen den Staaten angewendet werden kann: Europa braucht die »Stärke des Rechts«, während sich das US-amerikanische Muster auch mit dem »Recht des Stärkeren« begnügen kann.[190] Nur wenn bestimmte Bedingungen erfüllt sind, kann Europa die konkreten Handlungsspielräume ausnützen, welche im Bereich des Rechts bestehen: Wenn erstens die europäische rechtspolitische Identität klar und ohne Umschweife benannt wird, einschließlich ihrer Hintergründe und ihrer Ziele, und dies insbesondere in jenen Punkten, in denen sie sich von der US-amerikanischen unterscheidet. Wenn zweitens diese Identität in konsistenter Weise erkennbar gemacht wird. Und wenn drittens diese Identität international mit einer absoluten Konsequenz vertreten wird. Geschieht dies nicht, so beißt sich – bildlich gesprochen – die Katze gleichsam in den eigenen Schwanz: Wenn sich nämlich das Konzept »Stärke des Rechts« und das Konzept »Recht des Stärkeren« gegenüberstehen, so heißt das noch lange nicht, daß sich »Recht« und »Unrecht« gegenüberstehen, sondern es sind einfach verschiedene Konzepte. Es hat somit keinen Sinn, daß der Protagonist der »Stärke des Rechts« zum Protagonisten der Gegenposition wörtlich sagt, er trete für *die Stärke des Rechts* ein, weil nämlich der Protagonist dieser Gegenposition umgehend Zustimmung bekundet, denn er versteht unter Recht eben gerade das »Recht des Stärkeren«, welches der andere nicht gemeint hat. Die Auseinandersetzung kommt erst dadurch in Gang, daß das »Recht« hinterfragt wird und die rechts- und staatspolitische Identität benannt wird, die hinter dem jeweiligen Rechtsverständnis steht. Und da jeder Protagonist des Konzeptes »Recht des Stärkeren« nur auf einen Verhandlungspartner einzugehen bereit ist, den er für stark genug hält, braucht der Protagonist der »Stärke des Rechts« eine Doppelstrategie: Für die Auseinandersetzung mit dem Protagonisten der Gegenposition muß er sich der Methode seines Gegenübers bedienen, sonst erreicht er nichts. Insbesondere erreicht Europa nichts, wenn es die Vereinigten Staaten für ihr Verhalten moralisch kritisiert, denn erstens interessiert dies jenseits des Atlantiks nur sehr wenige Leute, und zweitens wird es gar nicht verstanden, denn zu unterschiedlich sind die moralischen Prämissen, von denen diesseits und jenseits des Atlantiks ausgegangen wird. Jenseits des Atlantiks wird nur eine Sprache verstanden, jene der klaren und konsistenten politischen Haltung, die unnachgiebig vertreten wird.[191] Es ist am aussichtsreichsten, wenn Europa klar sagt, was es selbst zu tun gedenkt, auf welche Prinzipien es dabei abstellt, und wenn es sich in der Folge strikt an diese Prinzipien hält.

Vor allem aber hat es keinen Sinn, aus der Gegenüberstellung der beiden Konzepte eine moralische Frage machen zu wollen. Es gibt nun einmal diesseits und jenseits des Atlantiks eine unterschiedliche Ideengeschichte, und sie ist auf beiden Seiten Jahrhunderte alt. Die beiden Konzepte stoßen heute nur deshalb häufiger und intensiver zusammen, weil die Welt so klein geworden ist. Unter dem Titel »Ein Protektorat wird selbständig« hat Egon Bahr im Frühahr 2000 die Zukunft Europas folgendermaßen skizziert: »Gewaltverzicht war die vertragliche Umsetzung einer Erkenntnis: Die Stärke des Schwachen ist das Recht, das auch für Stärkere verbindlich ist. Es erscheint als Königsweg, wenn Europa seine Schwäche zu seiner Stärke macht, indem es durch Verträge, durch kontrollierbare Bindungen, durch Zusammenarbeit, durch präventive Diplomatie eine Stabilität schafft, in der das Gewicht des Militärischen geringer wird.«[192] Später hat er diese Idee weitergeführt und eine mögliche »Arbeitsteilung« zwischen den Vereinigten Staaten und Europa vorgeschlagen: »Während Amerika seine militärische Kulisse entwickelt, sollte Europa seine Politische entfalten, damit die Militärische möglichst nicht genutzt werden muss. Es wäre eine Arbeitsteilung, die Amerika nichts von seiner Stärke nimmt, vielleicht einen Krieg erspart, und den Schwächeren, also den meisten Ländern, die Chance gibt, die Stärke des Rechts zu fördern.«[193]

Das Bestechende an dieser Arbeitsteilung besteht – um das Bild der Kulisse wieder zu verwenden – in der Unterbringung von zwei Bühnen in zwei verschiedenen Bühnenhäusern: Auf der Bühne vor der militärischen Kulisse wird wohl immer die Musik des »Rechts des Stärkeren« mit ihren mächtigen Paukenschlägen gespielt werden, das bringt schon die Kulisse mit sich. Aber auf der anderen Bühne vor der nichtmilitärischen Kulisse kann die Melodie der »Stärke des Rechts« gespielt werden, wenn sich genügend Orchestermitglieder finden, die diese Melodie zu spielen wissen. Und aufgrund der Trennung der beiden Bühnenhäuser kann diese Melodie hier ungestört von den mächtigen Paukenschlägen im andern Bühnenhaus auch wirklich gehört werden. Seit den Terroranschlägen vom 11. September 2001 kann wohl kaum mehr jemand die Augen davor verschließen, daß zwischen Europa und den Vereinigten Staaten Differenzen zu Tage getreten sind, die sich alle entlang der Linie »Stärke des Rechts« – »Recht des Stärkeren« bewegen. Sie betreffen vor allem die künftige internationale Rechtsordnung, ob man diese nun als klassisches Völkerrecht oder als Vorstufe zu späterem »Weltrecht« sieht. Die Bestandsaufnahme ist einfach: »Die USA sind derzeit nicht mehr bereit, internationale Rechenschaft zu akzeptieren. So wie sie laufend Vereinbarungen ablehnen, die der Supermacht die gleichen Verpflichtungen auferlegen wie anderen Ländern, wollen sie auch das internationale Recht von ihren Grenzen fern halten«, analysiert Christian Schmidt-Häuer.[194] Rein machtpolitisch kann hier nicht erörtert werden, ob Europa in der Auseinandersetzung zwischen den Vereinigten Staaten und dem »Rest der Welt« eine Rolle zukomme und allenfalls welche. Zu stellen ist hier jedoch die Frage nach der Rolle Europas im ideengeschichtlichen Aspekt dieser Auseinandersetzung: Europa ist wie kein anderer Kontinent in der Lage, die ideengeschichtlichen Wurzeln der gegenwärtigen Auseinandersetzung um Entstehen oder Nichtentstehen einer internationalen Rechtsordnung zu analysieren und aus dieser Analyse Handlungsperspektiven abzuleiten. In jenen Belangen der Identität, welche dem Widerstand der Vereinigten Staaten gegen das Heranwachsen einer internationalen Rechtsordnung zugrunde liegen, entstand die Neue Welt jenseits des Atlantiks nämlich seit jeher als Antithese zu Europa.

Im folgenden werden – im Sinne von Beispielen und ohne Anspruch auf irgendwelche Systematik – noch einige Themen aufgegriffen, in welchen ansatzweise eine US-Amerikanisierung im europäischen Rechtsdenken auszumachen ist. Wenn Europa seine Rolle in der ideengeschichtlichen Analyse der transatlantischen Differenzen wahrnehmen will, braucht es diesbezüglich eine große Sensibilität. Die Beispiele beschränken sich auf den Bereich der Menschenrechte und des Völkerrechtes.[195] Eine Beeinflussung der US-amerikanischen Rechtstradition durch Europa findet kaum statt. Dennoch soll der Vollständigkeit halber erwähnt werden, daß transatlantische Unterschiede im Rechtsdenken vereinzelt auch in den Vereinigten Staaten thematisiert werden, und dies nicht nur in einem Sinne, der sich gegenüber Europa verschließen würde, im Gegenteil: Das Interesse von US-Amerikanerinnen und Amerikanern an der europäischen Rechtstradition ist häufig in der Suche nach Alternativen begründet.[196]

Rechtsordnung und »Freiwilligkeit«

Der individuelle Souveränitätsverzicht hat in Europa zur Bildung von Staatlichkeit geführt, in deren Rahmen die Staatsbürger in demokratischen Verfahren eine gemeinsame Rechtsordnung beschließen, der sie sich alle gleicherweise unterstellen. In dieser Rechtsordnung gibt es Bereiche, in welchen alle Rechtsunterworfenen gleich handeln müssen – nämlich »obligatorisch« –, und andere Bereiche, in denen das Handeln »freiwillig« ist. Schulbesuch im Kindesalter ist obligatorisch geregelt, Straßenverkehrsregeln sind obligatorisch, Sicherheitsvorkehrungen generell sind obligatorisch, weil sie ja sonst nichts nützen würden, dies um nur einige Beispiele zu nennen. Alles, was nicht obligatorisch ist, gilt als freiwillig, aber auch dieser Bereich untersteht der gemeinsamen Rechtsordnung, die auf den individuellen Souveränitätsverzicht zurückgeht.[197] Das US-amerikanische Verständnis der »Freiwilligkeit« ist anders definiert, es bedeutet dasselbe wie »nichtstaatlich«. Die US-amerikanisch verstandene »Freiwilligkeit« ist gleichsam auch der Gegenbegriff zum individuellen Souveränitätsverzicht, der jenseits des Atlantiks negativ besetzt ist. Da eine europäisch verstandene Rechtsordnung den individuellen Souveränitätsverzicht aber voraussetzt, kann der US-amerikanisch verstandene Begriff der »Freiwilligkeit« auch als Gegenbegriff zu einer europäisch verstandenen Rechtsordnung verwendet werden. Zwar existiert eine Bedeutung der »Freiwilligkeit«, welche entsprechend obiger Definition auf beiden Seiten des Atlantiks durchaus zutrifft. Die Formulierung, ein bestimmtes Verhalten solle nicht gesetzlich vorgeschrieben oder gesetzlich verboten werden, sondern man hoffe, die Privaten würden dieses Verhalten von sich aus, eben »freiwillig« einhalten oder »freiwillig« unterlassen, macht auch im europäischen Sprachgebrauch Sinn. Insofern »freiwillig« den Gegenbegriff zur rechtlich verbindlichen Regelung darstellt, ist die Bedeutung dieses Begriffes auf beiden Seiten des Atlantiks dieselbe. Ein Beispiel für die Umsetzung solcher »Freiwilligkeit« ist die Schaffung sogenannter »Labels«: Es werden Richtlinien aufgestellt, bei deren Einhaltung Produzenten ihre Produkte mit dem entsprechenden Label versehen dürfen. Zum Beispiel ökologische Anliegen lassen sich auf diese Weise unter Umständen mittels Marktmechanismen durchsetzen, und dies gelegentlich sogar rascher als über gesetzliche Regelungen. Es ist dies auch ein Beispiel für die

Suche nach neuen Formen der Zusammenarbeit staatlicher und nichtstaatlicher Instanzen und Institutionen.

Am »unfreiwilligen« Ende der Skala, welche diesseits des Atlantiks mit »freiwillig – obligatorisch« und jenseits des Atlantiks mit »freiwillig – staatlich« überschrieben wird, findet man somit dieselben Dinge vor, zum Beispiel die Regel des Rechtsfahrens oder Linksfahrens auf der Straße, deren Einhaltung nun einmal nicht freiwillig sein kann. Jedoch ist nur dieses Ende der Skala identisch, am anderen Ende trennen sich die Linien, weil die Gegenbegriffe nicht dieselben sind. Ein Beispiel für diesen transatlantischen Unterschied ist die sogenannte »Freiwilligen-Arbeit«, mit welcher der US-Amerikaner all jene Tätigkeiten bezeichnet, die vom Netzwerk der unzähligen »freiwilligen Vereinigungen« ausgehen und die an die Stelle des Staates treten. Daß die Vereinten Nationen das »Jahr der Freiwilligen-Arbeit« ausgerufen haben, macht zwar inhaltlich auch für Europa durchaus Sinn, und in diesem Jahr haben in vielen europäischen Staaten Diskussionen begonnen über das Verhältnis zwischen bezahlter und unbezahlter Arbeit, über Tätigkeiten in der »Freizeit« neben einer Berufsarbeit, über haupt- und nebenberufliche Arbeit, über Tätigkeiten, die vor allem das Gemeinwohl im Auge haben, über den Begriff des »Ehrenamtes« und andere Bezeichnungen. Vor allem wurde auch diskutiert über die Einbettung dieser Art von Tätigkeiten in ein förderliches Umfeld. Was hingegen für Europa keinen Sinn macht, ist die Bezeichnung solcher Tätigkeiten als »Freiwilligen-Arbeit«. Rein sprachlich betrachtet handelt es sich hier für den Kontinent Europa gewissermaßen um einen Betriebsunfall: Diese Bezeichnung entbehrt in Europa jeglicher Grundlage, weil »freiwillig« in Europa nicht die Bedeutung von »nichtstaatlich« hat, sondern jene von »nichtobligatorisch«. Wird der Begriff in Europa trotzdem verwendet, so trägt er ein hintergründig »entstaatlichendes« Element in den Sprachgebrauch hinein, welches zwar sehr wenigen bewußt, aber um so problematischer ist.

Daß der Begriff der Freiwilligkeit in seiner US-amerikanischen Bedeutung für Europa nicht verwendbar ist, belegt auch die Übertragung dieses Begriffes auf den Bereich des Völkerrechtes, wie sie kürzlich vom US-amerikanischen Verteidigungsministerium vorgenommen worden ist. In einer rückblickenden Analyse des Afghanistan-Krieges und in einem Ausblick wurde die diesbezügliche Strategie der Vereinigten Staaten folgendermaßen charakterisiert: Im 21. Jahrhundert würden Kriege von »Koalitionen von Willigen« geführt werden, und zwar unter US-Führung. Betont wurde, daß die Vereinigten Staaten im Afghanistan-Krieg selbst die Führung der militärischen Aktionen übernommen hätten, jedoch ganz bewußt ohne den Koalitionspartnern zu erlauben, das Kriegsziel mitzubestimmen.[198] Mit diesem Konzept der »Koalition der Willigen« wird eine Art Freiwilligen-Ideologie nun auch auf die völkerrechtliche Ebene gehoben. Betreffend den Souveränitätsverzicht ist hier eine vollständige Analogie feststellbar: Genauso wie die US-amerikanische Interpretation von »Freiwilligkeit« im individuellen Bereich bedeutet, daß sich das Individuum keinen rechtlichen und somit für alle gleicherweise geltenden Vorgaben unterziehen will, weil der US-Amerikaner nicht bereit ist, auf seine souveräne Urfreiheit zugunsten einer gemeinsamen Rechtsordnung zu verzichten, genauso wollen sich die Vereinigten Staaten in Zukunft offenbar keinen Vorabsprachen mit ihren Alliierten mehr unterziehen, weil sie jederzeit uneingeschränkte und absolute Souveränität beanspruchen und nicht bereit sind, auch nur den geringsten Verzicht auf diese Souveränität einzugehen. Das Konzept der »Koalition der Willigen« untergräbt die umfassende Einbindung der Völkergemeinschaft und dient dazu, die völkerrechtliche Ordnung zu schwächen. »Freiwilligkeit« nach US-amerikanischem Muster ist der Gegenbegriff zum individuellen Souveränitätsverzicht, genauso wie die Freiwilligkeit im Sinne der »Koalition der Willigen« nach US-amerikanischer Vorstellung den Gegenbegriff zum Souveränitätsverzicht der Staaten darstellt. Mit dieser sprachlichen Neuschöpfung soll – im Sinne ihrer US-amerikanischen Erfinder – der Prozeß gefördert werden, in welchem anstelle der »Stärke des Rechts« im europäischen Sinne das »Recht des Stärkeren« tritt.

Es gilt deshalb eine sehr vorsichtige Abgrenzung vorzunehmen, auch zwischen der Ebene der bestehenden staatlichen Gesetzgebung und der internationalen Ebene: Im innerstaatlichen Bereich kann sich Freiwilligkeit in gutem Zusammenspiel mit gesetzlicher Regelung als sinnvoll erweisen. Sofern dies innerstaatlich der Fall ist, spricht nichts gegen ein analoges Vorgehen auf internationaler Ebene. Wo es hingegen um die Schaffung einer künftigen internationalen Rechtsordnung geht, ob man diese nun als klassisches Völkerrecht oder als Vorstufe zu späterem »Weltrecht« sieht, kommt der Ruf nach Freiwilligkeit praktisch immer der Ersetzung der »Stärke des Rechts« durch das »Recht des Stärkeren« gleich. Eines der augenfälligsten Beispiele für eine aus europäischer Sicht negative Umsetzung von »Freiwilligkeit« sind wiederum die Menschenrechte: An sich wäre es erfreulich, wenn sich international tätige Konzerne zur Einhaltung von minimalen Menschenrechtsgarantien verpflichten. Wenn sie aber dafür sorgen, daß Staaten, auf welche sie einen Einfluß haben, die internationalen Menschenrechtsverträge und vor allem die individuellen Beschwerdemöglichkeiten nicht anerkennen, dann hat dies verhängnisvolle Konsequenzen: Es führt zu einer Privatisierung der Menschenrechte. Daß privat vereinbarte Menschenrechtsgarantien in der Absicht anerkannt werden, eine staatliche Normierung zu vermeiden, wird heute von den dafür zuständigen Beauftragten der international tätigen Konzerne zum Teil sogar offen ausgesprochen.[199]

Aus all diesen Gründen sollte Europa mit dem Begriff der »Freiwilligkeit« zurückhaltend umgehen. Wie im Zusammenhang mit der »Zivilgesellschaft« besteht immer die Möglichkeit, genauer zu umschreiben, was gemeint ist. Für »Freiwilligen-Arbeit« können die bereits erwähnten Begriffe wie »bezahlte und unbezahlte Arbeit«, »Ehrenamtlichkeit«, »Gemeinschaftsarbeit« verwendet werden oder andere, die zu definieren wären. Daß zum Beispiel in Deutschland zum selben Thema durch den Bundestag eine Enquete-Kommission »für die Zukunft des bürgerschaftlichen Engagements« eingesetzt worden ist und daß diese Bezeichnung nun als Oberbegriff für den ganzen Fragenkomplex verwendet wird, spricht für eine Sensibilität in der hier diskutierten Problematik. Einmal mehr soll aber klargestellt werden, daß eine noch mangelnde europäische Sensibilität in solchen sprachlichen Belangen niemandem angelastet werden kann, denn diese Zusammenhänge können erst seit etwas mehr als einem Jahrzehnt wahrgenommen werden. Soweit zum gegenwärtigen Umgang mit der »Freiwilligkeit« auf der Ebene des Individuums.

Was die Ebene der Staaten und ihrer freiwilligen Teilnahme an allfälligen künftigen »Koalitionen der Willigen« anbelangt, ist das Thema für Europa begreiflicherweise von einiger Brisanz, und möglicherweise ist dazu wieder das Bild von den beiden Bühnenhäusern hilfreich: Der militärische Aspekt wird auf der Bühne vor der militärischen Kulisse und in einem Haus verhandelt, wo die Musik der mächtigen Paukenschläge ertönt, und dort werden einige europäische Staaten möglicherweise noch während einiger Zeit ihre individuellen Rollen spielen wollen. Die Sache hat aber auch einen völkerrechtlichen Aspekt, der auf der Bühne vor der nichtmilitärischen Kulisse und im anderen Bühnenhaus thematisiert wird. Da hier die Melodie von der »Stärke des Rechts« durchaus erklingen kann, ohne daß sie von den mächtigen Paukenschlägen des anderen Hauses erschüttert wird, erscheint es als nicht ganz ausgeschlossen, daß mit der Zeit wenigstens auf dieser Bühne eine gemeinsame europäische Haltung formuliert wird. Verfrüht wäre es zweifellos, schon heute davon zu träumen, daß die beiden Bühnen einer gemeinsamen Direktion und Verwaltung unterstellt würden, denn das Bestechende an diesem Bild liegt ja darin, daß die beiden Bühnen zunächst einmal getrennt werden, damit sich die »Stärke des Rechts« formieren kann, ohne durch das »Recht des Stärkeren« behindert zu werden.

Menschenrechte und internationales Strafrecht

Das Statut des Internationalen Strafgerichtshofes tritt bereits vier Jahre nach seiner Verabschiedung in Rom in Kraft, weil 60 Staaten diesen völkerrechtlichen Vertrag ratifiziert haben. Dies ist ein großer Fortschritt. Warum die Vereinigten Staaten diesen Strafgerichtshof bekämpfen, wurde bereits dargelegt und soll hier nicht wiederholt werden. Hingegen ist auf einen anderen Aspekt hinzuweisen, den ich zunächst mit einem Erlebnis illustrieren will: Wenn ich während meiner Tätigkeit in Bosnien im Lande selbst, aber vor allem auch auf Konferenzen in West- oder Mittelosteuropa oder im sonstigen Gespräch meine Funktion erwähnte, vermuteten neun von zehn Gesprächspartnern spontan, daß ich in Bosnien Material sammeln würde für die Anklagen vor dem internationalen Tribunal in Den Haag. Erläuterte ich kurz die Aufgabe meiner Institution, Beschwerden wegen Menschenrechtsverletzungen entgegenzunehmen, so war es für viele Gesprächspartner dennoch wichtig zu wissen, ob ich Informationen an die Anklagebehörde weiterleite, wenn ich zufälligerweise darauf stoßen würde. Die Gespräche spielten sich mit einer so großen Regelmäßigkeit auf diese Weise ab, daß ich nicht umhin kam festzustellen, in der Öffentlichkeit herrsche offenbar der Eindruck vor, Verfahren zum Schutze der Menschenrechte bestünden vorwiegend in der strafrechtlichen Verfolgung von Personen, die an Menschenrechtsverletzungen als Straftäter mitbeteiligt waren. Diese öffentliche Meinung hat sich in letzter Zeit noch verstärkt. Bevor das problematische an dieser Sicht dargelegt wird, sei nochmals festgehalten: Die Errichtung des weltweiten Internationalen Strafgerichtshofes, wie er mit dem Statut von Rom am 17. Juli 1998 geschaffen wurde, ist eine ganz große Errungenschaft in der Menschheitsgeschichte.

Diese Errungenschaft hat aber in der Rechtssystematik mit dem klassischen Menschenrechtsschutz nur am Rande zu tun. Strafrecht regelt die Verletzung strafrechtlich geschützter Rechtsgüter, die durch *Individuen* begangen werden, wobei das innerstaatliche Strafrecht einen langen Katalog von Straftatbeständen formuliert hat, während das internationale Strafrecht sich zur Zeit beschränkt auf Völkermord, Verbrechen gegen die Menschlichkeit und Kriegsverbrechen. Menschenrechte hingegen können nur durch *Staaten* verletzt werden, und diese Staaten handeln durch Behörden sowie durch Individuen in staatlicher Funktion oder allenfalls in Anmaßung einer staatlichen Funktion. Ein kurzes, grausames, aber um so klareres Beispiel soll den Unterschied verdeutlichen: Wenn jemand einen anderen grausam tötet, dann ist das ein Mord, der vom Staat strafrechtlich verfolgt und bestraft wird. Das Leben ist ein vom Staat geschütztes Rechtsgut, und wer ein solches verletzt, wird strafrechtlich zur Rechenschaft gezogen. Eine Menschenrechtsverletzung liegt im eben genannten Fall jedoch nicht vor. Wenn hingegen jemand einen anderen grausam tötet und ein Polizist steht daneben und unternimmt nichts, dann ist es sowohl ein Mord als auch eine Menschenrechtsverletzung: Der Mord wurde durch den Mörder begangen, die Menschenrechtsverletzung hingegen durch den Polizisten, der im Namen des Staates hätte handeln und das staatliche Gewaltmonopol hätte zur Anwendung bringen sollen, der aber seine staatliche Schutzfunktion nicht wahrgenommen hat. Die Nachkriegssituation in Bosnien wurde im ersten Kapitel eingehend geschildert. Es liegt auf der Hand, daß in dieser »rechts- und staatslos gewordenen« Gesellschaft Situationen, wie die eben geschilderte, absolut im Zentrum unserer Arbeit standen, auch wenn sie sich zum Glück immer seltener ereigneten. Die Konstellation, die dem geschilderten Vergleich zugrunde liegt, war deshalb so zentral, weil viele Behörden und die Polizei in eine monolithische ethnische Identität hinübergeglitten waren, selbst wenn sie nicht zu den nationalistischen Hardlinern gehörten. Handeln im Namen einer Ethnie ist jedoch nicht Handeln im Namen des Staates, so daß »privat« und »öffentlich« durcheinandergeraten: Private schwingen sich zu Hütern der »öffentlichen Ordnung« auf, welche dadurch entstaatlicht wird, also privatisiert.

Für die Bewahrung der Menschenrechte – als wohl größte Errungenschaft der Menschheit im vergangenen Jahrhundert – ist es äußerst wichtig, immer klar zu unterscheiden zwischen den staatlich geschützten Rechtsgütern und ihrer Verletzung durch Privatpersonen einerseits und der Verletzung von menschenrechtlich garantierten Rechtsgütern durch den Staat andererseits. Auch wenn das Rechtsgut dasselbe sein kann, Leben, körperliche Integrität oder Eigentum, so sind die beiden Situationen grundverschieden. In der erstgenannten Situation sind an der Verletzung ausschließlich Private beteiligt, als Opfer und als Täter. Der Staat tritt auf den Plan als Ankläger und Richter im nachfolgenden Strafverfahren, möglicherweise als Richter über Schadenersatzforderungen des Opfers gegenüber dem Täter, und allenfalls wird der Staat auch noch aufgrund einer Opferhilfegesetzgebung aktiv.[200] Strafrechtlich konnten Individuen seit jeher zur Rechenschaft gezogen werden. Im Bereich der Menschenrechte hingegen erfolgte der Durchbruch ihrer Kodifizierung erst nach dem zweiten Weltkrieg, und nun wurde es möglich, auch die Staaten zur Rechenschaft zu ziehen, nämlich im Verfahren des klassischen Menschenrechtsschutzes vor internationalen Gremien der Staatengemeinschaft. Das Grundmuster für dieses Verfahren stammt aus dem angelsächsischen Recht, hat sich bezüglich der Menschenrechte weltweit durchgesetzt und in Europa seine bisher weitestgehende Umsetzung erfahren.

Seit den Anfängen der internationalen Kodifizierung der Menschenrechte gab es immer einen zentralen Zusammenhang zwischen diesen und dem Strafrecht, indem nämlich die Rechte von Straftätern, insbesondere von inhaftierten Personen spezifiziert wurden: Haftbedingungen, Schutz vor Folter, Rechte des Angeschuldigten im Verfahren. Hingegen ist die Thematisierung der Opfer von Straftaten im Zusammenhang mit den Menschenrechten eine relativ junge Erscheinung, und diesbezüglich sollte die Diskussion mit großer begrifflicher Klarheit geführt werden. Die Einführung von »Völkerstrafrecht« – und um solches handelt es sich in den Verfahren vor dem Internationalen Strafgerichtshof – dient ebenfalls dem Schutz der Menschenrechte, aber darin besteht die einzige Gemeinsamkeit zwischen dem Völkerstrafrecht und dem klassischen Menschenrechtsschutz. Die Gesamtheit des Menschenrechtsschutzes besteht aus drei Kategorien: Der klassische Menschenrechtsschutz, das humanitäre Völkerrecht und das Völkerstrafrecht. Dabei stellt der klassische Menschenrechtsschutz die Hauptachse dar, auf welcher sich die Idee der

Menschenrechte seit 1948 kontinuierlich weiterentwickelt. Sie taugt für Friedenszeiten und behält auch in Notstandssituationen – also in Zeiten menschenrechtlicher »Rückfälle« – gewisse Funktionen. Das humanitäre Völkerrecht hingegen sowie das Völkerstrafrecht kommen nur in solchen Notstandssituationen zur Anwendung, wenn es nämlich bereits zu massenhaften und besonders schwerwiegenden Menschenrechtsverletzungen gekommen ist. Die Hauptachse des klassischen Menschenrechtsschutzes behält übrigens in diesen Notstandssituationen eine wichtige Funktion, denn es ist definiert, welche Menschenrechte auch dann noch respektiert werden müssen.[201] In der Notstandssituation kommt dann aber das humanitäre Völkerrecht sowie das Völkerstrafrecht zu Hilfe. Erst in Ausnahmesituationen wird das Völkerstrafrecht gleichsam zum »›verlängerten Arm‹ des allgemeinen Menschenrechtsschutzes«.[202]

Wenn nun – wie es zunehmend der Fall zu sein scheint – das Völkerstrafrecht als Hauptachse im Schutz der Menschenrechte gesehen wird, so bedeutet dies eine enorme Schwächung der Idee der Menschenrechte, da sich die Sicht auf den Notstand verengt. Es ist das gleiche, als wenn man erklären würde, das allgemeine Völkerrecht sei nicht so wichtig, denn man verfüge ja für den Notfall über das humanitäre Völkerrecht. Darüber hinaus aber verengt diese Sicht den Blick auf die Individuen und lenkt ab von der Verantwortung der Staaten. Er bewirkt in der öffentlichen Meinung eine »Individualisierung« der Verantwortung für Menschenrechtsverletzungen, und dies ist ein Punkt, in welchem sich eine US-Amerikanisierung des europäischen Rechtsverständnisses abzeichnen könnte. Um dies erläutern zu können, ist nochmals auf das transatlantisch unterschiedliche Rechts- und »Staats«-verständnis zurückzukommen, welches sich auch im unterschiedlichen Menschenrechtsverständnis wiederfindet und sich diesbezüglich in der geschichtlichen Entwicklung seit dem zweiten Weltkrieg deutlich abzeichnet: Die Allgemeine Erklärung der Menschenrechte hatte ihren Ausgangspunkt in der Privatwohnung von Eleanor Roosevelt, der Gattin des Präsidenten der Vereinigten

Staaten, welche gleichgesinnte Frauen und Männer im Februar 1947 dahin eingeladen hatte, ein Akt, der die Welt verändert hat und nicht hoch genug eingeschätzt werden kann.[203] Es wurde davon ausgegangen, daß eine bloße Erklärung das Bewußtsein um die Menschenrechte in der Welt stärken würde, es handelte sich gleichsam um die Umsetzung eines moralischen Appells. Praktisch gleichzeitig griff ein Brite zur Feder und entwarf die Europäische Menschenrechtskonvention – samt Durchsetzungsmechanismus und Gerichtshof –, so daß diese Konvention bereits zwei Jahre nach der Allgemeinen Erklärung verabschiedet wurde. Dies geht einerseits auf die besondere Betroffenheit Europas durch die Geschehnisse des zweiten Weltkrieges zurück.

Ein weiterer Grund liegt jedoch darin, daß Europa Moralvorstellungen ins Recht umsetzen muß, wenn es seiner ideengeschichtlichen Tradition treu bleiben will. Und da in Europa der Staat etwas »Drittes« darstellt, das über den rein horizontalen Gesellschaftsvertrag hinausgeht, bestand nicht nur die Möglichkeit, diesem Staat eine aktive Verantwortung für die Durchsetzung der Menschenrechte zu übertragen und ihn der Staatengemeinschaft gegenüber rechenschaftspflichtig zu machen, sondern es war dies vielmehr eine Notwendigkeit, weil sonst im europäischen Staatsverständnis nicht alle Akteure genügend eingebunden gewesen wären. Dem Rechtsverständnis jenseits des Atlantiks genügte eine reine Erklärung vollauf, denn moralische Grundsätze fließen direkt in die Gesellschaft und in die Prozeßführung vor Gerichten ein. Demgegenüber besteht in Europa die Notwendigkeit, menschenrechtliche Grundnormen in die Rechtsordnungen einzufügen.[204] Bereits im Jahre 1948 haben somit Europa und die Vereinigten Staaten das Konzept der Menschenrechte unterschiedlich verstanden, beide entsprechend ihrer jahrhundertealten Prägung. Es ist deshalb kein Zufall, daß Europa sofort einen Schritt weiterging. Es ist aber auch kein Zufall, daß die Vereinigten Staaten die Umsetzung in verbindliche und einklagbare Normen immer ablehnten und bekämpften, und es ist schließlich kein Zufall, daß sich die weltweite Staatengemeinschaft im Rahmen der UNO zwischen diesen beiden Eckpunkten bewegt, aber immer in Richtung auf jenen Eckpunkt hin, der die Verrechtlichung will.

Mit der Errichtung des Internationalen Strafgerichtshofes ist entlang derselben Linie eine Diskussion entstanden, die wiederum nicht zufällig ist. Es wurde die These vertreten, das Völkerstrafrecht stelle die höchste Stufe der Garantie der Menschenrechte dar, da die dadurch eröffnete Sanktionsmöglichkeit den Menschenrechtsgarantien die intensivste Form von Rechtsschutz auf internationaler Ebene verleihe. Dieser These sind europäische Juristen sofort entgegengetreten, unter anderem mit der oben umschriebenen Definition der Rolle des Völkerstrafrechtes und seinem Verhältnis zum klassischen Menschenrechtsschutz: »Über seine Abschreckungswirkung verhilft das Völkerstrafrecht dazu, die Friedensbedingungen zu schaffen, die notwendig sind, damit überhaupt Staatsstrukturen bestehen, innerhalb derer die Umsetzung universeller Wertvorstellungen gewährleistet werden kann. Schließlich sind *Staaten* die klassischen Verpflichteten menschenrechtlicher Schutznormen.«[205]

Die These, wonach das Völkerstrafrecht der höchste und wirksamste Schutz der Menschenrechte sei, beruht auf dem US-amerikanischen Rechts- und »Staats«-verständnis, welches für Europa nicht nur keinen Sinn macht, sondern die europäische Menschenrechtskultur schwächen kann, unter anderem auch deshalb, weil es durch die Individualisierung einer »Entstaatlichung« der Menschenrechte Vorschub leistet. Daß seit der Verhaftung General Pinochets in Großbritannien – auch dies eine rein strafrechtliche Angelegenheit – Diktatoren nicht mehr nach Belieben in der Welt herumreisen können, ist eine äußerst positive Entwicklung, die aber nur dann eine positive bleibt, wenn sie nicht falsch eingeordnet wird: Es wäre verhängnisvoll, die Menschenrechtsverletzungen in Chile gleichsam so stark zu personifizieren, daß die Angelegenheit mit dem Tod des Diktators als erledigt gilt. Wer immer in Chile gefoltert hat, muß auch nach dem Tode des Diktators noch zur Rechenschaft gezogen werden können. Menschenrechtlich verantwortlich ist und bleibt immer das Staatswesen, und strafrechtlich verantwortlich ist immer der einzelne Täter. Dies ist die Tradition Europas und weitgehend auch jene der Vereinten Nationen.

Völkerrecht und Moral

Als das klassische Völkerrecht 1648 durch den bereits mehrfach erwähnten Westfälischen Frieden begründet wurde, vereinbarten die europäischen Staaten, nie wieder aus moralischen Gründen gegeneinander Krieg zu führen.[206] Damals wurde die Souveränität der Staaten statuiert, verbunden mit einem absoluten Verbot der Einmischung in die inneren Angelegenheiten der einzelnen Staaten. Genau 300 Jahre nach dem ersten Schritt einigte sich die Menschheit 1948 auf die universale Erklärung der Menschenrechte. Seit 1648 steht fest, daß militärische Intervention das falsche Mittel ist zur Durchsetzung von Moral und statt dessen moralische Anliegen in völkerrechtliche Regelungen einfließen sollen. Seit 1948 steht fest, wie man Menschenwürde sichern will, nämlich durch das Völkerrecht, das Individuum als Subjekt dieses Völkerrechtes und durch einklagbare Menschenrechte. Dieser dreieinhalb Jahrhunderte alten Entwicklung droht heute ein Rückschritt, indem es offenbar salonfähig wird, »im Namen der Menschenrechte« in anderen Staaten militärisch zu intervenieren. Soweit sich europäische Staaten an solchen Aktionen beteiligen, wird damit Europa jedenfalls in gewissen Aspekten das US-amerikanische Konzept im Verständnis der Menschenrechte aufgezwungen. Wie im zweiten Kapitel dargelegt wurde, unterscheidet sich das Menschenrechtsverständnis jenseits des Atlantiks vom europäischen unter anderem dadurch, daß es ein politisches und nicht ein rechtliches ist. Die militärische Intervention, die sich auf die Wahrung der Menschenrechte beruft, wischt mit einem einzigen Federstrich die rechtliche Begründung der Menschenrechte vom Tisch und ersetzt sie durch die politische Zielsetzung. In zweifacher Hinsicht stellt die militärische Intervention »im Namen der Menschenrechte« einen Rückfall hinter das Jahr 1648 dar: Einerseits hebt sie das Prinzip der Souveränität des Staates aus den Angeln, welches seit 1648 die Grundlage bildet für jede völkerrechtliche Ordnung.[207] Andererseits hält die Moral wieder Einzug ins Recht. In der Folge der Terroranschläge vom 11. September 2001 wurde offensichtlich, wie leicht moralische Kategorien die Menschenrechte außer Kraft setzen: »Gut« und »Böse« – die moralischen Kategorien par excellence – prägten die öffentliche Auseinandersetzung in den Vereinigten Staaten so stark, daß im Zusammenhang mit Untersuchungen gegen vermutliche Terroristen allen Ernstes das Verbot der Folter in Frage gestellt werden konnte.[208]

Menschenrechte können nur Bestand haben, wenn Recht und Moral getrennt sind: Nicht nur der tugendhafte Mensch hat diese Rechte, sondern auch der Nichttugendhafte – und gerade jener hat sie besonders nötig –, was immer man unter »nichttugendhaft« verstehen mag. Es gibt heute ausgehend von den Vereinigten Staaten eine Tendenz der »Remoralisierung« der Menschenrechte.[209] Europa ist davon durchaus mitbetroffen: Der NATO-Krieg gegen die Bundesrepublik Jugoslawien war der Versuch, »unter Berufung auf die *Legitimität* einer universalen Moral die *Legalität* der bestehenden völkerrechtlichen Ordnung zu relativieren«[210], so Preuß. Kollektivstrafen, die nicht Schuldige treffen, können – wenn überhaupt – nur moralisch gerechtfertigt werden, niemals durch das Recht. Viele Menschen in Jugoslawien bezahlten mit ihrem Leben dafür, daß sie sich in ihrem Staat aufhielten, der moralisch disqualifiziert worden war. Zwar ist dieser Aspekt nur einer unter vielen zur Beurteilung des Geschehens, aber er ist im Zusammenhang mit den Menschenrechten – und in deren Namen fand dieser Krieg seitens der NATO schließlich statt – ein sehr wichtiger. Natürlich hat die Moral eine Bedeutung für die Menschenrechte, denn die Motivation, welche die Menschheit dazu gebracht hat, diese Rechte im Jahr 1948 zu kodifizieren und ins Völkerrecht umzusetzen, ist durchaus eine moralische. Mit dieser Umsetzung ins positive Recht werden Recht und Moral jedoch getrennt. Der Rückfall hinter 1948 und erst recht jener hinter 1648 führt zu einer Art »Menschenrechtsfundamentalismus«, der letztlich gegen die Menschenrechte arbeitet.[211]

In letzer Zeit mehren sich die Stimmen, die verlangen, daß bei derartigen Interventionen, wenn überhaupt, dann internationale Polizeikräfte zum Einsatz kommen sollen, was eine vermehrte Betonung der »Stärke des Rechts« bedeutet, denn militärische Einsätze tendieren immer dazu, unverhältnismäßig zu sein und das Recht zu sprengen, während der Polizeieinsatz – auch wenn er massive Mittel zum Einsatz bringt – ins zivile, also nichtmilitärische Recht eingebunden bleiben muß.[212] Diese Haltung ist auch von europäischen Staaten eingebracht und vertreten worden, welche oft durch kleine Schritte zum Erstarken der internationalen Rechtsordnung beitragen können.[213] Dies ist um so wichtiger, als sie in der Zusammenarbeit mit den Vereinigten Staaten durch die Entwicklung der letzten Jahre US-Pragmatismus auch selbst erfahren haben: Der Golfkrieg war noch von einem UNO-Mandat abgedeckt, im Krieg gegen die Bundesrepublik Jugoslawien erachteten die Vereinigten Staaten das UNO-Mandat bereits nicht mehr als nötig und setzten auf die NATO. Aber schon im Afghanistan-Krieg erschienen den Vereinigten Staaten die NATO-Partner als eine zu große Einschränkung ihrer Souveränität, jedenfalls was die militärische Aktion anbelangt: Zwar beschlossen die NATO-Staaten auf der politischen Ebene ihre Solidarität, für die militärische Aktion selbst erfand die Großmacht dann aber das neue Konzept der »Koalition der Willigen«. Die Entwicklung ist geradezu rasant. Dies alles spielt sich ab auf der Bühne vor der militärischen Kulisse, wo die Vereinigten Staaten den Ton angeben.

Auf der anderen Bühne, vor der nichtmilitärischen Kulisse des Völkerrechts, können die europäischen Staaten ihre Vorstellungen besser einbringen: in der UNO, in der NATO oder im Entscheid, ob sie an »Koalitionen der Willigen« teilnehmen wollen. Europa kann seine Wertordnung im Rahmen des universell geltenden Völkerrechts selbst definieren. Den europäischen Staaten steht es frei, miteinander zu vereinbaren, wie sie mit Menschrechtsverletzungen umgehen wollen. Sie können die Bereitstellung von polizeilichen Mitteln fördern. Oder sie können einen Beitrag zur »Stärke des Rechtes« leisten, indem sie vereinbaren, daß diese Mittel nur noch mit solchen Partnern zusammen zum Einsatz gebracht werden, welche für sich selbst den Tatbeweis größtmöglichen rechtlichen Menschenrechtsschutzes geleistet haben. Dieser Tatbeweis könnte in der Ratifizierung aller völkerrechtlichen Verträge und ihrer Schutzmechanismen bestehen. Die europäischen Staaten können auch miteinander vereinbaren, daß sie an internationalen Missionen, die auf ihrem eigenen Kontinent zum Einsatz kommen, nur dann teilnehmen, wenn alle Teilnehmenden der Gerichtsbarkeit des Internationalen Strafgerichtshofs unterstellt sind. Wenn man solches vereinbart, hält man der Weltöffentlichkeit keine Moralpredigt, sondern man macht lediglich öffentlich bekannt, nach welchen Kriterien man selbst zu handeln gedenkt. Dies hat einzig und allein zur Folge, daß man zu einem berechenbaren, zuverlässigen und prinzipientreuen Partner wird für alle jene, welche solche Eigenschaften an Partnern schätzen. Ein solches Vorgehen, selbst wenn es von außenstehenden Partnern nicht oder anfänglich noch nicht wahrgenommen oder gar darauf eingegangen wird, stellt schon an sich einen Beitrag dar zur »Stärke des Rechts«.

Die Französische Revolution geht weiter

Dieses letzte Kapitel ist mit »Westeuropa« überschrieben, und einleitend dazu wurde auf die besondere Verantwortung dieser Hälfte Europas hingewiesen, mit dem Weitblick des privilegierten Teils für die Identität des endlich wieder zusammenwachsenden Kontinentes einzustehen. Diese besondere Verantwortung bedeutet nicht Alleingang. Bezüglich des Dreiecks »Westeuropa/Mittelosteuropa/Vereinigte Staaten« haben die beiden Teile Europas unterschiedliche Aktionsmöglichkeiten, und vor allem gehen sie von unterschiedlichen historischen Vorbedingungen aus, die im vorangehenden Kapitel dargelegt worden sind. Seine Identität wird Europa nur im Dialog zwischen den beiden Teilen des Kontinentes finden und benennen können, denn Europa ist heute nur noch als Ganzes ein Kontinent. Das war zwar schon immer so, aber in der Zeit des Kalten Krieges betrachtete sich Westeuropa als »Europa« schlechthin. »Osteuropa war niemals so europäisch wie zu jener Zeit, da es so entfernt von Europa war«, schreibt indessen Imre Kertész. Unter dem Titel »Die Welt als Gegensatz begreifen« führt Drago Jančar aus: »Mitteleuropa hat beides erfahren: das Miteinander verschiedener Kulturen und Menschen, immense Kreativität und Toleranz ebenso wie nationalen und sozialen Haß, niederträchtige Intoleranz und Gewalt. Mit so einer Erfahrung zu leben, mit der Erfahrung von beidem, in diese Erfahrung einzutauchen, bedeutet vieles verstehen, bedeutet auch auf die schönen und die bösen Überraschungen gefaßt sein, die uns im paneuropäischen Zusammenhang erwarten.«[214] Es gibt jedoch einen Bereich, in welchem der Ausgangspunkt von Westeuropa und Mittelosteuropa so unterschiedlich ist, daß er hier bezüglich Westeuropa nochmals aufgenommen werden soll. Es geht um die Ablösung der kulturellen von der staatspolitischen Identität, wie sie im vorangegangenen Kapitel bereits skizziert worden ist.

Aufklärung und Romantik

Wie die Aufklärung die »Republik« und die Romantik die »Nation« hervorbrachten und wie sich die beiden in der Französischen Revolution verbündeten, ist beschrieben worden, ebenso der geschichtsbedingte Unterschied in der staatspolitischen Identität Frankreichs und Deutschlands. Dieser Unterschied soll nun im Zusammenhang mit der Ablösung dieser Identität von der kulturellen Identität betrachtet werden. Beide Muster der staatspolitischen Identität sind dem Prozeß dieser Ablösung zum Teil förderlich und zum Teil hinderlich, dies aber auf unterschiedliche Weise. Die staatspolitische Identität nach französischem Muster repräsentiert das aufklärerische, europäisch-republikanische Gedankengut am klarsten und ist deshalb der geeignetste Ausgangspunkt für den Ablösungsprozeß. Hinderlich für diesen Prozeß ist am französischen Muster nur, daß die staatspolitische Identität fast untrennbar eingebettet ist in die kulturelle Identität der französischen Nation und mit dieser intensiver und emotionaler verbunden ist als in vielen anderen westeuropäischen Staaten, worin auch heute noch zum Ausdruck kommt, daß das Bündnis zwischen »Republik« und »Nation« in Frankreich geschlossen wurde. Da das Endstadium des Prozesses jedoch die Trennung genau dieser beider Identitäten ist, erweist sich dieses Hindernis eben doch als recht beträchtlich, obschon die französische staatspolitische Identität dafür eigentlich der ideale Ausgangspunkt wäre. Gerade in diesem Punkt erweist sich das deutsche Muster staatspolitischer Identität für den hier angesprochenen Prozeß zunächst einmal als förderlicher, da staatspolitische und kulturelle Identität in Deutschland immer getrennter geblieben sind als in Frankreich. Darüber hinaus gibt es in Deutschland geschichtsbedingt eine gewisse Zurückhaltung in der Ausformulierung nationaler Identität: Die emotionale Einbettung der staatspolitischen Identität ist weniger »national« als – jedenfalls in der mittleren und älteren Generation – getragen von historischer Einsicht.[215] Für eine jüngere Generation wird die emotionale Einbettung der staatspolitischen Identität mit der Zeit möglicherweise geringer werden. Dies wären wiederum keine idealen Voraussetzungen für den erwähnten Prozeß, denn die allmähliche Ablösung der staatspolitischen von der kulturellen Identität hat nicht etwa zum Ziel, die erstere zum Verschwinden zu bringen. Ganz im Gegenteil: Der Sinn dieser Ablösung besteht darin, die staatspolitische Identität über verschiedene vertikale Ebenen der Staatlichkeit hinweg zum Tragen zu bringen und sie dadurch zu stärken, daß sie sich allmählich loslöst einerseits aus dem direkten Bezug zur westeuropäisch verstandenen »Nation«, andererseits aber auch aus dem mitunter sehr belastenden Bezug zu den mittelosteuropäisch verstandenen »Nationen« im kulturellen Sinne. Da der Prozeß für die verschiedenen Regionen Europas recht unterschiedlich abläuft, wird in diesem Kapitel nun Westeuropa für sich allein betrachtet. Einmal mehr sei hier betont, daß der Prozeß in seiner Gesamtheit für den Zusammenhalt von West- und Mittelosteuropa sehr bedeutsam werden könnte, für das Zusammenwachsen Europas womöglich gerade deshalb, weil die Ausgangspunkte verschieden sind, die Entwicklungslinie aber in dieselbe Richtung führt.

Die Elemente der staatspolitischen Identität, welche deren Ablösung von der kulturellen Identität fördern können, sind also sowohl im französischen als auch im deutschen Muster vorhanden, jedoch in ganz verschiedenen Bereichen, und immer jeweils verbunden mit ihrem hinderlichen Gegenstück. Im französischen Muster ist die europäisch-republikanische Staatlichkeit immer noch so gut in die Nation eingebettet, daß man die beiden fast nicht trennen kann, und im deutschen Muster lassen sich Staatlichkeit und Nation zwar trennen, aber gerade, daß sie so getrennt sind, könnte die staatspolitische Identität langfristig schwächen. Dieser Vergleich der staatspolitischen Identität in Deutschland und Frankreich und die scheinbare Ausweglosigkeit der Fragestellung erinnert an das Paradox, welches Ernst-Wolfgang Böckenförde formuliert hat: »Der freiheitliche, säkularisierte Staat lebt von Voraussetzungen, die er selbst nicht garantieren kann.«[216] Wenn sich dies schon auf der Ebene des traditionellen Nationalstaates so verhält, um wieviel schärfer muß sich dasselbe Problem dann stellen, wenn es um eine staatspolitische Identität geht, die sich vertikal über verschiedene Ebenen auszudehnen beginnt? Gerade in dieser Ausdehnung über verschiedene Ebenen zeichnet sich aber noch eine andere Dimension ab: Vor 200 Jahren mußte sich die Republik als Kind der Aufklärung mit einem Element der Romantik verbinden, wenn sie wirksam werden wollte. Aufklärung ist offenbar vor allem dann nachhaltig wirksam, wenn sie sich mit der Romantik nicht gerade untrennbar verbindet, aber immerhin romantische Elemente einbezieht. Möglicherweise ist es so, daß die Romantik, wenn man sie in aufklärerischem Übereifer aus dem Hause jagt und die Haustüre hinter ihr verschließt, schon bald durch die Hintertüre wieder hereinkommt, und zwar in einer Form, die im aufgeklärten Haus eine viel größere Unordnung veranstaltet, als es der Fall gewesen wäre, hätte man sie zur vorderen Türe nicht hinausgejagt, sondern sich ihrer maßvollen Unterstützung versichert.

Wie sieht nun das romantische Element aus, welches der aufklärerischen Vernunft heute nachhaltige Wirkung verleihen kann? Der nationale Gedanke kann es nicht mehr sein: Wie bereits dargelegt kann die Romantik in der Form der Nation den Weg der staatspolitischen Identität nach oben nicht mitgehen. Den Weg nach unten könnte sie zwar mitgehen, sollte dies aber nicht tun, aus Gründen, die ebenfalls erwähnt worden sind. Vom Philosophen der Aufklärung par excellence, Immanuel Kant, stammt der Satz: »Zwei Dinge erfüllen das Gemüt mit immer neuer und zunehmender Bewunderung und Ehrfurcht, je öfter und anhaltender sich das Nachdenken damit beschäftigt: Der bestirnte Himmel über mir und das moralische Gesetz in mir.«[217] Wenn ich diese Worte unbefangen auf mich einwirken lasse, so höre ich durchaus romantische Obertöne: aufklärerische Vernunft unterstützt durch romantische Elemente. So lautet denn die Frage: Gibt es eine klare Grenze zwischen der Romantik, welche die Aufklärung zerstört, und jener, welche sie mit zum Tragen bringt? Als generell gestellte soll diese Frage hier offenbleiben. Hinsichtlich der staatspolitischen Identität sei jedoch eine Antwort versucht, zunächst etwas verkürzt, danach differenzierter. Die verkürzte Formel könnte etwa lauten: Inklusive Romantik kann aufklärerische Vernunft unterstützen, exklusive Romantik zerstört die aufklärerische Vernunft. Und etwas differenzierter kann diese Formel – immer beschränkt auf den Anwendungsbereich der staatspolitischen Identität – folgendermaßen begründet werden: Nationalistische Gemeinschaftsvorstellungen beruhen auf exklusiver Romantik, sie basieren auf einer Ausgrenzung des »Anderen«, sie schließen das »Andere« aus: Wir sind gut, die »Anderen« sind weniger gut, wenn nicht gar böse, wir wollen unter uns sein, die »Anderen« werden »ethnisch weggesäubert«, das »Böse« muß ausgerottet werden, und wie immer die Redensarten lauten, welche jeder staatspolitischen Identität entgegenstehen: Identität durch Abgrenzung und durch Zugehörigkeit ausschließlich zum abgegrenzten Teil. Das Gegenstück ist die universelle Sicht, die hier als inklusive Romantik bezeichnet worden ist: Zwar gibt es in dieser Sicht durchaus auch das »Andere«, aber dieses ist nicht gut und nicht böse, es ist einfach anders, und es soll durchaus »anders« bleiben dürfen, ich muß dieses »Andere« weder an meine Lebensumstände angleichen, noch verlangt es so etwas von mir. Ich darf fremd bleiben, wenn ich will, er oder sie dürfen fremd bleiben, wenn sie wollen, und dies alles basiert auf dem unumstößlich universalen Grundsatz, daß jeder Mensch gleich viel wert ist: Identität durch Zugehörigkeit zum Ganzen. Die Idee der Menschenrechte ist eine konkrete Umsetzung dieses Prinzips.

Der entscheidende Punkt liegt aber darin, daß das universelle Prinzip gleichzeitig ein individualistisches ist: Es betont die unverwechselbare Eigenheit jedes einzelnen Menschen, schon deshalb widersetzt es sich der Identitätsfindung über die Gemeinschaft, und erst recht widersetzt es sich einem Gruppenbildungsobligatorium.[218] Das universelle Prinzip erachtet es als des Menschen geradezu unwürdig, ihn gegen seinen Willen immer wieder an Grenzen zu stellen, wo er sich entscheiden muß, ob er zu einer bestimmten Gruppe dazugehört oder nicht: Der einzelne Mensch ist so unverwechselbar, daß ihm das nicht zugemutet werden darf. Und gerade deshalb führt das universelle Prinzip zur existentiellen Zugehörigkeit, die keiner Bekenntnisse bedarf. Ich werde das Gespräch nie vergessen, welches ich schon wenige Monate nach dem Beginn meiner Arbeit in Bosnien anläßlich eines Kongresses im Ausland mit einem Intellektuellen führte, der zu Beginn des Krieges aus Bosnien geflüchtet war und der mir auf meine Frage, ob er nicht zurückzukehren gedenke, die Antwort gab, er sei dazu in der gegenwärtigen – also damaligen – Konstellation nicht in der Lage: Es verletze ihn zu sehr, von allen Leuten immer wieder gefragt zu werden, ob er bosnischer Serbe, bosnischer Kroate oder Bosniake sei, denn er sei ein Mensch mit der diesem Menschen zukommenden individuellen Würde. Der Betreffende war durch das Kriegsgeschehen nicht direkt traumatisiert, aber es war für ihn eine Frage der Menschenwürde, daß er nicht bereit war, derartige Fragen zu beantworten.

Romantische Gefühle beruhen auf emotionaler Nähe, auf dem Gefühl für das »Besondere«.[219] Dieses Besondere kann auch der einzelne Mensch in seiner Unverwechselbarkeit sein, dem die emotionale Verbundenheit gilt. In dieser Sichtweise ist das Universelle nicht mehr »abstrakt« und »kalt«, wie es Ernest Gellner beschrieben hat, als Ausgangspunkt für die seinerzeitige Erfindung der »Nation« durch die Romantik. Vielleicht liegt es daran, daß die Welt heute so klein geworden ist und wir auch weit entfernt lebende Menschen in Bildern sehen können: Jedenfalls ist emotionale Verbundenheit mit allen Menschen heute denkbar und möglich durchaus als ein Gefühl mit romantischem Anklang der Zuwendung und des Mitgefühls. Möglicherweise ist es dieser Gedanke der Verbundenheit mit dem einzelnen Menschen, die anklingt im zitierten Satz von Kant, der vor mehr als zweihundert Jahren geschrieben worden ist. Um nun auf den Vergleich zwischen dem deutschen und dem französischen Muster staatspolitischer Identität zurückzukommen und zur Frage, was die beiden Muster zum Prozeß der Ablösung staatspolitischer Identität von der kulturellen Identität beitragen können: Das romantische Element, welches die staatspolitische Identität als »République« vor 200 Jahren zu Hilfe nahm, um Wirksamkeit entfalten zu können, nannte sich zwar und nennt sich immer noch »Nation«. Aber von den napoleonischen Kriegen bis heute war diese »Nation« praktisch nie Trägerin von Inhalten, welche hier als »exklusiv romantische« bezeichnet worden sind. Von allem Anfang an stand die französische »Nation« im Zeichen von universalen und individualistischen Prinzipien, die hier als »inklusiv romantische« bezeichnet worden sind. Wenn Frankreich nach der Revolution, beginnend mit den napoleonischen Kriegen, anderen europäischen Staaten oder kolonisierten Gebieten in die Quere kam, so lag Großmachtstreben zugrunde, nicht aber Verklärung der Nation im Sinne ethnisch-romantischen Gemeinschaftsdenkens.

Daß sowohl der Begriff »Nation« als auch der Begriff »Staat« eben letztlich durchaus verschiedene Identitäten benennen können, zeigt ein Vergleich zwischen Frankreich und den Vereinigten Staaten: Hinter dem französische Ausdruck »Etat« steht immer die staatspolitische Identität, sie steht auch hinter dem Ausdruck »République«, aber sie steht ebenfalls hinter dem Ausdruck »Nation«: Auch hinter »La Grande Nation« steht die stolze französische staatspolitische Identität, die das universelle Prinzip zum Tragen bringt und nicht etwa die Nation als romantischer Gemeinschaftsbegriff. Oder anders gesagt, auch »La Grande Nation« meint den Inhalt und nicht das Gefäß, welches vor 200 Jahren für diesen Inhalt gewählt worden ist. Wenn US-Amerikaner »nation« sagen, dann meinen sie ihre Nation. Wenn sie »country« sagen, meinen sie ebenfalls die Nation, und wenn sie einfach »America« sagen, meinen sie noch vielmehr die Nation, basierend auch auf religiösen Komponenten und Gemeinschaftsdenken. Weil US-Amerikaner eine staatspolitische Identität letztlich nicht kennen, sondern nur eine nationale, steht für sie aber – so erstaunlich das klingen mag – auch hinter dem Wort »State« letztlich eine nationale Identität und nicht eine staatspolitische.[220] Inhaltlich zeichnet sich für den westeuropäischen Prozeß der Ablösung staatspolitischer Identität von der kulturellen Identität, wenn auch noch undeutlich, eine ungefähre Linie ab: Die staatspolitische Identität, die auch eine europäische sein kann, hat ihre Wurzeln stark in der französischen Tradition.

Zur Einführung des »Euro« führt Helmut Schmidt folgendes aus: »Noch zu Lebzeiten des Generals de Gaulle hatte ich verstanden, daß die Einigung der europäischen Staaten nur möglich ist, wenn und soweit Frankreich diese Einigung will und sie zu seiner eigenen Sache macht. Ich glaube auch heute, nach dem Ende des Kalten Krieges, daß für die ersten Jahrzehnte des 21. Jahrhunderts der Schlüssel immer noch bei Frankreich liegt.«[221] Im Zusammenhang mit der Einführung der Einheitswährung will ich das einem ihrer seinerzeitigen Architekten gerne glauben. Ich bin überzeugt, daß dieser Satz auch hinsichtlich der staatspolitischen Identität seine Gültigkeit hat. Frankreich hat vor mehr als 200 Jahren entdeckt, welche romantischen Elemente die aufklärerische Vernunft zu Hilfe nehmen muß, um dem universellen Prinzip der Menschenwürde und der existentiellen Zugehörigkeit durch staatspolitische Identität nachhaltige Wirksamkeit zu verleihen. Das Heranwachsen von staatspolitischer Identität auf europäischer Ebene ist eigentlich nichts anderes als die Fortsetzung der Französischen Revolution. Allerdings gibt es eine Eigenheit des französischen Grundmusters staatspolitischer Identität, welche auf der europäischen Ebene kaum eingebracht werden kann: der ausgeprägte Zentralismus. Es wurde im letzten Kapitel dargelegt, warum dieser Zentralismus beim Bündnis zwischen Republik und Nation vor 200 Jahren notwendigerweise entstehen mußte, wenn es gelingen sollte, das romantische Element einzubeziehen, welches zuvor in Frankreich ebenfalls kleinräumiger verankert gewesen war. Frankreichs staatspolitische Identität wird wohl auch in Zukunft mit dem »Weg nach unten« mehr Mühe haben als andere Staaten. Auf dem »Weg nach oben« hingegen wird sie das zentralistische Element mindestens tendenziell abstreifen müssen, denn es steht als Denkmuster der generellen Richtung des Prozesses entgegen, durch welchen sich staatspolitische Identität über verschiedene vertikale Ebenen der Staatlichkeit hinweg ausdehnt.

In diesem Zusammenhang kommt nun wieder das deutsche Muster staatspolitischer Identität zum Tragen, welches von allem Anfang an die Mehrstufigkeit im Sinne einer inneren Differenzierung beinhaltet hat. Genau diese Mehrstufigkeit der staatspolitischen Identität kann jener nach französischem Muster auf ihrem »Weg nach oben« behilflich sein, ihr Zuviel an zentralistischen Elementen abzustreifen, ohne aber – und dies ist entscheidend – das seinerzeit erfundene tragfähige Amalgam zwischen Aufklärung und Romantik in seinem Kern preiszugeben. Zu dieser Hilfestellung ist das deutsche Muster staatspolitischer Identität aus einem ganz einfachen Grund in der Lage: Die Organisation eines europäischen Staates in Teilstaaten oder noch kleineren Einheiten beruht nicht etwa auf jenem Gruppen- und Gemeinschaftsdenken, welches hier als »exklusiv romantisch« bezeichnet wurde, sondern sie beruht – wie bereits am Ende des vorangegangenen Kapitels dargelegt worden ist – auf dem Individuum als Teil des souveränen Volkes, wobei dieses Individuum über eine staatspolitische Mehrfachidentität verfügt, die sich vertikal aufteilt. Deshalb vermag dieses Muster die Ablösung staatspolitischer von der kulturellen Identität in Westeuropa entscheidend zu befördern. Für viele Muster staatspolitischer Identität anderer westeuropäischer – und längerfristig betrachtet auch mittel- oder osteuropäischer Staaten – sind analoge Überlegungen denkbar, sie alle enthalten zum Teil sogar einzigartige Elemente, welche zu diesem gesamteuropäischen Prozeß beitragen können. Wenn die Betrachtung hier auf das französische und auf das deutsche Muster beschränkt worden ist, so aus zwei Gründen: Zum einen kann sich eine Versöhnung der Aufklärung mit der Romantik vor allem anhand dieser beiden Muster anbahnen. Und zum anderen steht die Beziehung zwischen diesen beiden Staaten am Anfang der europäischen Friedensordnung.

Europäische staatspolitische Identität umfaßt weitere Elemente, die hier nicht erwähnt werden können. Hier ging es nur darum aufzuzeigen, inwiefern Universalismus und die Würde des Individuums sich gegenseitig bedingen. Die Ideologie der Gemeinschaft und Gruppenidentitäten stehen einer auf Universalismus und der Würde des Individuums basierenden staatspolitischen Identität entgegen. Im Vergleich Europas mit den Vereinigten Staaten sind diese Unterschiede von grundlegender Bedeutung. Sie spiegeln auch die verschiedenen Bereiche wider, in welchen diesseits und jenseits des Atlantiks Bindung akzeptiert und wie unterschiedlich dementsprechend Freiheit verstanden wird.

Eurozentrismus?

Kann in einem weltweiten Kontext von europäischen Wertvorstellungen gesprochen werden – hier also nicht von sogenannt »westlichen«, sondern von denen Europas, die mit jenen der Vereinigten Staaten nicht identisch sind –, oder hat dies einen Beigeschmack, der an den jahrhundertelangen Kolonialismus erinnert, den dieser Kontinent als Schuld auf sich geladen hat? In der Frage der Menschenrechte beispielsweise ist einige Zurückhaltung geboten: Diese Rechte sind zwar universal gültig – und ihr gleicher Geltungswert für alle Menschen macht gerade ihren überragenden Stellenwert aus –, aber sie sind ganz bewußt abstrakt formuliert, denn sie sollen in einem absolut geltenden Rahmen auch unterschiedlichen Deutungen zugänglich sein, welche auf kulturelle Gegebenheiten Rücksicht nehmen.[222] Im Verhältnis zu jenen Kontinenten, welche nicht zum »Westen« gerechnet werden, erlegt tatsächlich die koloniale Vergangenheit dem alten Kontinent eine gewisse Zurückhaltung auf. Europa ist es durch seine Rechts- und Staatskultur gewohnt, Moralvorstellungen ins Recht einzubinden und international vor allem auf dem Weg der Schaffung und Stärkung einer künftigen weltweiten Rechtsordnung Einfluß zu nehmen, an welche der Kontinent auch selbst gebunden ist. Eine solche Zurückhaltung ist im Verhältnis zu den Vereinigten Staaten nicht am Platze, denn diese nehmen aufgrund ihrer ideengeschichtlichen Prägung weltweit eben nicht durch die »Stärke des Rechts«, sondern viel eher durch das »Recht des Stärkeren« und durch direktes Einbringen ihrer Moralvorstellungen Einfluß.

Es gibt weltweit Staaten, die klar dem einen dieser Muster folgen, andere wiederum klar dem anderen; es gibt Staaten, welche beiden Mustern zu folgen wissen, je nach Situation. Und es gibt wohl auch Staaten, die gerne das Recht des Stärkeren ausspielen würden, sich aber – weil sie schwach sind – dennoch des anderen Musters bedienen. Welches Muster bevorzugt wird, ist oft – jedenfalls für die beiden Protagonisten Europa und die Vereinigten Staaten – ideengeschichtlich bedingt oder durch die Erfahrung. Zwischen diesen beiden Werthaltungen besteht weltweit ohne Zweifel ein Interessengegensatz, und es findet eine grundlegende Auseinandersetzung statt. Im Chor jener Staaten, welche international die Stärke des Rechts vorantreiben möchten, kann Europa nicht fehlen. Sich dieser

Rolle mit dem Hinweis zu entziehen, sie könnte als »eurozentrisch« empfunden werden, wäre widersinnig.[223]

Ein Problem, das in Europa nur aus einem spezifisch europäischen Blickwinkel angegangen werden kann, ist die immer deutlicher werdende Krise der Demokratie, die sich in ganz unterschiedlichen Phänomenen zeigt. Es ist in gewissen Kreisen Mode geworden, das Politische als solches zu verteufeln, insbesondere die Funktion der Parlamente anzugreifen und sie damit zu schwächen, meist unter Berufung auf »das Volk«, welches aber nicht als der Souverän begriffen wird, vielmehr wird die Meinung einer homogenen Volksgruppe als gegeben vorausgesetzt, und zwar in einer vorausbestimmten gedanklichen Richtung, die von oben festgesetzt worden ist.[224] Dieses »Volk« ist dann immer nur ein Teil des Souveräns, und wer die vorgegebene Meinung nicht teilt, sieht sich unversehens ausgegrenzt, weil er oder sie entweder nicht mehr zum »Volk« oder dann offenbar zu einem anderen Volk gehört. Auch in Westeuropa wird darüber hinaus auf die Vorstellung von homogenen, ethnokulturellen Volksgemeinschaften zurückgegriffen, womit versucht wird, staatspolitische Identität durch kulturelle Identität zu ersetzen. Zu erwähnen wäre auch das Phänomen, daß ein Staat plötzlich als private Firma verstanden wird, so daß sich der Bürger unversehens als »Betriebsangehöriger« wiederfindet, was mit dem europäischen Muster staatspolitischer Identität unvereinbar ist.[225] Zum Phänomen rechtsextremer Gewalt wurde ausgeführt, daß die jungen Leute, welche sie ausüben, nicht unaufgeklärt seien, sondern sie würden die Aufklärung aggressiv verwerfen. Tatsächlich finden sich sowohl in der Identität rechtsextremer Gewalt wie auch in den erwähnten neuen oder wiederaufgenommenen Vorstellungen vom »Volk« genau jene exklusiv romantischen Vorstellungen – »Wir« und die »Anderen« –, welche die europäische staatspolitische Identität und ihre Basis der existentiellen Zugehörigkeit zerstören.

Auf diese Phänomene kann Europa nur spezifisch europäische Antworten geben, und es wäre verfehlt, diese als eurozentrisch zu bezeichnen. Dabei spielt nämlich auch das Wissen um transatlantische Unterschiede eine gewisse Rolle, denn in den Vereinigten Staaten muß solchen Erscheinungen in ganz anderen Formen begegnet werden. Wie im zweiten Kapitel dargelegt worden ist, wird unter Demokratie in Europa und in den Vereinigten Staaten nicht in allen Teilen dasselbe verstanden. Demokratie ist in Europa ein politisches Geschehen, das auf der politischen Kultur des Streites zwischen verschiedenen Ideen in der Öffentlichkeit beruht, sich in ausgeprägtester Form in den Parlamenten abspielt, und an welchem das Individuum in seiner Funktion als Staatsbürger teilhat. Diese Mechanismen sind in den Vereinigten Staaten mindestens zum Teil ersetzt worden – oder vielmehr etwa gleichzeitig anders konzipiert und dann kontinuierlich weiterentwickelt worden – durch die Streitkultur im Recht, die von Individuen, allenfalls von Gruppen geführt wird, und an welcher das Individuum als Rechtsperson teilhat.[226] Weil alle oben angesprochenen Phänomene die staatspolitische Identität schwächen, wird Europa durch sie rascher und empfindlicher getroffen als eine Gesellschaft nach US-amerikanischem Muster, in welcher staatspolitische Identität praktisch nicht existiert. Europa sieht sich heute vor einer schwierigen Aufgabe: »Wie kann (die liberale Gesellschaft) eine absolute Feinderklärung annehmen, ohne ihre eigene Prämisse – daß es grundsätzlich kein nichtintegrierbares Anderes in der Gesellschaft gebe – zu verraten? Wie kann sie dabei der Mystik von einem ›absolut Bösen‹ entgehen, das man auf die Dauer aus der Gesellschaft ausgrenzen könne? Auch die Gefahr, daß die offene Gesellschaft im Abwehrkampf gegen ihre Antipoden ihre eigene Rechtsstaatlichkeit aushöhlt und bei der Anwendung des staatlichen Gewaltmonopols die Grenze der Gesinnungskontrolle überschreitet, darf nicht unterschätzt werden.«[227]

Schließlich ist noch ein Aspekt zu erwähnen, der es sinnvoll macht, staatspolitische Identität nach europäischem Muster auch über den europäischen Kontinent hinaus wirksam werden zu lassen. Europäisch verstandene staatspolitische Identität beinhaltet wenigstens in minimalem Ausmaß die Mitberücksichtigung von Interessen, die nicht lautstark eingebracht werden, jenen aber bewußt sein müssen, welche über Lösungsmöglichkeiten für anstehende Probleme diskutieren. Zum ersten betrifft dies die Menschen auf diesem Planeten, die nicht über die Mittel verfügen, ihre Interessen selber geltend zu machen, seien diese Mittel nun finanzieller oder anderer Art, und für die sich auch keine mächtigen Fürsprecher finden lassen. Transponiert man eine staatspolitische Identität nach europäischem Muster – und insbesondere ihr Element der existentiellen Zugehörigkeit – auf die weltweite Ebene, was durchaus möglich ist, obschon auf dieser Ebene keine eigentlichen supra-»nationalen« Strukturen existieren, so führt diese Identität dazu, daß die Lebensumstände und Bedürfnisse auch dieser Menschen in irgendeiner Weise mitberücksichtigt werden. Zum zweiten besteht noch eine andere Notwendigkeit, nicht artikulierte »Interessen« einzubeziehen, nämlich jene künftiger Generationen. In beiden Bereichen erfolgt die Mitberücksichtigung nicht artikulierter Interessen nach europäischer Lesart aufgrund der sehr handfesten geschichtlichen Erfahrung, daß ein örtlich begrenztes und/oder kurzfristiges Denken leicht in Katastrophen führt. Es gilt nicht nur das geographisch entfernt liegende »Andere«, sondern auch das zeitlich entfernt liegende »Andere« einzubeziehen, welches später einmal mit den Konsequenzen des heutigen Handelns konfrontiert sein wird. Wahrscheinlich wird sich mit zunehmender Bedeutung der Nachhaltigkeit auch dieser grundlegendste aller transatlantischen Unterschiede in den kommenden Jahren immer häufiger manifestieren.

Die unterschiedliche Haltung Europas und der Vereinigten Staaten zum Klimaschutz dürfte diesbezüglich nur einen Anfangspunkt darstellen, einen Anfangspunkt im übrigen in einer Geschichte, die schon sehr lange andauert. Die Auseinandersetzungen über die Frage, ob auch nicht artikulierte »Interessen« einbezogen werden sollen oder nicht, ist nämlich keineswegs neu: »(Die) noch heute kühn anmutende Feststellung (Meister) Eckeharts, wer Gott mehr liebe als auch den entferntesten und ärmsten unter den Menschen, der liebe Gott nicht vollkommen, diesen Kernsatz hat die Christenheit nicht in seiner Sprengkraft gegen jede Form fundamentalistischen religiösen Eifers genutzt; Papst Johannes XXII verurteilte in seiner Bulle vom 27. März 1329 eine entsprechende Äußerung des Dominikaners als der Häresie verdächtig. Sind wir heute eher bereit, die Enge der eigenen Weltsicht zu überschreiten und das unbedingt Verpflichtende nicht außerhalb des Mitmenschen, auch wo er fremd und fern ist, sondern in ihm und durch ihn zu sehen?« fragt Jörg Paul Müller.[228] Soll diese Frage auch im Sinne der Interessen zukünftiger Generationen positiv beantwortet werden, so darf das europäische Denkangebot der staatspolitischen Identität nicht mit dem Vorwurf abgewertet und verworfen werden, es sei »eurozentrisch«. Es ist unumgänglich, daß sich dieses europäische Denken mit anderen, ihm verwandten Beurteilungsweisen anderer Kontinente verbindet, die ebenfalls von der existentiellen Zugehörigkeit aller Menschen – und je nach Blickwinkel auch der Natur – ausgehen.

Denkangebote, Sendungsbewußtsein und nationales Interesse

Das Einbringen der europäischen Sicht in die weltweite Diskussion ist eben als »Denkangebot« bezeichnet worden. Europa hat eine so lange und schuldbeladene Geschichte, nicht nur innerhalb des eigenen Kontinentes, sondern auch in den kolonisierten Gebieten anderer Kontinente, daß es – definitiv nach dem zweiten Weltkrieg – hat neu beginnen müssen und keinen Anspruch mehr stellt, bei anderen für die eigene Überzeugung zu missionieren. Wenn sich Europäerinnen und Europäer an Aufbauhilfeprojekten beteiligen, hält sie noch etwas anderes davon ab, nur einen einzigen und den eigenen Denkansatz für möglich und richtig zu erachten. Es ist die Erfahrung der innereuropäischen Vielfalt. Nicht so US-Amerikaner, die über ein ausgeprägtes Sendungsbewußtsein verfügen, welches ihnen von Kindesbeinen an mit auf den Weg gegeben wird. Dieses Sendungsbewußtsein ist nur auf dem Hintergrund der US-amerikanischen religiösen Identität zu verstehen, wobei sich die religiösen Kategorien heute vor allem in moralischen ausdrükken.[229] »Die Wirkung religiöser Vorstellungen gegenüber dem Staat ist (...) auch und vor allem in der Außenpolitik der USA zu suchen. Weil die Amerikaner zutiefst von der Richtigkeit und Gültigkeit ihrer Ideologie überzeugt sind und weil sie ihr Wertkonzept als normative Idee mit universalem Anspruch verstehen, sind sie zugleich davon überzeugt, daß dieses Konzept weltweit verwirklicht werden müsse«, schreibt Klaus Stüwe.[230] Eine breite US-amerikanische Öffentlichkeit nimmt die eigene Überzeugung nicht als eine unter weltweit verschiedenen Möglichkeiten wahr, sondern geht von einer absoluten Wahrheit aus: »*Alle* sollen *dieser* ›ganzen‹ Wahrheit teilhaftig werden. In der Moralisierung politischer Optionen in den USA manifestiert sich diese Tiefendimension der göttlichen Rechtfertigung des eigenen Weges.«[231] In einer öffentlichen Diskussion zu den politischen Entwicklungen seit den Terroranschlägen vom 11. September 2001 und den diesbezüglichen Auseinandersetzungen zwischen Europa und den Vereinigten Staaten äußerte ein Europäer die Vermutung, viele US-Amerikaner würden davon ausgehen, daß Gott über die US-amerikanische Staatsbürgerschaft verfüge. Damit wollte er offensichtlich ein Bild zeichnen für die religiösen Wurzeln des US-Nationalgefühls. Die in den Vereinigten Staaten relativ einseitig selbstbezogene Wahrnehmung – die nur für eine breite Öffentlichkeit gilt und nicht für ein besonders interessiertes Publikum und Fachleute – ist auch darauf zurückzuführen, daß das Medieninteresse an Vorgängen im Ausland viel geringer ist als an Ereignissen im Inland, und dies in einem Verhältnis zugunsten inländischer Themen, wie es in Europa nie denkbar wäre.[232]

Der Unterschied zwischen europäischen Denkangeboten und dem US-amerikanischen Sendungsbewußtsein geht im weiteren auf die transatlantische Weggabelung des Jahres 1648 zurück. Weil damals jenseits des Atlantiks und anders als in Europa *für* die Religion und *gegen* den Staat entschieden worden ist, und weil die Nation als Gefäß für die Religion dient, kommt der US-amerikanischen Nation eine alles andere überragende Bedeutung zu. Es gibt in der US-Außenpolitik praktisch nichts, was innenpolitisch nicht mit dem Argument gerechtfertigt werden könnte, es diene dem Interesse der Nation, und dies erscheint einer erdrückenden Mehrheit der Bevölkerung als absolut selbstverständlich. Umgekehrt können außenpolitische Aktionen, die diesem wichtigsten aller Kriterien nicht genügen, innenpolitisch kaum zur Akzeptanz gebracht werden: Das Argument, etwas liege nicht im nationalen Interesse, ist immer das zielsicherste »Killer«-Argument.[233] Wenn die Vereinigten Staaten das Statut des Internationalen Strafgerichtshofes zunächst unterzeichneten, weil sie an der Ausarbeitung der Detailregelungen beteiligt sein wollten, um das neue Instrumentarium möglichst zu schwächen, so geschah dies im nationalen Interesse. Wenn sie nach Abschluß dieser Arbeit ihre Unterschrift zurückgezogen haben, so geschah dies wiederum im nationalen Interesse. Und wenn sie ein Gesetz vorbereiten, wonach kleineren Staaten die US-Militärhilfe entzogen werden soll, sobald sie das Statut ratifizieren, so geschieht dies ebenfalls im nationalen Interesse. Für europäische Beobachter wirkt dieser Ablauf prinzipienlos oder gar amoralisch, aber Europäer würden einen großen Fehler machen, wenn sie solche Beurteilungskriterien ins Spiel bringen würden.

Es geht nicht um Moral, sondern um eine rationale Erkenntnis: Das US-amerikanische nationale Interesse ist nicht zu vergleichen mit einem französischen oder deutschen nationalen Interesse und auch nicht mit einem britischen, denn die Formel »nationales Interesse« bezeichnet in den Vereinigten Staaten nicht nur quantitativ, sondern vor allem qualitativ etwas grundlegend anderes als alles, was unter derselben Formel in europäischen Staaten überhaupt verstanden werden kann. Wenn mit dem US-amerikanischen nationalen Interesse argumentiert wird, so ist implizit auch immer davon die Rede, daß es sich bei dieser Nation um das auserwählte Volk Gottes handelt. Nur so ist die unauflösliche Verbindung des US-amerikanischen Nationalbewußtseins mit einem Sendungsbewußtsein verständlich, welches andere ideengeschichtliche Sichtweisen neben sich nicht aufkommen lassen kann. Das US-amerikanische »nationale Interesse« ist die immer neue Bestätigung des Bundes mit Gott. Es kann nicht mit europäischen Maßstäben der Moral gemessen werden, denn es stellt selbst einen moralischen Maßstab dar, über den nicht verhandelt werden kann. Dieser Maßstab kommt von höherer Warte, er steht für sich allein. Es ist für Außenstehende unerläßlich, diesen Maßstab zu kennen, ihn zu verstehen und ihn rational einzuordnen. Geschieht dies nicht, so greift unter Umständen ein hilfloser »Anti-Amerikanismus« Platz, der zwar als Reaktion auf den Absolutheitsanspruch des US-amerikanischen Sendungsbewußtseins verständlich ist, insbesondere das säkularisierte Europa jedoch nicht weiterbringt. Gestützt auf diese Erkenntnis wird für Außenstehende vor allem der Nahtstellenbereich wichtig, an welchem die verschiedenen Moralkonzepte aufeinandertreffen. Hier kommen dann Worte wie beispielsweise »pragmatisch« ins Spiel und ihre Bedeutung, die eben durchaus abhängig ist vom jeweiligen Konzept der Moral. Die verschiedenen bereits erwähnten Bedeutungen dieses Begriffes nach US-amerikanischer Lesart haben einen direkten Zusammenhang mit dem »nationalen Interesse«. Das Vorgehen der Vereinigten Staaten im Zusammenhang mit dem Statut des Internationalen Strafgerichtshofes würden deren Vertreter wahrscheinlich »pragmatisch« nennen.[234]

Die Auswirkungen der unterschiedlichen Ausgangspunkte je nach Herkunftsland wurden in Bosnien sehr deutlich. Ein in der sozialen Arbeit Tätiger asiatischer Herkunft, der lange im Lande gearbeitet hatte, berichtete, im Unterschied zu allen anderen hätten die Sozialhelfer aus den Vereinigten Staaten jeden neuen Kontakt mit dem Hinweis eröffnet »Wir haben Euch befreit«, wonach man dann zur Sache gekommen sei. Tatsächlich können sich auch viele Angehörige der US-Streitkräfte nichts anderes vorstellen, als in allen Teilen der Welt als Helfer freudig begrüßt zu werden, weil sie eben in dieser Überzeugung aufgewachsen und erzogen worden sind. Es gibt aber auch ganz handfeste Kulturimporte von jenseits des

Atlantiks. So begegnet man in Bosnien Polizistinnen und Polizisten, welche praktisch dieselben Uniformen und vor allem genau dieselben achteckigen Hüte tragen, welche seit dem 11. September 2001 als Kopfbedeckung der New Yorker Polizei ihre traurige Berühmtheit erlangt haben, und die man sonst in ganz Europa wohl kaum antrifft – zweifellos ein großzügiges Geschenk von jenseits des Atlantiks. Ob es wirklich der Weisheit letzter Schluß ist, angesichts des transatlantisch unterschiedlichen Verständnisses von Staatlichkeit in einer noch vor wenigen Jahren praktisch »rechts- und staatslos gewordenen« Gesellschaft just jene Personen nach US-Manier einzukleiden, welche am sichtbarsten diese Staatlichkeit und ihr Gewaltmonopol repräsentieren, mag dahingestellt bleiben. Wenn Kulturimport zu Kulturimperialismus zu werden droht, scheinen bosnische Behörden allerdings auch Widerstand zu leisten, so beispielsweise, als eine US-amerikanische Organisation dem Erziehungsministerium die Einführung eines bestimmten Ausbildungsprogramms für Schulen aufdrängen wollte.[235]

Ein Bild mag abschließend den erwähnten qualitativen Unterschied im nationalen Selbstverständnis illustrieren, und damit auch den qualitativen Unterschied im »nationalen Interesse«. Wer sich einstellt in die lange Schlange der Besucher vor dem Berliner Reichstag, wer das Parlamentsgebäude in London besucht und auch wer die Assemblée nationale in Paris besichtigt oder den Sitz des Senates, erlebt zwar emotional keineswegs überall dasselbe, aber eine Gemeinsamkeit ist dennoch gegeben: Es sind Örtlichkeiten, an denen Menschen, die man gemeinsam dazu bestimmt hat, rational das öffentliche Leben organisieren sollen, und man hofft, daß sie dies verantwortungsbewußt tun werden. Desgleichen im Anblick der großen Gebäude des entstehenden Europas in Straßburg und Brüssel, wobei sich hier verständlicherweise auch einige bange Fragen hinzugesellen, ob und wie es wohl gelingen werde, dieses Europa zu bauen. Letztlich sind dies alles Gebäude, in denen vor allem gedacht wird, verhandelt, gehandelt, gelegentlich wohl auch intrigiert, aber es sind definitiv keine Häuser des religiösen Glaubens. Auch die monumentalen Bauten, durch welche sich die »République« stolz in Szene setzt, sind offensichtlich keine Häuser des religiösen Glaubens. Natürlich können bei solchen Besuchen in verschiedenen Städten Europas auch »erhabene« Gefühle aufkommen, je nach Persönlichkeit des Besuchers und seiner oder ihrer Geschichte, unterschiedlich möglicherweise für Generationen, die vor oder nach dem zweiten Weltkrieg geboren sind, unterschiedlich je nach Herkunft oder Staatsangehörigkeit. Aber in allen diesen Häusern weht letztlich der Geist der Aufklärung, denn nach allen geschichtlichen Verirrungen der Unvernunft ist Europa zu einer Sache der Vernunft geworden.

Ganz anders die Vereinigten Staaten, was ein Zitat von Klaus Stüwe illustrieren kann: »Entsprechend (den) religiösen Analogien hat sich die amerikanische Nation auch ihre sakralen Stätten und Heiligtümer geschaffen. Insbesondere die Bundeshauptstadt Washington D. C. (...) wurde im Lauf der Zeit mit so vielen Denkmalen ausgestattet, daß man sie durchaus als Wallfahrtsort der Zivilreligion Amerikas bezeichnen könnte. Jeder Amerikaner, der es sich leisten kann, reist mindestens einmal in seinem Leben in die Hauptstadt, um die Stätten nationaler Größe, die er aus dem Fernsehen kennt, auch einmal persönlich zu sehen. In Sightseeing-Bussen werden im Sommer täglich Tausende von Besuchern durch den District of Columbia zu den wichtigsten Altären der amerikanischen Zivilreligion transportiert: zum ›Washington Monument‹ im Zentrum der Bundeshauptstadt, einem steinernen Obelisken von immenser Höhe. Nicht weit davon ist Abraham Lincoln ein griechischer Tempel errichtet worden, in dem er als überlebensgroße Marmorstatue auf den staunenden Besucher herunterblickt. An den Ufern des Potomac erhebt sich der kuppelförmige Schrein für Thomas Jefferson, dem Pantheon in Rom nachgebildet, aber nicht wie dieses allen Göttern geweiht, sondern nur dem Verfasser der Unabhängigkeitserklärung. Im Nationalarchiv, das im Innern eher an einen Dom erinnert, befindet sich der Schrein für die Unabhängigkeitserklärung und die Verfassung der USA auf einem mit Panzerglas geschützten Altar, dem täglich Tausende Besucher die Ehre erweisen. Die Stelle, an der die Verfassung aufbewahrt wird, ist der Ort, an dem der religiöse Verfassungskult der Amerikaner fast mit Händen zu greifen ist. Der Besucher reiht sich ehrfürchtig in die wartende Schlange ein und spricht mit gedämpfter Stimme.«[236] Amerika ist offensichtlich eine Frage des Glaubens.

Auch in dem Land, das wir gelegentlich scherzhaft als den einundfünfzigsten Staat der Vereinigten Staaten bezeichneten, waren Pilgerfahrten sehr beliebt. Sie blieben allerdings hohen bosnischen Politikern vorbehalten, die in regelmäßigen Abständen nach Washington eingeladen wurden. Verschiedentlich ärgerten sich Internationale, die mit bosnischen Behörden etwas hätten bereinigen wollen, darüber, daß man manchmal schlecht an diese Leute herankomme, denn sie seien immer gerade auf Dienstreise in den Vereinigten Staaten. Wenn ich mich daran erinnere und mir die Struktur des Abkommens von Dayton vergegenwärtige, wie sie im vorangegangenen Kapitel analysiert worden ist, so will es mir fast scheinen, man habe Bosnierinnen und Bosniern einen ethnischen Käfig gebaut – oder wohl besser ausgedrückt, man habe die Stäbe des ethnischen Käfigs vergoldet, den einige von ihnen über Jahre geschmiedet hatten –, und dann gab man ihnen indirekt zu verstehen, daß die Befreiung aus dieser ausweglosen Situation eigentlich nur einen Namen haben könne: »America« oder »Werdet so wie wir, dann geht es Euch besser«. In einem Vergleich mit dem alten Rom meint Peter Bender: »(Wenn) Madeleine Albright (…) fast überall, wohin sie kommt, öffentlich mahnt, warnt, zensiert, belehrt und zu verstehen gibt, daß Unfolgsamkeit Konsequenzen haben werde, dann erinnert sie wie manch anderer amerikanischer Politiker an die antike Imperialmacht. (…) Amerikaner handeln in der unerschütterlichen Überzeugung, ihr Land habe eine Mission in der Welt – was gut ist für Amerika, sei daher auch gut für die Welt.«[237]

Belehrungen dieser Art waren in Bosnien an der Tagesordnung. Wenn es hieß, so und so viele Millionen würden nur dann fließen, wenn sich die Leute in den Wahlen anständig aufführen und nicht nationalistisch wählen würden, habe ich mich jeweils geärgert und stellte mir ernsthaft die Frage, ob ich als bosnische Serbin in der bosnisch Serbischen Republik gerade als Reaktion auf eine solche Belehrung nicht trotzdem nationalistisch wählen würde, denn auf stolze Bosnierinnen und Bosnier – und Bosnier sind stolze Leute! – mußte das beleidigend wirken. Ich habe mich geniert für das Demokratieverständnis, das hier zum Ausdruck kam, denn ich gehörte ja zu der Internationalen Gemeinschaft, die solche Devisen ausgab. Heute würde ich mich über das US-amerikanische Vorgehen nicht mehr ärgern. Auf seinem ideengeschichtlichen Hintergrund ist es absolut konsistent und logisch. Erstaunlich war für mich zunächst nur noch, daß sich in Bosnien viele Internationale europäischer Herkunft den US-amerikanischen Verhaltensmustern anpaßten. Heute kann ich mir aber auch dies ideengeschichtlich erklären: Immer noch sind wir stark den Denkmustern des Kalten Krieges verhaftet. Ideengeschichte entwickelt sich nicht binnen Monaten, wohl auch nicht binnen Jahren, sondern eher binnen Jahrzehnten.

Nachwort

Noch vor Ausbruch der Kriege im Balkan schrieb Hagen Schulze 1990 die folgenden Zeilen: »Wenn Europa eine Zukunft haben soll, dann wird es unvermeidlich an das Europa der Vergangenheit anknüpfen müssen; in dieser Umbruchphase ist es Aufgabe der Historiker, die Identität Europas zu benennen, und die Aufgabe der Politiker und damit unser aller Aufgabe, das Bewahrenswerte vom Gefährlichen und Selbstzerstörerischen zu unterscheiden.«[238] Die Balkankriege haben in grausamster Weise erneut aufgezeigt, wie wichtig es ist, das Bewahrenswerte vom Gefährlichen und Selbstzerstörerischen zu unterscheiden. Die Recherchen für dieses Buch habe ich nach Abschluß meiner Arbeit in Bosnien begonnen, um Antworten zu finden auf die im Balkan aufgetauchten Fragen. Meine Beobachtungen vor Ort und die darauf gestützten Vermutungen genügten mir nicht. Auch heute sind für mich viele Fragen noch längst nicht befriedigend beantwortet. Dennoch schien es mir richtig, das bisher Erarbeitete in die Form eines Buches zu bringen. Die Aufgabe selbst, das Bewahrenswerte vom Gefährlichen und Selbstzerstörerischen zu unterscheiden, kann nur in einer breiten Debatte unter Europäerinnen und Europäern wahrgenommen werden, in welcher Erkenntnisse ausgetauscht, Gedanken formuliert und wieder verworfen werden, Schlußfolgerungen versucht und nach reiflicher Diskussion und Überlegung durch andere ersetzt werden, die den Beteiligten als noch richtiger erscheinen. In diesem Sinne kann ich mir nur erhoffen, auch vielfältig widerlegt zu werden, und zwar durch Analysen und Argumente, welche bessere Antworten geben auf die Fragen, deren Beantwortung ich für unumgänglich halte. Nur in letzterem werde ich mich nicht so leicht umstimmen lassen: Daß es nämlich im transatlantischen Verhältnis Fragen gibt, deren Beantwortung keinen Aufschub erträgt.

Ich hätte dieses Buch nicht schreiben können ohne die Unterstützung vieler Freundinnen und Freunde, Bekannter, Fachleute und Praktiker verschiedener Richtungen. Zunächst möchte ich all jenen danken, die es mir durch ihre Gesprächsbereitschaft ermöglicht haben, die Arbeit in Bosnien fast bis zum Ablauf der Amtszeit weiterzuführen – mein Rücktritt bereits während des letzten Amtsjahres erfolgte einerseits zur Sicherung der Nachfolge und andererseits, um es dem Nachfolger zu ermöglichen, über die erste fünfjährige Amtszeit hinaus für eine neue Rechtsgrundlage der Institution zu sorgen. Ich kann sie hier längst nicht alle erwähnen. Danken möchte ich Danielle Coin und Christos Giacoumopoulos, die im Rahmen des Europarates mit Bosnien befaßt waren und mir unzählige wertvolle Einsichten zum Thema dieses Buches vermittelten, sowie Victor Ruffy, langjähriges Mitglied des Nationalrates, dessen Präsident und Mitglied der Parlamentarischen Versammlung des Europarates, für seine Unterstützung in all diesen Jahren. Ein Gespräch in Sarajevo mit dem Historiker Urs Altermatt hat es mir relativ früh ermöglicht, Bosnien in einen weiteren mittelosteuropäischen Kontext einzuordnen. Der für mich sehr hilfreiche Gedankenaustausch wurde so zum Ausgangspunkt des Buches.

Auch die vielen Personen, die mir nach der Rückkehr aus Bosnien mit Informationen behilflich waren, kann ich hier nicht alle erwähnen. Danken möchte ich dem Arabisten Hartmut Fähndrich für seine Hinweise zum Islam. Ich danke der Philosophin Carola Meier-Seethaler und der Soziologin Judith Jànoska, deren Unterstützung über die reine Sachinformation weit hinausging. Für die Vermittlung eines kurzen Aufenthaltes am Max-Planck-Institut für ausländisches öffentliches Recht und Völkerrecht in Heidelberg danke ich Professor Helmut Steinberger, Mitglied der Venedig-Kommission des Europarates. Gespräche mit Mitarbeitern dieses Instituts waren für den Einstieg in den juristischen Teil der Arbeit sehr hilfreich. Wertvolle Hinweise zum Völkerrecht, zum internationalen Privatrecht und zum Rechtsverständnis erhielt ich von der Professorin und den Professoren Nicolas Michel, Direktor für Völkerrecht im Departement für auswärtige Angelegenheiten, Daniel Thürer in Zürich, Franz Werro in Fribourg, Sabine von Schorlemer in Genf, Ivo Schwander und Jens Drolshammer in St. Gallen, Thomas Cottier und seiner Assistentin Krista Nadakavukaren Schefer in Bern, sowie von meinem früheren Studienkollegen und Zürcher Anwalt Georg von Segesser. Danken möchte ich vor allem auch Jörg Paul Müller, Professor für Staats- und Völkerrecht sowie Rechtsphilosophie an der Universität Bern, für seine Unterstützung und den unermüdlichen Ratschlag, das bereits Erarbeitete nun endlich zu Papier zu bringen. In den Dank schließe ich seine frühere Assistentin Caroline Klein ein, die mir den Zugang zur Bibliothek und deren Benutzung erleichterte. Auch wenn die Hinweise dieser Fachleute für meine Arbeit sehr nützlich waren, bedeutet dies selbstredend nicht, daß diese alle mit meinen Schlußfolgerungen übereinstimmen würden.

Sehr viel bedeutet hat mir das Gespräch mit meinen bosnischen Mitarbeiterinnen und Mitarbeitern. Mein Dank gilt ihnen allen, für ihre Unterstützung und für all das, was sie mir vermittelt haben. Wohl nur ansatzweise erhielt ich durch einige von ihnen einen Eindruck, was es heißt, in bedrohlichen Ausnahmesituationen die eigene Würde nicht preiszugeben. Ich habe immer versucht, die Fachkompetenz der bosnischen Mitarbeiterinnen und Mitarbeiter richtig einzuschätzen und sie entsprechend einzusetzen. Mit der Zeit erkannte ich, daß ein frühest- und größtmögliches Abstellen auf diese Kompetenz ein wichtiger Baustein für den Wiederaufbau war, und ich spürte, daß die Anerkennung ihrer Fachkompetenz darüber hinaus ein wichtiges Element der Würde der Bosnierinnen und Bosnier darstellte und somit der Würde des Landes. Besonders danken möchte ich an dieser Stelle Valerija Šaula, Professorin für Völkerrecht an der Universität Banja Luka und in der zweiten Hälfte meiner Amtszeit meine erste Stellvertreterin, sowie Biljana Kokeza, zuständig während eines großen

Teils meiner Amtszeit für die Administration der Institution. Ihnen beiden danke ich auch für die Vermittlung verschiedener Kontakte anläßlich einer Reise Ende Mai 2002, als ich zum erstenmal nach Abschluß meiner Arbeit wieder Sarajevo und Banja Luka besucht habe.

In den letzten zwei Jahren ermutigten mich verschiedene Freundinnen, Freunde und Bekannte immer wieder, die Arbeit an diesem Buch weiterzuführen und zum Abschluß zu bringen. Ihnen allen bin ich zu großem Dank verpflichtet und anstelle vieler möchte ich Madlen und Willi Schmid-Schmid erwähnen sowie die Schriftstellerin Laure Wyss. Danken möchte ich Robert Antretter, langjähriges Mitglied des Deutschen Bundestages und der Parlamentarischen Versammlung des Europarates, für seine Unterstützung in all diesen Jahren sowie für die Vermittlung der Verbindung zum Aufbau-Verlag. Schließlich danke ich Frau Maria Matschuk für das sachkompetente und sorgfältige Lektorat.

Im Verlauf der Arbeit an diesem Buch ist mir klargeworden, daß es auch meine persönliche Freiheit betrifft. Auf der intuitiven Ebene hatte die Wahrnehmung schon in Bosnien ihren Anfang genommen, als ich noch längst nicht genau formulieren konnte, was es war, daß diese Freiheit in Frage stellte. Das vage und dennoch klare Gefühl stand nicht in direktem Zusammenhang mit meiner konkreten Tätigkeit, denn eine derartige Aufgabe darf man ohnehin nur übernehmen, wenn man von vornherein akzeptiert hat, daß man größtenteils fremdbestimmt agieren wird, weil man nur ein kleines Rädchen in einer immensen Maschinerie darstellt. Ursache war auch nicht das bosnisch-nationale Umfeld, auf das ich gut vorbereitet war und welches normalisieren zu helfen das Kernstück meiner Arbeit ausmachte. Vielmehr war es das internationale Umfeld in Bosnien, das mich plötzlich als Person zu betreffen begann, ich fühlte etwas in Frage gestellt, was mich zutiefst prägte und was ich nicht preiszugeben bereit war. Rückblickend habe ich erkannt, daß ich das internationale Umfeld in Bosnien als durchaus sektiererisch erlebt hatte: Die Bibel hieß »Friedensabkommen von Dayton«, Jerusalem lag in Washington D. C., und als

Sektenprediger wirkten vor allem jene gläubigen Amerikanerinnen und Amerikaner, die nicht – zum Beispiel als Diplomaten – gelernt hatten, daß die Welt durch den reinen Glauben nicht vollumfänglich zu verstehen ist, insbesondere nicht durch den reinen Glauben an die eigene Nation. Wahrscheinlich hat der Vergleich mit der Sekte in meiner linken Hirnhälfte in dem Moment Konturen angenommen, als in der rechten der Begriff »Deprogrammierung« aus den Nebeln aufstieg. Dieser Begriff bezeichnet die Therapie, mittels welcher Personen nach Sektenzugehörigkeit wieder zu einem normalen Leben befähigt werden.

Deprogrammiert kam ich mir vor, als ich beim Schreiben dieses Buches plötzlich begriff, was ich nicht preisgeben will: Es ist die Freiheit des rationalen Denkens welches sich jenseits von Glaubens- und Bekenntniskategorien in die politische Diskussion einbringt. Diese Erkenntnis hat mir schließlich auch die Methode bewußt werden lassen, mit welcher – insoweit eine solche stattfindet – die ideengeschichtliche US-Amerikanisierung Europas funktioniert: Die Methode hat an sich etwas Sektiererisches, und dieses zeigt sich darin, daß nicht darüber geredet werden darf: Wer in Europa transatlantische Differenzen im ideengeschichtlichen Bereich anspricht, wird umgehend »amerikanisiert«, das heißt von der »Welt der Vernunft« in die »Welt des Glaubens« versetzt, wo jene andere Moral herrscht, die nicht mehr verhandelt werden kann. Warum ist die Thematisierung der transatlantischen Unterschiede im wirtschaftlichen Bereich viel weniger tabuisiert oder sogar erwünscht? Könnte es daran liegen, daß es eine der wenigen Gemeinsamkeiten von Ultra-Liberalen und strammen Marxisten ist, Politik tendenziell auf das Ökonomische zu reduzieren?

Nach den Terroranschlägen vom 11. September 2001 wurde vielerorts darüber gerätselt, ob – und wenn ja, warum – die US-amerikanische Außenpolitik für die islamische Welt etwas Beleidigendes haben könnte. In diesen Diskussionen standen in der Regel drei Dimensionen im Vordergrund, die religiöse, jene von Konsum und Lebensstil sowie die weltwirtschaftliche. Was Europa anbelangt, sollte in diese Diskussion auch die ideengeschichtliche Dimension einbezogen werden, welche über die drei bereits genannten Dimensionen hinaus auch die staatspolitische Ebene betrifft: Nicht nur für Angehörige anderer Kulturkreise, sondern auch für staatspolitisch überzeugte Bewohnerinnen und Bewohner europäischer Staaten und für staatspolitisch überzeugte Europäerinnen und Europäer wirkt die Selbstverständlichkeit beleidigend, mit welcher Regierungsvertreter und regierungsunabhängige Akteure der US-amerikanischen Außenpolitik davon ausgehen, daß ihr Staats-, Nations- und Religionsverständnis auf dem alten Kontinent Einzug halten werde. Dies löst zunächst Aggressionen aus, dann aber auch Hilflosigkeit. Beides verschwindet jedoch wieder, sobald man versteht, daß und warum sich die Vereinigten Staaten als Nation – und nicht etwa die einzelnen US-Amerikanerinnen und Amerikaner – aufgrund ihrer ideengeschichtlichen Entwicklung gar nicht anders verhalten können. Im Moment dieser Erkenntnis weicht sowohl die Aggression als auch die Hilflosigkeit dem einfachen Wunsch, Europa möge in der Umbruchsituation, die das Ende des Kalten Krieges mit sich gebracht hat, die richtigen Antworten finden.

Europäische Identität ist immer in Umbruchsituationen entstanden. Dieser Kontinent hat nie versucht, geschichtslos zu werden und unter Verdrängung alles Bisherigen radikal neu zu beginnen. Gerade in Umbruchsituationen hat es Europa schon einige Male verstanden, richtig zu reagieren, jenseits von Glaubensbekenntnissen, besonnen, umsichtig, geschichtsbewußt und mit Verstand.

Im Juni 2002 *Gret Haller*

Literatur

Adams, Willi Paul: »Verfassungstheorie und Verfassungspraxis der amerikanischen Gründergeneration: Von der konstitutionellen Monarchie Großbritanniens zum republikanischen Bundesstaat« in Münkler, 1996

Altermatt, Urs: »Das Fanal von Sarajevo. Ethnonationalismus in Europa«. Zürich/Paderborn 1996, es liegen Übersetzungen in folgende Sprachen vor: Bosnisch (1997), Serbisch (1997), Bulgarisch (1998), Polnisch (1998), Rumänisch (2000), Ungarisch (2000), Russisch (2000) und Albanisch (2002)

Arendt, Hannah: »Über die Revolution«. München 1974 (Titel der Originalausgabe: »On Revolution«. New York 1963)

Ballestrem, Karl Graf / Gerhardt, Volker / Ottmann, Henning/ Thompson, Martyn P. (Hg.): »Politisches Denken. Jahrbuch 2000«. Stuttgart 2000

Baynes, Kenneth: »Kommunitaristische und kosmopolitische Kritik an Kants Konzept des Weltfriedens« in Lutz-Bachmann/Bohman, 1996

Bellah, Robert N.: »The broken covenant: Americas civil religion in time of trial«. Chicago 1992, Erstausgabe Chicago 1975; eine deutsche Übersetzung des 1978 zu diesem Band verfaßten Nachwortes findet sich unter dem Titel »Die Religion und die Legitimation der amerikanischen Republik« in Kleger/Müller, 1986, zit. Bellah 1992 (zit. aus Übersetzung: Bellah 1986)

Bellah, Robert N.: »Zivilreligion in Amerika« in Kleger/Müller, 1986 (Originalausgabe abgedruckt in »Beyond belief: essays on religion in a post-traditional world«. Berkeley/Los Angeles 1991, Erstausgabe New York 1970), zit. Bellah 1991

Bender, Peter: »Das Amerikanische und das Römische Imperium. Ein Vergleich« in »Europa oder Amerika? Zur Zukunft des Westens«, Sonderheft »Merkur«, München, 9/10 2000, S. 890–900

Berding, Helmut (Hg): »Nationales Bewußtsein und kollektive Identität: Studien zur Entwicklung des kollektiven Bewußtseins in der Neuzeit«. Frankfurt a. M. 1994

Berger, Peter L. / Neuhaus, Richard J. / Novak, Michael (Hg.): »To Empower People: From State to Civil Society«. Washington D. C. 1996 (Erstausgabe 1977)

Berten, André: »Europäische Identität – Einzahl oder Mehrzahl? Überlegungen zu den Entstehungsprozessen von Identität« in Dewandre/Lenoble, 1994
Blanke, Gustav H.: »Das amerikanische Sendungsbewußtsein: Zur Kontinuität rhetorischer Grundmuster im öffentlichen Leben der USA« in Kodalle, 1988
Böckenförde, Ernst-Wolfgang: »Staat, Nation, Europa: Studien zur Staatslehre, Verfassungstheorie und Rechtsphilosophie«. Frankfurt a. M. 1999
Böckenförde, Ernst-Wolfgang: »Staat, Gesellschaft, Freiheit. Studien zur Staatstheorie und zum Verfassungsrecht«. Frankfurt a. M. 1976
Brugger, Winfried: »Einführung in das öffentliche Recht der USA«. München 1993
Brunkhorst, Hauke: »Menschenrechte und Intervention« in »Der Kosovo-Krieg: rechtliche und rechtstheoretische Aspekte«. Dieter S. Lutz (Hg.). Baden-Baden 2000
Brunkhorst, Hauke: »Paradigmenwechsel im Völkerrecht? Lehren aus Bosnien« in Lutz-Bachmann/Bohman, 1996
Brunkhorst, Hauke / Niesen, Peter (Hg.): »Das Recht der Republik«. Frankfurt a. M. 1999
Bydlinski, Franz: »Rechtsgesinnung als Aufgabe« in »Festschrift für Karl Larenz zum 80.Geburtstag«. München 1983

Casanova, José: »Chancen und Gefahren öffentlicher Religionen. Ost- und Westeuropa im Vergleich« in Kallscheuer, 1996

Dahrendorf, Ralf: »Die Krisen der Demokratie. Ein Gespräch mit Antonio Polito«. München 2002 (Titel der Originalausgabe: »Dopo la democrazia. Intervista e cura di Antonio Polito«. Roma – Bari 2001)
Dahrendorf, Ralf: »Weltmarkt und Sozialökonomie« in »Kapitalismus als Schicksal? Zur Politik der Entgrenzung«, Sonderheft »Merkur«, München, 9/10 1997, S. 821–828
De Munck, Jean: »Europa und die Minderheitenfrage – eine sich wandelnde Problemstellung« in Dewandre/Lenoble, 1994
»Deutsche Außenpolitik 1995. Auf dem Weg zu einer Friedensregelung für Bosnien und Herzegowina: 53 Telegramme aus Dayton. Eine Dokumentation. Herausgegeben vom Auswärtigen Amt«. Bonn 1998
Dewandre, Nicole / Lenoble, Jacques (Hg.): »Projekt Europa. Postnationale Identität: Grundlage für eine europäische Demokratie?«. Berlin 1994 (Titel der Originalausgabe: »L'Europe au soir du siècle. Identités et démocratie«. Paris 1992)

Eisenstadt, Shmuel N.: »Die Vielfalt der Moderne«. Weilerswist 2000
Eppler, Erhard: »Vom Gewaltmonopol zum Gewaltmarkt? Die Privatisierung und Kommerzialisierung der Gewalt«. Frankfurt a. M. 2002

Ferry, Jean-Marc: »Die Relevanz des Postnationalen« in Dewandre/Lenoble, 1994
Fikentscher, Wolfgang: »Staat vs. Government – eine Beobachtung zum Thema Kulturpersönlichkeit« in »Staatsphilosophie und Rechtspolitik. Festschrift für Martin Kriele zum 65. Geburtstag«. Burkhardt Ziemske / Theo Langheid / Heinrich Wilms / Görg Haverkate (Hg.). München 1997
Fikentscher, Wolfgang: »Methoden des Rechts in vergleichender Darstellung, Anglo-amerikanischer Rechtskreis«, Band II. Tübingen 1975
Fleiner-Gerster, Thomas: »Multikulturelle Gesellschaft und verfassunggebende Gewalt. Staatslegitimation und Minderheitenschutz« in »Die multikulturelle und multi-ethnische Gesellschaft. Eine neue Herausforderung an die Europäische Verfassung«. Ders. (Hg.). Fribourg 1995
Frankenberg, Günter: »Die Verfassung der Republik. Autorität und Solidarität in der Zivilgesellschaft«. Frankfurt a. M. 1997

Geldbach, Erich: »Religion und Politik: Religious Liberty« in Kodalle, 1988
Gellner, Ernest: »Nationalismus: Kultur und Macht«. Berlin 1999 (Titel der Originalausgabe: »Nationalism«. London 1997)
Gellner, Ernest: «Bedingungen der Freiheit: die Zivilgesellschaft und ihre Rivalen«. Stuttgart 1995 (Titel der Originalausgabe: »Conditions of Liberty – Civil Society and its Rivals«. London 1994)
Gellner, Ernest: »Postmodernism, reason and religion«, London 1992
Glendon, Mary Ann: »Rights Talk. The Impoverishment of Political Discourse«. New York 1991
Günther, Klaus: »Welchen Personenbegriff braucht die Diskurstheorie des Rechts? Überlegungen zum internen Zusammenhang zwischen deliberativer Person, Staatsbürger und Rechtsperson« in Brunkhorst/Niesen, 1999
Günther, Klaus: »Kampf gegen das Böse? Zehn Thesen wider die ethische Aufrüstung der Kriminalpolitik« in »Kritische Justiz«, Baden-Baden, Jg. 27, 1994, S. 135–157

Habermas, Jürgen: »Staatsbürgerschaft und nationale Identität. Überlegungen zur europäischen Zukunft« in Dewandre/Lenoble, 1994

Hamilton, Alexander / Madison, James / Jay, John, »Die Federalist Papers«, deutsche Übersetzung eingeleitet und mit Anmerkungen versehen von Barbara Zehnpfennig. Darmstadt 1993

Hobsbawm, Eric J.: »Das Zeitalter der Extreme. Weltgeschichte des 20. Jahrhunderts«. München/Wien 1995 (Titel der Originalausgabe: »Age of Extremes. The Short Twentieth Century 1914–1991«. London 1994)

Howard, Dick: »Die Grundlegung der amerikanischen Demokratie«. Frankfurt a. M. 2001 (Titel der amerikanischen Ausgabe »The Birth of American Political Thought 1763–87«)

Howard, Dick: »Demokratische Republik oder republikanische Demokratie? Die Bedeutung der amerikanischen und der Französischen Revolution nach 1989« in Brunkhorst/Niesen, 1999

Ignatieff, Michael: »Die Politik der Menschenrechte«. Hamburg 2002 (Titel der Originalausgabe »Human Rights as Politics and Idolatry«. Princeton 2001)

Ischinger, Wolfgang: »21 Tage Dayton« in »Deutsche Außenpolitik 1995«

Joas, Hans: »Gemeinschaft und Demokratie in den USA. Die vergessene Vorgeschichte der Kommunitarismus-Diskussion« in »Gemeinschaft und Gerechtigkeit«. Micha Brumlik / Hauke Brunkhorst (Hg.). Frankfurt a. M. 1993

Joyce, Michael S./Schambra, William A.: »A New Civic Life« in Berger/Neuhaus/Novak, 1996

Kalberg, Stephen: »Strukturierte Mißverständnisse. Unterschiede der politischen Kultur in Amerika und Deutschland« in »Europa oder Amerika? Zur Zukunft des Westens«, Sonderheft »Merkur«, München, 9/10 2000, S. 948–957

Kallscheuer, Otto (Hg.): »Das Europa der Religionen. Ein Kontinent zwischen Säkularisierung und Fundamentalismus«. Frankfurt a. M. 1996

Kallscheuer, Otto: »Gottes Wort und Volkes Stimme. Glaube, Macht, Politik«. Frankfurt a. M. 1994

Kallscheuer, Otto / Leggewie, Claus: »Deutsche Kulturnation versus französische Staatsnation? Eine ideengeschichtliche Stichprobe« in Berding, 1994

Kersting, Wolfgang: »Globaler Rechtsfrieden und kulturelle Differenz. Huntington und die politische Philosophie der internationalen Beziehungen« in Ballestrem/Gerhardt/Ottmann/Thompson (Hg.), 2000

Kersting, Wolfgang: »Wohlgeordnete Freiheit. Immanuel Kants Rechts- und Staatsphilosophie«. Berlin/New York 1984

Kleger, Heinz / Müller, Alois: »Nationale und europäische Bürgerreligion. Ein Beitrag zur unvollendeten Säkularisierung« in Münkler, 1996

Kleger, Heinz / Müller, Alois (Hg.): »Religion des Bürgers. Zivilreligion in Amerika und Europa«. München 1986

Kodalle, Klaus-M. (Hg.): »Gott und Politik in USA. Über den Einfluß des Religiösen. Eine Bestandsaufnahme«. Frankfurt a. M. 1988

Kodalle, Klaus-M.: »Zivilreligion in Amerika: Zwischen Rechtfertigung und Kritik« in ders.(Hg.), 1988

Leggewie, Claus: »Amerikas Welt. Die USA in unseren Köpfen«. Hamburg 2000

Liessmann, Konrad Paul: »Der Aufgang des Abendlandes. Eine Rekonstruktion Europas«. Wien 1994

Lubbers, Klaus: »Modelle nationaler Identität in amerikanischer Literatur und Kunst 1776–1893« in Berding, 1994

Lutz-Bachmann, Matthias / Bohman, James (Hg.): »Frieden durch Recht. Kants Friedensidee und das Problem einer neuen Weltordnung«. Frankfurt a. M. 1996

Martin, David: »Europa und Amerika. Säkularisierung oder Vervielfältigung der Christenheit – Zwei Ausnahmen und keine Regel« in Kallscheuer, 1996

Meier-Seethaler, Carola: »Gefühl und Urteilskraft. Ein Plädoyer für die emotionale Vernunft«. München 1997

Meister, Roland: »Souveränität und Menschenrechte« in »Blätter für deutsche und internationale Politik«, Bonn, 2002, S. 325–333

Mernissi, Fatima: »Der Harem in uns. Die Furcht vor dem anderen und die Sehnsucht der Frauen«. Freiburg 1994 (Titel der Originalausgabe: »Dreams of trespass. Tales of a harem girlhood«. New York 1994)

Morin, Edgar: »Europa denken«. Frankfurt a. M./New York 1991 (Titel der Originalausgabe: »Penser l'Europe«. Paris 1990)

Müller, Jörg Paul: »Der politische Mensch – menschliche Politik. Demokratie und Menschenrechte im staatlichen und globalen Kontext«. Basel/Genf/München 1999

Münch, Richard: »Das Projekt Europa: zwischen Nationalstaat, regionaler Autonomie und Weltgesellschaft«. Frankfurt a. M. 1993

Münkler, Herfried: »Bleiben die Staaten die Herren des Krieges?« in Ballestrem/Gerhardt/Ottmann/Thompson (Hg.), 2000

Münkler, Herfried (Hg.): »Bürgerreligion und Bürgertugend: Debatten über die vorpolitischen Grundlagen politischer Ordnung«. Baden-Baden 1996

Novak, Michael: »Seven Tangled Questions« in Berger/Neuhaus/Novak, 1996

Petritsch, Wolfgang: »Bosnien und Herzegowina fünf Jahre nach Dayton, Hat der Friede eine Chance?«. Klagenfurt/Wien/Ljubljana/Tuzla/Sarajevo 2001

Preuß, Ulrich K.: »Der Kosovo-Krieg, das Völkerrecht und die Moral« in »Der Kosovo-Krieg und das Völkerrecht«. Reinhard Merkel (Hg). Frankfurt a. M. 2000

Preuß, Ulrich K.: »Der Begriff der Verfassung und ihre Beziehung zur Politik« in »Zum Begriff der Verfassung. Die Ordnung des Politischen«. Ders. (Hg.). Frankfurt a. M. 1994

Preuß, Ulrich K.: »Revolution, Fortschritt und Verfassung. Zu einem neuen Verfassungsverständnis«. Berlin 1990

Priddat, Birger P.: »Gerechtigkeit oder Fairneß. Der Staat in der Zivilgesellschaft« in »Europa oder Amerika? Zur Zukunft des Westens«, Sonderheft »Merkur«, München, 9/10 2000, S.1026–1031

Puhle, Hans-Jürgen: »Demokratisierungsprobleme in Europa und Amerika« in Brunkhorst/Niesen, 1999

Reese-Schäfer, Walter: »Grenzgötter der Moral. Der neuere europäisch-amerikanische Diskurs zur politischen Ethik«. Frankfurt a. M. 1997

Riesebrodt, Martin: »Die Rückkehr der Religionen. Fundamentalismus und der ›Kampf der Kulturen‹«. München 2000

Šarčević, Edin: »Völkerrechtlicher Vertrag als ›Gestaltungsinstrument‹ der Verfassungsgebung : Das Daytoner Verfassungsexperiment mit Präzedenzwirkung?« in »Archiv des Völkerrechts«, Bd. 39, Tübingen 2001, S. 297–339

Šarčević, Edin: »Die Schlußphase der Verfassungsgebung in Bosnien und Herzegowina«. Leipzig 1996

Schambeck, Herbert: »Ethik und Staat«. Berlin 1986

Schulze, Hagen: »Staat und Nation in der europäischen Geschichte«. München 1995

Schulze, Hagen: »Die Wiederkehr Europas«. Berlin 1990

Sennett, Richard: »Verfall und Ende des öffentlichen Lebens. Die Tyrannei der Intimität«. Frankfurt a. M. 1983 (Titel der Originalausgabe: »The Fall of Public Man«. New York 1974)

Spillmann, Kurt R.: »Amerikas Ideologie des Friedens. Ursprünge, Formwandlungen und geschichtliche Auswirkungen des amerikanischen Glaubens an den Mythos von einer friedlichen Weltordnung«. Bern/Frankfurt a. M./New York 1984

Stahn, Carsten: »Die verfassungsrechtliche Pflicht zur Gleichstellung der drei ethnischen Volksgruppen in den bosnischen Teilrepubliken – Neue Hoffnung für das Friedensmodell von Dayton? Zugleich eine Anmerkung zur dritten Teilentscheidung des bosnischen Verfassungsgerichtes vom 1. Juli 2000 im Izetbegovic-Fall« in »Zeitschrift für ausländisches öffentliches Recht und Völkerrecht«, Stuttgart, Berlin, Köln, Jg. 60, 2000, S. 663–713, zit. Stahn 2000a

Stahn, Carsten: »Gute Nachbarschaft um jeden Preis? Einige Anmerkungen zur Anbindung der USA an das Statut des Internationalen Strafgerichtshofs« in »Zeitschrift für ausländisches öffentliches Recht und Völkerrecht«, Stuttgart, Jg. 60, 2000, S. 631–658, zit. Stahn 2000b

Stahn, Carsten / Eiffler, Sven-R.: »Über das Verhältnis von Internationalem Menschenrechtsschutz und Völkerstrafrecht anhand des Status von Rom« in »Kritische Vierteljahresschrift für Gesetzgebung und Rechtswissenschaft«, Baden-Baden, Jg. 82, 1999, S. 253–277

Steinvorth, Ulrich: »Brauchen wir einen Nationalismus?« in »Aktuelle Fragen der Rechtsphilosophie«. Kurt Seelmann (Hg.). Frankfurt a. M./Berlin/Bern/Bruxelles/New York/Oxford/Wien 2000

Stüwe, Klaus: »Eine Zivilreligion als Integrationsideologie? Das amerikanische Beispiel« in »Stimmen der Zeit«, Freiburg, Jg. 57, 1997, S. 457–472

Teubner, Gunther: »Polykorporatismus: Der Staat als ›Netzwerk‹ öffentlicher und privater Kollektivakteure« in Brunkhorst/Niesen, 1999

Thumann, Michael: »Der unvollendete Triumph des Nationalstaats – Bosniens Weg zum Abkommen von Dayton« in »Deutsche Außenpolitik 1995«

Thürer, Daniel: »Recht der internationalen Gemeinschaft und Wandel der Staatlichkeit« in »Verfassungsrecht der Schweiz«. Ders. / Jean-François Aubert / Jörg Paul Müller (Hg.). Zürich 2001

Thürer, Daniel: »Modernes Völkerrecht: Ein System im Wandel und Wachstum – Gerechtigkeitsgedanke als Kraft der Veränderung?« in »Zeitschrift für ausländisches öffentliches Recht und Völkerrecht«, Stuttgart, Jg. 60, 2000, S. 557–604

Tönnies, Sibylle: »Weltfrieden und Völkerrecht. Made in the USA oder Aufgabe der UNO?« in »Blätter für deutsche und internationale Politik«, Bonn, 2001, S. 829–836,

Vollrath, Ernst: »Die Trennung von Staat und Kirche im Verfassungsverständnis der USA« in Kodalle, 1988

Weber, Max: »Die protestantischen Sekten und der Geist des Kapitalismus« in »Die protestantische Ethik I. Eine Aufsatzsammlung«. Johannes Winckelmann (Hg.). 8. Auflage, Gütersloh 1991

Wiegand, Wolfgang: »Europäisierung – Globalisierung – Amerikanisierung« in »Vernetzte Welt – globales Recht. Jahrbuch Junger Zivilrechtswissenschaftler«. Martin Immenhauser / Jürg Wichermann (Hg.). Stuttgart 1998

Zehnpfennig, Barbara: »Die Federalists zwischen Gemeinwohl und Partikularinteresse« in Münkler, 1996

Anmerkungen

Auslassungen oder Einfügungen in Zitaten sind in Klammern gesetzt, Klammern im Originaltext werden als solche bezeichnet.

1 Berlinische Monatsschrift, Jg. 1784, S. 481.
2 Hobsbawm, »Das Zeitalter der Extreme. Weltgeschichte des 20. Jahrhunderts«.
3 Den Begriff des Ethnonationalismus erläutert Altermatt in »Das Fanal von Sarajevo. Ethnonationalismus in Europa«.
4 Eine Darstellung der Geschehnisse findet sich bei Petritsch, »Bosnien und Herzegowina fünf Jahre nach Dayton, Hat der Friede eine Chance?«, eine kürzere Fassung ist nachzulesen bei Thumann, »Der unvollendete Triumph des Nationalstaates. Bosniens Weg zum Abkommen von Dayton«.
5 Šarčević 1996, S. 51 f.
6 Eine »monolithische« Identität besteht – bildlich übersetzt – aus einem einzigen Stück Fels derselben Gesteinsschicht.
7 Kalberg, S. 948.
8 Eine Beschreibung dieser Entwicklung findet sich in Münkler »Bleiben die Staaten die Herren des Krieges?«
9 Kallscheuer 1996, S. 22.
10 Vollrath, S. 218.
11 Eisenstadt, S. 57.
12 In einem Artikel zum 350. Jahrestag des westfälischen Friedensschlusses führt Heinz Schilling aus: »›Frieden durch Recht‹ bedeutete für das europäische Staatensystem eine vom noch jungen Völkerrecht getragene Ordnung, die von einer prinzipiellen Rechts- und Statusgleichheit der Staaten ausging. Das Streben einer Macht nach absoluter Dominanz, sei es im Sinne einer Universalmonarchie, sei es als andauernde, unbalancierte Hegemonie, galt fortan als unrechtmäßig. Versuche, eine solche Dominanz zu errichten, hat es auch nach 1648 gegeben, angefangen mit den bereits in den 1660er Jahren angezettelten Expansionskriegen Ludwigs XIV. Sie standen aber im Gegensatz zu der im Westfälischen Frieden gleichsam notariell bestätigten Rechtskultur des Kontinents und trafen darüber hinaus stets auf den energischen

Abwehrwillen der anderen Staaten.« In: »Neue Zürcher Zeitung« vom 24./25. 10. 1998.

13 Das First Amendment der US-amerikanischen Verfassung, welches die Religionsfreiheit garantiert, wird denn auch ausdrücklich als Freiheit *für* die Religion und nicht als Freiheit *von* der Religion verstanden. Berühmt ist dazu der Ausspruch von Präsident Ronald Reagan: »The First Amendment was not written to protect the people from religious freedom.« Wiedergegeben bei Geldbach, S. 250.

14 Spillmann erläutert die Hintergründe, weshalb eine relativ kleine Gruppe von Einwanderern einen so nachhaltigen Einfluß ausüben konnte: »Die kleine Gruppe von rigorosen Puritanern, die mit einer externalisierten Bundes-Theologie wie auch mit einer externalisierten Eschatologie ihren Weg durch die Wirklichkeit suchte, bzw. *sich eine zu ihrer Ideologie passende Wirklichkeit herzustellen suchte*, war es, die den Kern der amerikanischen Nation lieferte und dank der Geschlossenheit ihres religiösen Systems und der Durchschlagskraft dieser selbstbewußten Ideologie auch den Kristallisationspunkt für das Selbstverständnis einer neuen Nation abgab.« Spillmann, S. 41 (Hervorhebung G. H.).

15 Einleitend zu diesem Aufsatz wird die Antrittsrede Präsident Kennedys analysiert. Zum unmittelbar zuvor durch den Präsidenten abgelegten Amtseid führt Bellah aus: »Dieser Eid ist der Amtseid, welcher die Annahme der Verpflichtung miteinschließt, die Verfassung hochzuhalten. Er schwört ihn vor dem Volk (euch) und Gott. (...) Obwohl der Volkswille, wie es sich durch die Stimmenmehrheit ausdrückt, sorgfältig als die einzig wirksame Quelle politischer Autorität institutionalisiert wird, ist er der endgültigen Bedeutung beraubt. Der Volkswille selbst ist nicht das Kriterium für richtig und falsch. Es gibt ein übergeordnetes Kriterium, an dem dieser Wille gemessen werden kann; es ist möglich, daß das Volk im Unrecht ist. Die Verpflichtung des Präsidenten erstreckt sich auf dieses übergeordnete Kriterium.« Bellah 1991, S. 22 ff.

16 Leggewie, S. 124.

17 Blanke, S. 189.

18 Ausführlich wird das Phänomen beschrieben bei Spillmann, S. 39 ff. Bellah widmet dem Thema »America as a Chosen People« ein eigenes Kapitel, Bellah 1992, S. 36 ff. Ein interessanter geschichtlicher Beleg findet sich bei Kallscheuer: »Die ersten Entwürfe für das Große Amtssiegel der Vereinigten Staaten (von Benjamin Franklin und Thomas Jefferson) sollten die USA als ›Gottes neues Israel‹ symbolisieren: Moses teilt mit erhobenem

Stab das Rote Meer, in dem die Feinde der Freiheit ertrinken; Gott führt das auserwählte Volk mit Wolken- und Feuersäulen durch die Wüste.« Kallscheuer 1994, S. 119.

19 Dazu Fleiner-Gerster, S. 53.

20 Martin beschreibt diese Bedeutung der Religion folgendermaßen: »Religion konnte demnach in zweierlei Weise wirksam werden. Zum einen konnte sie die schwärmerische Begeisterung auslösen, welche dann eine Unzahl freiwilliger Glaubensgemeinschaften ins Leben rief, die alle miteinander konkurrieren und sich deshalb auf ihre jeweiligen Märkte einstellen müssen. Zum zweiten konnte sie die Bestrebungen und das Schicksal des amerikanischen Volkes als ganzem in einer Weise legitimieren, daß das Ideal niemals durch eine rauhe Wirklichkeit zu widerlegen war. Die Religion – und das bedeutete: fast jede Religion – wurde deshalb positiv als eine unstreitig *proamerikanische Tätigkeit* angesehen.« Martin, S. 167f. (Hervorhebung G. H.).

21 Gellner 1992, S. 5.

22 In einem Vergleich zwischen dem, was sie als amerikanische und französische Bürgerreligion bezeichnen, arbeiten Kleger/Müller unter anderem die folgende Differenz heraus: »Biblische Vorstellungen (...) erwiesen sich als Matrix der politischen Selbstdeutung der Amerikaner und fördern im Verbund mit dem weltlichen Fortschrittsmythos bis heute die religiös-politische Dynamik des *nationalen* Sendungsbewußtseins. (... Für Frankreich) ist die religiöse Bindung für die Konstitution des Bürgers dagegen hinderlich. Das Individuum muß durch den *Staat*, vor allem über ein einheitliches Erziehungssystem von der Vormundschaft der Kirche befreit und zur kulturellen Freiheit ermächtigt werden.« Kleger/Müller 1996, S. 68 (Hervorhebung durch die Autoren).

23 Eine diesbezügliche Beschreibung der Situation findet sich unter dem Titel »McJesus Worldwide, Inc.« bei Leggewie, S. 123ff.

24 So hatten es bereits die Puritaner in den neuenglischen Kolonien gefordert: »Die Religion, zumindest der Teil davon, der die Bürger miteinander und mit Gott verband, sollte auch Politik und Staatskunst sein, und die Staatskunst sollte auch Religion sein (...)«. Blanke, S. 187.

25 Eine Beschreibung dieser Entwicklung findet sich bei Vollrath, S. 222ff.

26 Kallscheuer umschreibt das Gemeinsame dieser verschiedenen Situationen in Europa folgendermaßen: »In Europa sind (die christlichen Kirchen) zwar (...) mit teilweise erheblichen institutionellen und steuerlichen Privilegien ausgestattet und verwalten eine Art semi-offizielle Tugendwächterrolle. Deren verfassungs-

gemäße und tatsächliche Reichweite müssen sie jedoch beständig gegenüber einer aus diversen Kulturkämpfen der letzten beiden Jahrhunderte mißtrauischen weltlichen Öffentlichkeit rechtfertigen (...)«. Kallscheuer 1996, S. 17.

27 Gellner 1995, S. 25 ff.

28 Casanova bezeichnet die Vereinigten Staaten unter diesem Aspekt als die am wenigsten säkularisierte Gesellschaft der Neuzeit: Casanova, S. 182 f.

29 »... what can justly be called the unifying mission of secularism has a sanctity all its own.«, wird Agnes Meyer, die Frau des Herausgebers der »Washington Post« zitiert: Kodalle, S. 43.

30 Fikentscher hält fest, daß mit dem Begriff »State« in den USA nie »die Zusammenfassung des amerikanischen Volkes zu einer öffentlich-rechtlich definierten Einheit« gemeint ist: Fikentscher 1997, S. 1408.

31 Howard umschreibt die damalige Situation folgendermaßen: »Die Unabhängigkeit der Amerikaner – ihre Revolution, wenn man so will – bestand also einfach darin, daß die Mitglieder der Gesellschaft ihre eigenen Interessen verfolgen wollten und sich von der Bevormundung durch den Staat befreit hatten, ohne über Institutionen oder Politik nachzudenken. Das Ideologische dabei bestand in der Vortäuschung einer selbstgenügsamen Gesellschaft. Politische Eingriffe, die mit staatlichen gleichgesetzt wurden, waren unerwünscht. Man sollte sich mit der Gesellschaft, wie sie war, begnügen.« Howard 1999, S. 170.

32 Höhepunkt der US-amerikanischen Revolution ist die Unabhängigkeitserklärung von 1776. Die Annahme der Bundesverfassung erfolgte am 17. September 1787. Vgl. dazu Howard 2001, S. 29 ff.

33 Den Begriff »rechenschaftspflichtiges Dienstleistungsunternehmen« verwendet Adams, der am selben Ort darlegt, warum es für den Begriff des Staates »im überhöhten deutschen Sinn« in den »jüngst Vereinigten Staaten und entsprechend im Verfassungstext und in den *Federalist*-Artikeln keine Verwendung« gegeben habe, weil eben *government* und *nation* nicht verschmolzen worden seien: Adams, S. 296 f. Zu den »*Federalist*-Artikeln« vgl. Anmerkung 37.

34 Priddat umschreibt dies folgendermaßen: »In der amerikanischen Tradition ist der Staat ein Organ der Gesellschaft (...)«. Priddat, S. 1028.

35 Den »horizontalen Gesellschaftsvertrag« erläutert Preuß 1994, S. 16 ff. Der Begriff »Horizontalität« wird auch verwendet, um jenen Übergang im historischen Prozeß der Säkularisierung zu bezeichnen, in welchem die transzendente Begründung des Staa-

tes – zum Beispiel die Autorität des Monarchen, der als göttlich galt – definitiv ersetzt wurde durch die Selbstorganisation der Bürger, die von nun an ohne überirdische Autorität selbst bestimmen, wie sie regiert sein wollen (z. B. bei Frankenberg, »Die Verfassung der Republik. Autorität und Solidarität in der Zivilgesellschaft«). Ich verwende den Begriff zwar auch in letzterem Sinne, wobei der so verstandene horizontale Gesellschaftsvertrag sowohl im europäischen Denken wie auch in jenem der Vereinigten Staaten existiert. Aber jenseits des Atlantiks gibt es nur diesen Gesellschaftsvertrag und nicht zusätzlich den Staat als etwas darüber Hinausgehendes. Wird der Begriff ausschließlich im Sinne der Säkularisierung verwendet, so würde sich sogar die Frage stellen, ob die so verstandene Horizontalität in den USA tatsächlich gegeben ist; dazu die vorangehenden Ausführungen zur »Säkularisierung«.

36 Den Zusammenhang zwischen dem horizontalen Gesellschaftsvertrag und der beschränkten Autorität der Regierung umschreibt Preuß folgendermaßen: »In der vertragstheoretischen Tradition Locke's stehend, der ja im Gegensatz zu Hobbes und Rousseau bereits dem Naturzustand alle wesentlichen Eigenschaften einer durch Eigentum und Verträge gekennzeichneten differenzierten Gesellschaft zuspricht und für den daher der Gesellschaftsvertrag keineswegs nur zum Zwecke des Schutzes der naturhaften Elementarbedürfnisse der Individuen geschlossen wird, bedeutet ›Volk‹ (den amerikanischen Revolutionären) nicht die durch ihre kreatürliche und daher für alle gleiche Bedürftigkeit zusammengeschweißte ursprüngliche Einheit einer Kollektivperson, sondern im Gegenteil die ›endlose Vielfalt einer Menge, deren Würde in ihrer ausgeprägten Pluralität lag‹. Die Macht, die ›dem Volk‹ zukam, bestand daher auch nicht in der Summierung der ›natürlichen‹ Kräfte der im Naturzustand aller Bindungen ledigen Individuen und deren Übertragung auf eine diese Macht nun verkörpernde Instanz; sie materialisierte sich vielmehr in der von Anbeginn rechtlich gebundenen Autorität eines ›government‹, die von Individuen übertragen wurde, die bereits durch wechselseitige rechtliche Verpflichtungen eine Gesellschaft bilden und daher eine Regierung nicht aus dem Naturzustand heraus einsetzen. Die Erfahrung der amerikanischen Kolonisten und ihre vielfältigen Pakte und ›covenants‹ machen es plausibel, daß ihre erste Vorstellung von einem ›social contract‹ die einer horizontalen, auf Gegenseitigkeit beruhenden Vereinbarung war, durch die sie sich zu einer Gemeinde (sowohl im religiösen wie im weltlichen Sinne) zusammenschlossen und ihre in der individuellen Isolierung bestehende Ohnmacht durch die Begründung

reziproker Verpflichtungen überwanden; den Triumph über den Naturzustand bewirkt die Erwartungssicherheit des Rechts, das damit der Existenz einer Macht, die es garantiert, vorausliegt. Und dieser Sicherheit des Rechts liegt ihrerseits das rechtserzeugende wechselseitige Vertrauen derjenigen zugrunde, die in einem gemeinsamen und gefährlichen Unternehmen engagiert sind. Gesellschaftliche Macht entsteht daher nicht aus einer Konzentration der naturzuständlichen Macht der Individuen an einen Souverän, sondern in der Übertragung von bereits zuvor rechtlich formierten, auf Reziprozität beruhenden Befugnissen auf eine ›Regierung‹; ihre Autorität kann daher bereits vom Ansatz her nicht als grenzenlos gedacht werden.« Preuß 1990, S. 32 (Klammer durch den Autor gesetzt).

37 Der Vorgang dieser neuen Sinngebung und deren Begründung läßt sich heute im Detail nachlesen, und zwar in den »Federalist Papers«, einem eigentlichen Verfassungskommentar, der 1787 von Alexander Hamilton, James Madison und John Jay herausgegeben wurde, eine Streitschrift zugunsten der Verfassung, wie sie die »Federalists« vorgeschlagen hatten und wie sie sich dann schließlich auch durchsetzte. Zehnpfennig spricht von einer eigentlichen »Umdeutung der Begriffe« und umschreibt diese folgendermaßen: »Die republikanische Gleichheit wird transformiert in eine modifizierte Form der Eliteherrschaft; der Föderalismus wird zur Rechtfertigungstheorie für die Stärkung der Zentralgewalt; die Vielfalt an Meinungen und Lebensstilen, der Pluralismus, wird zum Instrument für eine im Grunde monistische Zielsetzung.« Es folgt eine Erläuterung dieser Umdeutung in den einzelnen Punkten: Zehnpfennig, S. 304f.

38 Das Buch von Robert N. Bellah, in welchem er den Niedergang der amerikanischen Zivilreligion bedauert, trägt den Titel »The Broken Covenant: Americas Civil Religion in Time of Trial«.

39 Zu den neuenglischen Kolonien führt Adams folgendes aus: »(...) die englischen Brückenköpfe (...) waren zunächst keine Kronkolonien, sondern von der Krone gebilligte Privatunternehmungen. (...) Versammlungen gewählter Vertreter der Grundbesitzer (...) waren weitere Organisationsformen, die das Zusammenspiel von englischer Kolonialherrschaft, englischen Geschäftspraktiken und amerikanischen Siedlungs- und Wirtschaftsverhältnissen nahelegten oder erzwangen. Dieser weltliche Impuls zur Partizipation der Anteilseigner an der Selbstregierung wurde (...) noch verstärkt durch religiöse Überzeugung: Für die Puritaner stand außer Frage, daß die Gemeinschaft der Gläubigen in Fragen des Kirchenregimentes weitgehend autonom sein mußte und daß jedes Vollmit-

glied einer Kirchgemeinde gleiches Mitspracherecht genoß, etwa auch bei der Wahl des Gemeindepfarrers. Die Legitimation stiftenden Gedankenfiguren des Gesellschaftsvertrages und des biblischen Bundes (covenant) waren in der Person des Bürgers und des Gläubigen untrennbar miteinander verknüpft (...)« Adams, S. 285.

40 In seiner 1906 verfaßten Schrift »Die protestantischen Sekten und der Geist des Kapitalismus« hat Weber die geschichtlichen Zusammenhänge eingehend beschrieben. Zur Bedeutung von Clubs und Vereinen für das berufliche und geschäftliche Fortkommen: Weber, S. 286ff. Hier ist auch ein Beispiel der wechselseitigen Haftung für Schulden wiedergegeben: »... aus der Erzählung eines deutschgeborenen Nasen- und Rachen-Spezialisten, der sich in einer großen Stadt am Ohio niedergelassen hatte und von dem Besuch seines ersten Patienten erzählte. Sich auf Aufforderung des Arztes auf dem Sofa niederstreckend, um mit dem Nasenspiegel untersucht zu werden, habe dieser Patient sich erst noch einmal aufgerichtet und mit Würde und Nachdruck bemerkt: ›Herr, ich bin Mitglied der ... Baptist church in der ... Street.‹ Ratlos, was für eine Bedeutung diese Tatsache wohl für das Nasenleiden und dessen Behandlung haben könne, habe er (der Arzt) einen ihm bekannten amerikanischen Kollegen vertraulich darüber befragt und die lächelnde Auskunft erhalten, das bedeute nur: ›Seien Sie wegen des *Honorars* ohne Sorgen.‹« Weber, S. 281 (Klammer und Hervorhebung durch den Autor).

41 Daß die Vorstellung, neu zu beginnen und das Alte hinter sich zu lassen, auch eine religiöse Komponente hat, zeigt Eisenstadt: »(Der amerikanische) Gründungsmythos (...) beschrieb Amerika als ›neu‹ und rein, als heilig. (...) Die Idee der ›Neuheit‹ der amerikanischen Erfahrung führte zu einer spezifischen Konzeption von Geschichte, von kollektiver Zeit. Sie betonte den gemeinsamen – historischen – Ursprung des amerikanischen Mythos und des amerikanischen Volkes. Aber dieser historische Ursprung bedeutete eine Diskontinuität, den Abbruch der europäischen Tradition, und es lag darin nicht die Vorstellung, die amerikanische Vision werde sich in einem historischen Prozeß fortschreitend entfalten.« Eisenstadt, S. 58f.

42 In ganz anderem Zusammenhang – nämlich zur Frage, auf welche Gründe die relativ hohe landesinterne Mobilität der US-Amerikaner zurückzuführen sei – legt Joas Wert auf die Feststellung, diese Mobilität sei nicht so sehr eine Folge allein des Individualismus, sondern »(...) eine Bilanz über sehr unterschiedliche Tendenzen, von der Abstoßung aus der bisherigen Heimat zur Attraktion in eine neue (...)«. Joas, S. 58.

43 Das Zitat findet sich bei bei Kallscheuer 1994, S. 138f.

44 Eisenstadt, S. 50. Der Vorgang der Erreichung von Konformität durch »Amerikanisierung« hat ebenfalls historische Wurzeln, ausführlich beschrieben bei Spillmann, S. 161ff.

45 Vgl. dazu Anmerkung 65 betr. den Status der gefangenen Taliban- und Al-Kaida-Kämpfer im Gefangenenlager Guantánamo auf Kuba.

46 Ergänzend sei hier die Formulierung wiedergegeben, mit welcher Preuß das Fehlen des Souveränitätsbegriffes in der amerikanischen Verfassung begründet hat: »Die Vorstellung einer voraussetzungslosen und ungebundenen Souveränität der Nation und des Volkes war daher selbst dem radikalen Republikanismus der Anti-Föderalisten fremd, noch mehr den amerikanischen Verfassungsvätern, die der Möglichkeit eines einheitlichen kollektiven Willens und seiner Vernunft äußerstes Mißtrauen entgegenbrachten. Sie waren staats- und verfassungstheoretisch auf eine solche Hypothese auch gar nicht angewiesen, denn ihr Verfassungswerk bezweckte eine öffentliche Gewalt, die möglichst effektiv die Freiheit der Bürger – und das war am Ende des 18. Jhdts. die Freiheit der Besitzenden – schützte; eine über den individuellen Rechtsschutz hinausgehende geschichtliche Mission der öffentlichen Gewalt und die Vorstellung, sie sei gewissermaßen die Inkarnation eines vernünftigen Gemeinwillens, war ihnen fremd, ja erschien ihnen geradezu bedrohlich, und so achteten sie sorgsam darauf, die politische Willensbildung möglichst weitgehend zu fragmentieren, um dadurch eine Unterdrückung der besitzenden Minderheit durch die Mehrheit der Besitzlosen auszuschließen. Strukturell äußerte sich diese auf Freiheitsverbürgung gerichtete Verfassungskonzeption darin, daß es ›die‹ öffentliche Gewalt, d. h. die Einheit eines Zentrums, in der US-Verfassung nicht gibt; sie konstituiert auf der Grundlage eines stark ausgeprägten Föderalismus von Anbeginn verschiedene Gewalten und regelt deren wechselseitige Beziehungen im Sinne eines Systems von ›checks and balances‹, so daß die Vorstellung eines Souveräns in der Verfassung keinen Widerhall findet. Es fehlt daher auch jenes Pathos der Volkssouveränität, das sich in Europa seit der französischen Revolution mit der Idee der kollektiven Vernunft und des sozialen ebenso wie des moralischen Fortschritts verbindet.« Preuß 1990, S. 32f.

47 Howard formuliert dies folgendermaßen: »Das politische Leben in den Vereinigten Staaten erscheint (...) als eine fortwährende Selbsttransformation der Wirtschaftsgesellschaft, eine Art permanenter Revolution, die durch konstitutionelle Mechanismen

geschützt wird, die garantieren, daß keine der politischen Gewalten beanspruchen kann, den Volkswillen zu verkörpern und in seinem Namen Maßnahmen durchzusetzen.« Howard 2001, S. 49f.

48 Die These, wonach »›einhundertdreiundsiebzig Tyrannen (nämlich die gewählten Abgeordneten des Staates) genausoviel Unterdrückung ausüben können wie ein einziger‹ und daß Amerika nicht dafür gekämpft hat, einen erblichen Tyrannen durch einen gewählten zu ersetzen«, geht auf Thomas Jefferson in seinen »Bemerkungen über den Staat von Virginia« zurück: Howard 2001, S. 298 (Klammer durch den Autor gesetzt).

49 Preuß 1994, S. 19 (Hervorhebung G. H.).

50 Die Frage, wie sich diese Volkssouveränität in einer Weise zum Ausdruck bringen könne, welche die Grundanliegen der Amerikanischen Revolution nicht gefährde, wird in den »Federalist Papers« behandelt, dem bereits erwähnten Verfassungskommentar von Hamilton/Madison/Jay.

51 Eisenstadt führt die in den Vereinigten Staaten getroffene Lösung auch darauf zurück, daß es schwierig gewesen sei, die Träger des Allgemeinwillens zu lokalisieren: »Die primordialen – auf Territorium, Abstammung oder Sprache gegründeten – Zugehörigkeiten waren schwach ausgeprägt. Immerhin hatte sich eine Zivilreligion entwickelt, deren verschiedene Prämissen allerdings zueinander in Spannung standen. In dieser Lage begannen Teile der Gesellschaft die Rechtsprechung als die Arena anzusehen, in der der Allgemeinwille, die *volonté générale*, formuliert werden konnte. Im revolutionären und nachrevolutionären Frankreich konnten *la République française* oder *la patrie* gleichsam an die Stelle des Königs gesetzt und als Träger der *volonté générale* dargestellt werden. In den Vereinigten Staaten war das wegen der oben beschriebenen negativen Einstellung zu Regierung und Staat nicht möglich.« Eisenstadt, S. 73.

52 Bellah 1986, S. 50. Vgl. auch Anmerkung 15.

53 Bedauernd stellt Hannah Arendt fest, daß man in den USA politische Prinzipien in gesellschaftliche »Werte« transformiert habe: Arendt, S. 285.

54 Dahrendorf 1997, S. 821.

55 Preuß 1994, S. 19.

56 Diese Freiheit wird durchaus auch in Amerika und für Amerika beschrieben: Sennett spricht von der Chance zu einer Begegnung mit anderen Menschen, »ohne daß gleich der zwanghafte Wunsch hinzuträte, sie als Personen kennenzulernen«, Sennett, S. 428.

57 Vgl. dazu Anmerkung 42.

58 Ein kritischer Überblick über den Gemeinschaftsbegriff in den USA und Europa findet sich bei Reese-Schäfer, der zu den Begriffen »Gemeinschaft« und »Gesellschaft« die Unterscheidung wiedergibt, wie sie auf den Soziologen Ferdinand Tönnies zurückgeht: Gemeinschaft beruht auf der »›besondere(n) soziale(n) Kraft und Sympathie, die Menschen als Glieder eines Ganzen zusammenhält. Gesellschaft dagegen ist ein Kreis von Menschen, die zwar friedlich nebeneinander leben und arbeiten, aber doch ›wesentlich getrennt sind‹.« Diese Unterscheidung erfaßt zwar einen Teil der hier bereits angerissenen Fragestellung, ist aber dafür nicht ausreichend. Reese-Schäfer, S. 418 ff.

59 Vgl. dazu Anmerkung 56.

60 Preuß weist darauf hin, daß auf institutioneller Ebene der Gegensatz des britischen zum amerikanischen Verfassungsmodell kaum drastischer sein könnte: Preuß 1994, S. 15.

61 Im rechtlichen Zusammenhang ist »Pragmatismus« eine philosophische Schule, die auf das amerikanische Rechtsdenken großen Einfluß genommen hat. Fikentscher nennt als Merkmale dieser Denkrichtung, daß sie versucht, »den Standort des Menschen in der Gesellschaft und in der Welt im allgemeinen durch Reduktion auf das Einfachste und so real wie möglich zu bestimmen«. Fikentscher 1975, S. 279.

62 Brugger umschreibt diese Eigenheit des US-amerikanischen Rechtes folgendermaßen: »(...) Systematisierung und innere Konsistenz (... ist dem) amerikanischen Rechtsdenken fremd (...)« Brugger, S. 83.

63 Die Nichtanerkennung des Internationalen Strafgerichtshofes durch die Vereinigten Staaten wird von verschiedenen US-Juristen damit begründet, daß die Verfahrensgarantien für die Angeklagten den hohen Anforderungen des US-amerikanischen Rechtes nicht genügen würden. Vgl. auch Anmerkung 76.

64 Auch diesbezüglich besteht ein Unterschied zwischen England und den Vereinigten Staaten: Fikentscher bezeichnet die englische Jurisprudenz als »eine der traditionsreichsten, angesehensten, verläßlichsten, vorhersehbarsten und vorbildlichsten«, die »in der Welt unter Anlegung dieser Kriterien die Spitze« einnehme. Unterschiede zu den Vereinigten Staaten bestehen dabei vor allem in der Vorhersehbarkeit: Fikentscher 1975, S. 149.

65 Der Exekutivdirektor von Amnesty International USA versuchte in diesem Zusammenhang aufzuzeigen, daß ein humaner Umgang mit den Gefangenen im ureigensten Interesse der US-Amerikaner liege. Dies veranlaßt den Berichterstatter der »Neuen Zürcher Zeitung« zu der Bemerkung, dies scheine zur Zeit der

einzige Weg zu sein, in den Vereinigten Staaten den Blick für die Probleme zu schärfen: »Neue Zürcher Zeitung« vom 21. 1. 2002.

66 Durch den Erlaß des Bundestages sollten vor allem auch die Unternehmen veranlaßt werden, ihren Beitrag zur Entschädigung der Opfer zu leisten.

67 Diesen Ausdruck verwendet der Unterhändler der deutschen Regierung, Otto Graf Lambsdorff, in einem Interview: »Der Bund« vom 3. 6. 2000.

68 Die Auseinandersetzung um diese europäische Rechtstradition ist heute wenig aktuell. Sie scheint in der rechtspolitischen Diskussion zum letzten Mal vor einem Vierteljahrhundert stattgefunden zu haben, und zwar keineswegs in transatlantischem Zusammenhang, sondern in der Konfrontation mit jener Tendenz in Europa, »die nicht müde wird, das geltende Rechtssystem oder das Recht überhaupt als irrelevant oder gar verachtenswert darzustellen«. So muß man denn einige Jahrzehnte zurückgehen, um Formulierungen zur europäischen Rechtstradition zu finden, wie beispielsweise die folgende, welche in eine geradezu apokalyptische Schlußfolgerung mündet: »Eine zureichend breite und intensive Rechtsgesinnung erscheint jedenfalls als Voraussetzung jeder sinnvollen intellektuellen Arbeit an Rechtsfragen. Wo jedem nicht mehr das (gemeinsame) Recht, sondern allein Meinung und Interesse seiner speziellen Gruppe oder seiner eigenen Person Verhaltensmaxime ist, interessiert niemanden mehr die rationale Lösung von Rechtsfragen. Allerdings gibt es auch gar keine Rechtsgemeinschaft mehr, sondern Gewalt, Chaos und höchstens die ungezügelte Herrschaft des kurzfristig jeweils Stärkeren.« Bydlinski, S. 6f.

69 Entsprechend diesen beiden Rollen heißt die erste französische Grundrechtserklärung »Erklärung der Menschen- und Bürgerrechte«, wobei sich die Menschenrechte auf die Rolle als rechtsunterworfene Person beziehen und die Bürgerrechte auf die Rolle als Teil des Souveräns.

70 Günther hat den Bezug zwischen Staatsbürger und Rechtsperson eingehend beschrieben und gelangt unter anderem zu folgender Definition: »Der demokratische Rechtsstaat lebt von dem *geregelten und institutionalisierten, allgemeinen und gleichen Wechsel* zwischen den Rollen des Staatsbürgers und der Rechtsperson, nicht von ihrer identitären Vermischung in der Rolle des tugendhaften Aktivbürgers oder von ihrer absoluten Trennung in die Rollen des von der Normbefolgung selbst ausgenommenen Gesetzgebers (princeps legibus solutus) und des passiven Untertanen«. Günther 1999, S. 97 (Klammer und Hervorhebungen

durch den Autor). Zur Beteiligung von Nicht- oder Noch-nicht-Staatsbürgern vgl. Anmerkung 155.

71 Auch hier als Illustration ein Zitat zur Tradition des europäischen Staatsverständnisses: »Wer die personale Würde des einzelnen Menschen anerkennt, muß auch den Umstand wahrnehmen, daß der Einzelne aufgrund seiner sozialen Natur die volle Entfaltung seiner Persönlichkeit in der Begegnung mit dem Du (...) und in der Gemeinschaft findet, deren umfassendste Organisationsform der Staat ist. In dieser Sicht ist zwar der Staat nicht die Bedingung für die Persönlichkeitsentfaltung des Einzelnen, wohl aber der Rahmen für das öffentliche und plurale Leben des Menschen, der sein Schicksal mitbestimmt. *Der Ordnungsanspruch des Staates und die Gesinnung des Einzelnen stehen* daher *in einem wechselseitigen Zusammenhang,* sie sollten in eine Rechtsgesinnung münden, in der sich Legalität und Humanität verbinden können.« Schambeck, S. 170 (Hervorhebungen durch den Autor).

72 Unter dem Titel »Zwei Gasthäuser in jeder Straße. Soziale Bindung ist eine gute Sache. Eine ›gute Gesellschaft‹ aber sollten wir uns nicht wünschen« hat Ralf Dahrendorf auf die autoritäre Problematik hingewiesen, die sich einstellt, sobald soziale Kohäsion (im Sinne von »gut sein«) direkt vom Individuum verlangt wird: »Die Zeit« vom 5. 10. 2000.

73 Zu den Vertragsverhandlungen in Dayton, die schließlich zum Abschluß des Friedensabkommens für Bosnien und Herzegowina führten, wird eine solche Situation in einer Publikation beschrieben, die vom Deutschen Auswärtigen Amt herausgegeben worden ist: Ischinger, S. 29f.

74 Eine Übersicht der von den Vereinigten Staaten nicht eingegangenen völkerrechtlichen Verpflichtungen im Bereich der Menschenrechte und der internationalen Gerichtsbarkeit findet sich bei Stahn 2000b, S. 634f. Der Liste wäre die Kinderschutz-Konvention sowie die Konvention zur Beseitigung der Frauendiskriminierung beizufügen.

75 In seiner Schrift »Zum ewigen Frieden« hat der deutsche Philosoph Immanuel Kant Ende des 18. Jahrhunderts bereits einen Zusammenhang hergestellt zwischen einerseits dem Vorgang, daß das Individuum seinen Naturzustand der »gesetzlosen Freiheit« aufgibt, um den Staat zu gründen, und andererseits dem Vorgang, daß die Staaten ihren »internationalen Naturzustand« verlassen, um zu kooperieren. Den ersten Vorgang sieht Kant als obligatorischen, den zweiten als freiwilligen, was sich von der heutigen Realität gar nicht so stark unterscheidet: Baynes, S. 325ff. Ein Beispiel für einen Appell dieser Art an die »amerikanische Seele«

findet sich im vierten Kapitel, Abschnitt »Die Rolle der Staatlichkeit«, Unterabschnitt »Die ›Zivilgesellschaft‹«.

76 Das Vorgehen der USA wird im Detail von Stahn beschrieben in »Gute Nachbarschaft um jeden Preis? Einige Anmerkungen zur Anbindung der USA an das Statut des Internationalen Strafgerichtshofs«.

77 Die Promotoren des Gesetzes zum Schutz der amerikanischen Streitkräfte, welches im US-Senat eingebracht worden ist und sämtlichen US-Behörden die Zusammenarbeit mit dem Internationalen Strafgerichtshof untersagen will, argumentieren vor allem mit politisch motivierten Anklagen gegen US-Soldaten auf globalen Missionen: Christian Schmidt-Häuer in »Die Zeit« vom 7. 2. 2002.

78 In der Schlußphase der rechtlichen Durchsetzung ist dies allerdings auch nicht ausgeschlossen: Ist eine Menschenrechtsverletzung einmal rechtlich verbindlich festgestellt worden, so obliegt die Durchsetzung gegenüber dem verurteilten Staat wiederum den politischen Organen der betreffenden internationalen Organisation, denn eine weltweite »Vollstreckungsbehörde« im Sinne von Polizeiorganen existiert nicht. Trotzdem garantiert ein rechtlich ausgestalteter Durchsetzungsmechanismus einen höheren Grad an Rechtsgleichheit als ein lediglich politisches Verfahren.

79 Zum Abschluß seiner Tätigkeit als Hoher Repräsentant in Bosnien hat Wolfgang Petritsch auf die »amerikanische Skepsis gegenüber unserer meist unspektakulären und langwierigen Arbeit, eine Zivilverwaltung aufzubauen«, hingewiesen, allerdings mit dem Zusatz, diese Skepsis habe seit den Terroranschlägen vom 11. September 2001 spürbar abgenommen: »Neue Zürcher Zeitung« vom 27. 5. 2002.

80 Zum selben Zeitpunkt richtete der britische Premierminister einen analogen Aufruf an seine Landsleute, dies allerdings mit einer sehr europäischen Begründung, in welcher die Menschenwürde zu Ausdruck kam.

81 Stüwe weist darauf hin, daß »I am American« für viele US-Amerikaner gleichbedeutend sei mit »Ich trete für Demokratie ein«. Er zitiert auch den Historiker Samuel P. Huntington – notabene Erfinder des »clash of civilisations« – mit der Formel, Amerikaner zu sein, sei ein Ideal und nicht ein Faktum: Stüwe S. 461 und 464.

82 Dazu auch Stahn 2000a, S. 672. Im Mai 2002 hat der Hohe Repräsentant in Bosnien die sieben Richter für den Gerichtshof ernannt und damit diesen Mangel des Abkommens von Dayton behoben.

83 Die Voraussetzungen für eine Aufnahme Bosniens in den Europarat, welche eine völkerrechtliche Ratifikation der Europäischen

Menschenrechtskonvention sowie die Zuständigkeit des Gerichtshofes ermöglich hätte, wurde in den beiden dafür zuständigen Organen dieser Organisation in regelmäßigen Abständen erörtert. Sowohl für einen früheren als auch für einen späteren Beitritt Bosniens zum Europarat gab es gute Gründe. Wenn ein Nicht-Mitgliedstaat des Europarates bei diesem interveniert, ist dies an sich schon recht außergewöhnlich und verständlicherweise bei verschiedenen Mitgliedstaaten nicht sehr beliebt. Wenn jedoch die Begründung einer solchen Intervention unter anderem darin besteht, die Zuständigkeit des Gerichtshofs für Menschenrechte könnte der positiven Entwicklung eines Staates hinderlich sein, so läßt dies vor allem Rückschlüsse auf die Befindlichkeit des Absenders der Intervention zu: Offenbar wurde Bosnien in Washington D. C. eben doch vorwiegend als einundfünfzigster Staat der Vereinigten Staaten betrachtet, weshalb es galt, die schützende Hand auch über diesen Staat zu halten und ihn vor einer internationalen Gerichtsbarkeit zu bewahren. Der Beitritt Bosniens zum Europarat erfolgte schließlich im April 2002.

84 »Deutsche Außenpolitik«, S. 81 f. und 98.

85 Eine kurze und prägnante Darstellung der Abläufe findet sich bei Thumann, S. 15 ff. Thumann weist auch darauf hin, daß nach dem Scheitern des Vance/Owen-Plans »ethnische Säuberungen« gezielt genau dort stattfanden, wo dieser Plan noch gemischte Gebiete vorgesehen hatte.

86 Der spätere Leiter der deutschen Delegation bei den Friedensverhandlungen von Dayton hatte vor dieser Konferenz in Washington die Meinung geäußert, »es sei für Europa gänzlich inakzeptabel«, die geplante Konferenz außerhalb Europas abzuhalten. »Schließlich gehe es um ein europäisches Problem«, welches in Europa und nicht in den USA gelöst werden müsse. Europa mußte diese Haltung aufgeben, um die Beteiligung der US-amerikanischen Streitkräfte in Bosnien zu sichern, denn nur durch einen Verhandlungsort in den USA konnte die US-Administration dazu gebracht werden, diesen Einsatz zu unterstützen: Ischinger, S. 32.

87 Thumann, S. 20.

88 Lothar Rühl in einer Rezension der erwähnten Publikation des deutschen Auswärtigen Amtes: in »Neue Zürcher Zeitung« vom 9. 10. 1998.

89 »Neue Zürcher Zeitung« vom 16. 11. 1999. Der Bericht stellt fest, daß es dabei nicht um diplomatisches Prestige gehe, sondern darüber hinaus auch um die Frage, ob Bosnien nach amerikanischem oder europäischem Modell verwestlicht werden solle. Der Schluß des Berichtes, der Investitionen fremden Kapitals in Bosnien be-

trifft – und somit an sich außerhalb des Bereichs der hier diskutierten Fragen liegt – sei dennoch wiedergegeben: »Als jüngstes Beispiel und Beweis für die Fortschrittsfeindlichkeit wird (in einer Studie) angeführt, daß nicht einmal McDonalds in Bosnien Einzug hielt. Nach eingehenden Sondierungen beschlossen die Amerikaner, ihre Hamburger anderswo zu braten. Man kann das natürlich auch als einen Sieg des bosnischen Cevapcic über die Allerwelts-Frikadelle sehen – da wurde ein Stück balkanischer Identität gerettet, europäische Tradition gegen amerikanischen Standard verteidigt.«

90 Vgl. Anmerkung 79.

91 Der Begriff des »Monitoring« wird im zweiten Kapitel erläutert, Abschnitt »Recht und Moral«, Unterabschnitt »Menschenrechte«.

92 Tatsächlich hat die bosnische Staats- und Verfassungsordnung fast mehr völkerrechtlichen als innerstaatlichen Charakter, weil sie so stark unter der Kontrolle der internationalen Staatengemeinschaft steht. Dies veranlaßte das bosnische Verfassungsgericht, zur Auslegung der Präambel der bosnischen Verfassung auf die Wiener Vertragsrechtskonvention zurückzugreifen, welche lediglich auf völkerrechtliche Verträge anwendbar ist: Stahn 2000a, S. 686.

93 Vgl. Anmerkung 74.

94 Der Ausdruck »provisorischer Rechtszustand« stammt von Immanuel Kant, der damit die Phase umschreibt, in welcher sich – im Sinne eines Beispiels – ein Individuum einen Gegenstand angeeignet hat, ihn aber noch nicht als seinen definitiven Besitz betrachten kann, weil sich die Individuen noch nicht im Staat zu einer gemeinsamen Gesetzgebung zusammengefunden haben, die dem Eigentum eine objektive Rechtsgrundlage gibt. Näheres dazu findet sich unter dem Titel »Naturzustand – Eigentum – Staat« bei Kersting 1984, S. 205 ff. Zu den »willigen« Koalitionspartnern vgl. viertes Kapitel, Abschnitt »Angelpunkt ›Recht‹«, Unterabschnitt »Rechtsordnung und ›Freiwilligkeit‹«.

95 Der kurze Artikel erschien in »Die Zeit« vom 24. 1. 2002 unter dem Titel »Verheerende Lektion. Bosnien beugt sich Amerikas Druck und beschädigt den eigenen Rechtsstaat«.

96 Darüber hinaus schließt dieses System alle bosnischen Staatsbürger vom passiven Wahlrecht aus, welche sich weder als bosnische Serben, bosnische Kroaten noch als Bosniaken bekennen. Dies sind etwa 8% der bosnischen Staatsbürger: Šarčević 2001, S. 313 ff. Stahn hat die Frage aufgeworfen, ob es sich dabei nicht um einen Verstoß gegen die Diskriminierungsverbote des UNO-

Paktes über bürgerliche und politische Rechte, der europäischen Menschenrechtskonvention und anderer Konventionen handle: Stahn 2000a, S. 696. In einem Bericht vom 24. 10. 2001 hat sich die bereits verschiedentlich erwähnte Venedig-Kommission dahingehend geäußert, daß dieses System vor allem deshalb problematisch sei, weil es territoriale und ethnische Elemente miteinander verbinde.

97 Der Verfassungsgerichtshof des Gesamtstaates erkannte in einer denkwürdigen Entscheidung vom 1. Juli 2000, daß die Verfassungen der beiden Teilstaaten die Verfassung des Gesamtstaates insofern verletzten, als sie in der Serbischen Republik nur das serbische Volk und in der Föderation nur das bosniakische und das kroatische Volk als für den Teilstaat »konstituierend« bezeichnen. Interessanterweise steht dabei die Abstützung auf die staatsorganisationsrechtliche Komponente der Verfassung auf so schwachen Füßen, daß ihr einer der drei an der Entscheidung beteiligten internationalen Richter nicht folgen konnte. Die Entscheidung mußte deshalb auf die menschenrechtliche Komponente der Grundordnung abgestützt werden, welche das Gegengewicht zur Grundstruktur bildet: Stahn 2000a, S. 690.

98 Die »Neue Zürcher Zeitung« vom 9. 3. 2000 gibt eine diesbezügliche Mitteilung wieder: »Die amerikanische Staatssekretärin Albright hat am Mittwoch ihre Europa-Tournee in Bosnien fortgesetzt. Sie traf mit den politischen Spitzen des Landes zusammen und insbesondere auch mit denjenigen Politikern, die von Washington bei der Neuordnung der bosnischen Innenpolitik unterstützt werden ...«.

99 Vgl. dazu Anmerkung 174.

100 Zum Begriff der »Rechtsperson« vgl. Anmerkung 70.

101 Vgl. Anmerkung 86.

102 Einmal mehr sei hier eine Formulierung von Preuß wiedergegeben, welche die Eigenart der Revolutionen von 1989 umschreibt: »Das demokratische Prinzip der Selbstregierung soll sich nicht durch die Einwirkung einer – wenn auch durch Wahlen demokratisch legitimierten – konzentrierten politischen Gewalt auf die gesellschaftlichen Lebensverhältnisse verwirklichen, sondern durch die Anwendung der der Gesellschaft innewohnenden und verfügbaren Kräfte zur Selbststeuerung. Wenn es denn eine Utopie gibt, so ist sie das Gegenteil der Utopie einer im Staat institutionalisierten Einheit von kollektiver Vernunft und säkularisierter Allmacht: die Idee der Autonomie der Zivilgesellschaft und ihrer Fähigkeit, in diskursiven Prozessen und durch kluge Institutionalisierung auf sich selbst einzuwirken.« Preuß 1990, S. 64.

103 Howard hält fest, es sei »diese ›amerikanische‹ Form einer politischen Revolution, deren Ergebnis die Befreiung der Gesellschaft ist, die die Revolutionen von 1989 nachahmen wollen«, nachdem er den Unterschied folgendermaßen formuliert hat: »Von der amerikanischen politischen Theorie kann (...) gesagt werden, daß sie die Gesellschaft entfesselt und das Eigeninteresse freisetzt, während die französische Vorstellung beide zu ihrem eigenen Wohl zu kontrollieren und zu steuern sucht, einem Wohl, das als das Wohl des Ganzen definiert ist.« Howard 2001, S. 18.

104 Vgl. dazu Anmerkung 58.

105 Joas, S. 54f.

106 Ein Überblick über die kommunitarischen Moraltheorien findet sich bei Reese-Schäfer, S. 236ff. Der Vollständigkeit halber sei hier erwähnt, daß der US-amerikanische Begriff der »community« auch die territorialen Gemeinden einschließen kann, die in Europa als öffentlich-rechtlich verstandene unterste Einheiten der staatlichen Strukturen wohl kaum als »Gemeinschaften« gelten können. Auch darin liegt eine Logik, indem in den Vereinigten Staaten nicht unterschieden wird zwischen Staat und Gesellschaft. Zum Begriff der »community« vgl. Joas, S. 50ff. Angesprochen auf das geringe Interesse der US-amerikanischen Bevölkerung an demokratischen Abläufen hat Ralf Dahrendorf in einem Interview auf den großen Unterschied hingewiesen, der bezüglich dieses Interesses zwischen der Gemeindeebene und den übergeordneten Ebenen bestehe: »Gemeindewahlen und Teilnahme an der Bürgergesellschaft charakterisieren die amerikanische Demokratie viel deutlicher als das politische Leben auf bundes- oder einzelstaatlicher Ebene.« Dahrendorf 2002, S. 59.

107 Gellner 1999, S. 17 und 123.

108 Zum Verhältnis zwischen Staat und Familie ist ein Vergleich der beiden folgenden Persönlichkeitsportraits interessant: Unter dem Titel »Für die Albaner ist die Familie alles – der Staat dagegen nichts« charakterisiert Norbert Mappes-Niediek in »Die Zeit« vom 24. 6. 1999 junge UÇK-Kämpfer. »Ein starker Staat zerstört Familie und Gemeinschaft« wird der neue US-Botschafter in Berlin zitiert: »Die Zeit« vom 19. 4. 2001.

109 Thumann schreibt kurz und treffend: »Der moderne bosnische Konflikt war also nicht ethnischer oder religiöser Natur. Er wurde entfesselt durch ein Bündnis skrupelloser Politiker, radikaler Intellektueller, hemmungsloser Militärs und gewöhnlicher Gangster, die sich als nationale Avantgarde für die Schaffung eines eigenen Staates betrachteten«, Thumann, S. 19. Dem ist nichts hinzuzufügen.

110 Altermatt weist darauf hin, daß der bosnische Krieg zu einer Ghettoisierung der Bosniaken geführt habe, indem Mischehen wieder mißbilligt und Kleidungsvorschriften wie auch Sitten wieder stärker durchgesetzt worden seien: Altermatt, S. 124. Anzumerken ist, daß solche Phänomene vor allem durch Missionen des islamistischen Fundamentalismus aus Staaten außerhalb Europas gefördert worden sind und daß die bosnische Gesellschaft für solche Einflüsse aus ihrer Tradition heraus jedenfalls bis heute nicht sehr empfänglich gewesen ist.

111 Diese Übersetzungsleistung wird auch von Hans Joas in einem Artikel angesprochen, in welchem er sich auseinandersetzt mit dem von Jürgen Habermas in seiner Rede zur Verleihung des Friedenspreises des Deutschen Buchhandels verwendeten Begriff »postsäkular«, wobei allerdings zwischen der privaten Religionsausübung und der Religion als öffentlicher Ordnungsstruktur nicht durchgehend klar unterschieden wird: Hans Joas in »Die Zeit« vom 7. 2. 2002.

112 Zur Beteiligung von Nicht- oder Noch-nicht-Staatsbürgern vgl. Anmerkung 155.

113 In einem Aufsatz zum Thema »Stellung und Bedeutung der Religion in einer ›Civil Society‹« umschreibt Böckenförde dies folgendermaßen: »Religion (...) kann (...) durchaus gesellschaftliche und politische Bedeutung erlangen; sie ist nicht auf den Bereich des nur Privaten zurückgedrängt und entbehrt insofern auch nicht des potentiell öffentlichen Charakters. Aber auch wenn sie solche Bedeutsamkeit erlangt, entbehrt sie gleichwohl der Teilhabe an dem, was das sachlich und institutionell Notwendige und Allgemeine der politischen Ordnung ausmacht. Dieses bestimmt sich nicht mehr von einer bestimmten Religion, sondern von den weltlichen Zwecken des politischen Gemeinwesens her. Die Religion (...) hat daran keinen institutionell verbürgten Anteil. Sie verfügt über eine tatsächliche Bedeutung, aber nicht über einen Status rechtlich-normativer Verbindlichkeit im Gemeinwesen.« Böckenförde 1999, S. 260.

114 Casanova, S. 202f.

115 Als ein Beispiel für den islamischen Kulturbereich sei hier ein biographisches Werk erwähnt: Die marokkanische Soziologin Fatima Mernissi hat ihre glückliche und abenteuerliche Kindheit beschrieben, die sie in einem Harem in der Stadt Fez erlebte. Die Beschreibung zeigt – neben den äußeren Beschränkungen des Lebens der Frauen – auch die Vermittlung von Werthaltungen auf, von welchen Impulse der Rücksichtnahme und Verantwortung ausgehen, die weit über den islamischen Kulturbereich hinaus

Gültigkeit haben: Mernissi, »Der Harem in uns. Die Furcht vor dem anderen und die Sehnsucht der Frauen«.

116 Daß und warum sich Säkularisierung und Rückkehr von Religion nicht ausschließen, sondern vielmehr aufeinander bezogen sind, beschreibt Riesebrodt, allerdings ohne durchgehende Unterscheidung zwischen privater Religionsausübung und öffentlicher Ordnungsstruktur: Riesebrodt, S. 48 ff.

117 Schulze umschreibt dieses Geschehen folgendermaßen: »Die Idee der Nation hat religiöse Anklänge; da die Nation nicht unmittelbar sichtbare Realität ist, muß sie geglaubt werden; der Nationalismus ist die säkulare Religion des Industriezeitalters. Nicht mehr von Gott empfing der neue Staat seine Rechtfertigung, sondern von der Nation.« Schulze 1995, S. 172.

118 Altermatt, S. 110. Die Austauschbarkeit von Religion und Nationalismus wird an derselben Stelle folgendermaßen beschrieben: »Der Nationalismus ist scheinbar in der Lage, Religion zu ersetzen, weil er das religiöse Sinn- und Gemeinschaftsbedürfnis befriedigt. In dem Maße, wie sich die Menschen von den etablierten christlichen Religionen und ihrer alltäglichen religiösen Praxis distanzierten, begannen sie nach Ersatzlösungen zu suchen. Der entscheidende Wendepunkt war in fast allen Ländern die Industrialisierung, die die religiöse Indifferenz förderte und die Beziehung zu den Kirchen lockerte. Daraus entstand ein geistiges Vakuum, das in Europa mit nationalistischen Glaubensinhalten aufgefüllt wurde.«

119 Gellner 1999, S. 24. Zum nationalen Erwachen wird an derselben Stelle weiter präzisiert: »Der ›Schlummerzustand‹ des Nationalen ist, obwohl dieser Begriff selten gebraucht wird, eine der ganz zentralen Lehren des Nationalismus. Und das ist wahrlich kein Zufall: Ohne diese Doktrin wäre der Nationalismus verloren. Ohne sie könnte man den natürlichen, erhabenen und universellen Rang, der dem nationalistischen Prinzip zugeschrieben wird (und das der Nationalist mit Leidenschaft hervorhebt), kaum mit dem Umstand vereinbaren, daß es in der Geschichte häufig überhaupt nicht beachtet wurde. (Dies räumen die Verfechter der schlummernden Nation nur widerwillig und mit Bitterkeit ein, um es rasch mit der Bemerkung beiseite zu schieben, es handele sich um eine oberflächliche Wahrheit, die bedauerlich sei und schnellstens korrigiert werden müsse.)« (S. 25) (Klammern durch den Autor gesetzt).

120 Kallscheuer nennt als Grundprinzip der amerikanischen Religion die »persönliche Gotteserfahrung statt eines Credo an fixierte Dogmen« und weist darauf hin, daß diese Methode gleichsam in

Serie produziert worden sei: »Die Erschütterung des Herzens, in der der erste große Theologe Amerikas, der koloniale Puritaner Jonathan Edwards, das Indiz wahrhafter Religiosität erblickte, ist in der amerikanischen Moderne zum reproduzierbaren Muster geworden, bis hin zum heutigen elektronischen Pfingstfeuer des Jimmy und Donny Swaggart sowie zahlloser anderer Fernsehprediger und TV-Schamanen. Vor allem aber mit dem Evangelisten Amerikas, Billy Graham, dessen ›Predigt der Wiedergeburt‹ es sogar gelang, ganz Osteuropa in ein Camp Meeting zu verwandeln.« Kallscheuer 1994, S. 136f.

121 Casanova, S. 207f. (Klammern durch den Autor gesetzt).

122 In einem Aufsatz über Entstehungsprozesse von Identität erklärt Berten, in der Regel sei Identität eine Mehrfachidentität, wenn nicht ideologische oder andere Einflüsse diese Mehrfachidentität hemme. So könne man sich »einer bestimmten Klein- oder Großfamilie, einer bestimmten Abstammungslinie, einem Familienverband, einer Klasse, einer Region, einer Religion, einer Rasse, einem bestimmten Land, einem bestimmten Geschlecht oder einer bestimmten sexuellen Minderheit, einer ethnischen Gruppe, einer bestimmten Fan-Gruppe, einem bestimmten Unternehmen usw. zugehörig fühlen, ohne daß eine dieser Identitäten allumfassend ist und alle anderen ausschließt«. Berten, S. 58. Es fehlt nicht der Hinweis, daß aufgestachelte und monolithische Identitäten in der Geschichte zu unsäglichen Katastrophen geführt haben. Der Aufsatz geht auf ein Referat an einem Kolloquium zum Thema »Identität und Differenz im demokratischen Europa« zurück, welches im Mai 1991 in Brüssel stattfand, also vor Ausbruch der Kriege im Balkan. Zweifellos wäre der Geschichtsbezug andernfalls durch einen Gegenwartsbezug ergänzt worden.

123 Münch weist darauf hin, daß nirgendwo sonst in der Welt eine größere Bereitschaft von Zuwanderern bestehe, die Identität des Ziellandes zu erwerben, und auch nirgendwo eine größere Bereitschaft der Einheimischen, »die Impulse einer Vielzahl von Herkunftsidentitäten aus der ganzen Welt zwecks Erneuerung in sich aufzunehmen. Im allgemeinen herrscht der Optimismus vor, daß die Auslese durch den Wettbewerb und die Attraktivität des *American way of life* ohnehin alle, die das Land betreten, zu erfolgsbesessenen Amerikanern machen werden.« Münch, S. 92 (Hervorhebung durch den Autor).

124 Das Phänomen wurde für Deutschland insbesondere anhand von rußlanddeutschen Aussiedlern und von türkischen Einwanderern untersucht: Regina Römhild in »Die Zeit« vom 14. 3. 2002. Alter-

matt bezeichnet Personen mit einer derartigen Mehrfachidentität als »Bindestrich-Bürger«: Altermatt, S. 245. Im theoretischen Bereich hat Habermas unterschieden zwischen der kulturellen Lebensform der Herkunft, welche auch Einwanderern durchaus belassen werden müsse, wenn sie sich nur auf die politische Kultur der neuen Heimat einlassen würden, denn »die Identität des politischen Gemeinwesens, die auch durch Immigration nicht angetastet werden darf, hängt primär an den in der politischen Kultur verankerten Rechtsprinzipien und nicht an einer besonderen ethnisch-kulturellen Lebensform im ganzen«. Habermas, S. 27.

125 Unter dem Titel »Vom Schmelztiegel zur Salatschüssel« zeigt Sieglinde Geisel den Wandel des multikulturellen Selbstverständnisses in den USA auf: »Neue Zürcher Zeitung« vom 21./22. 10. 2000.

126 Münch spricht von einer »Subkultur der Gewalt«, die in den Vereinigten Staaten mittlerweile ein Standarduntersuchungsgegenstand geworden sei, und er bringt diese in Zusammenhang mit Drogenhandel sowie Kriminalität von Banden unterschiedlicher Herkunft: »Der Kampf der Herkunftsgruppen um ihre soziale Stellung verbindet sich mit der amerikanischen Idee des Erfolgs im Wettbewerb mit den anderen, untergräbt jedoch die Idee der *individuellen* Verfügung über gleiche Bürgerrechte, unabhängig von jeder vorgängigen Gruppenzugehörigkeit.« Münch, S. 94 (Hervorhebung durch den Autor).

127 Lubbers beschreibt, wie die zeitliche Begründung nationaler Identität der Vereinigten Staaten, die religiös verankert war, später durch eine räumliche überlagert wurde: »Quer zu der zeitlichen Imaginations-Achse entstand ab etwa 1800 eine räumliche, die den konkreten transkontinentalen Expansionismus vorwegnahm, begleitete und rechtfertigte. Ihr entlang wurde bald kühner imaginiert als entlang der zeitlichen Achse. Unter anderem ließ sich auf der Raum-Achse auch die tatsächliche Appropriierung immer größerer Territorien im Westen antizipieren. Ich bezweifle, daß die teleologische Abrundung des US-amerikanischen Identifikationsmodells derart glatt gelungen wäre, hätte sich die in der puritanischen Bündnistheologie fundierte Zukunftsorientiertheit nicht ins Räumliche umbiegen und damit augenfällig beziehungsweise handgreiflich, das heißt manifest machen lassen.« Lubbers, S. 95.

128 Eine direkte – wenngleich tragische – Linie führt von diesem US-amerikanischen Phänomen zurück zu jenem Volk, das im alten Testament tatsächlich das »auserwählte Volk Gottes« ist, das in langen Wanderungsbewegungen schließlich das »gelobte Land« er-

reicht hat, und dem die »Auserwähltheit« US-Amerikas nur nachempfunden war. Die Eroberung von Land durch individuellen Siedlungsbau, verbunden mit individueller Verteidigungsbereitschaft, wurde auch im modernen Israel betrieben. Zur bewußten Strategie soll dies in einem Zeitpunkt geworden sein, in welchem die zuvor äußerst seltenen Einwanderungen aus den Vereinigten Staaten zugenommen hätten. Wie dem auch immer sei: Jedenfalls sind diesen beiden Staaten zwei Elemente gemeinsam: einerseits die individuelle Verteidigungsbereitschaft von – historischen bzw. zeitgenössischen – Siedlern und andererseits eine nationale Identität, die auch über religiöse Wurzeln verfügt. Meistens wird die besondere Affinität zwischen diesen beiden Staaten darauf zurückgeführt, daß die jüdische Gemeinschaft in den Vereinigten Staaten sehr einflußreich sei. Dies trifft ohne Zweifel zu, doch sind die ideengeschichtlichen Parallelen daneben nicht zu unterschätzen.

129 Verschiedene Autoren betonen, daß die Identität Europas nur anhand der Brüche und Spaltungen verstanden werden kann, die in der langen Geschichte dieses Kontinentes immer wieder stattgefunden haben. Eine Zusammenfassung findet sich bei Liessmann, »Der Aufgang des Abendlandes. Eine Rekonstruktion Europas«.

130 Gellner 1999, S. 109.

131 Im 17. Jahrhundert bezeichnet der Begriff in Europa offensichtlich das Herkunftsland, so daß die Stadt Mannheim Einwanderern »ohne Unterschied von Nationen« verschiedene Privilegien zusicherte, vgl. »Das Mannheimer Experiment. Einwanderung, Zuwanderung, Multikulti in Deutschland? Die Stadt zwischen Rhein und Neckar hat im 17. Jahrhundert gezeigt, daß das geht«, in »Die Zeit« vom 31. 1. 2002.

132 Gellner 1999, S. 114 (Hervorhebung durch den Autor).

133 Das Zitat ist wiedergegeben bei Böckenförde 1999, S. 48.

134 Gellner 1995, S. 119f.

135 Eisenstadt umschreibt diese Einheit von Staat und König folgendermaßen: »In vielen der kontinentalen Regimes wurde dem Staat eine exklusive, säkular definierte Souveränität zugesprochen, auch wenn die absolutistischen Könige eine Form göttlicher Legitimierung, das ›Königtum von Gottes Gnaden‹, für sich in Anspruch nahmen. Im Souverän – dem König oder dem Staat *(l'état c'est moi)* – sah man, wenn auch niemals ganz unangefochten, die spätere so genannte *volonté générale*, das Gemeinwohl, verkörpert. Eine weitere Neuerung, die Idee der Volkssouveränität, führte (...) die Großen Revolutionen herbei.« Eisenstadt, S. 41.

136 In einem Artikel zur Minderheitenfrage in Europa umschreibt de Munck diese historische Situation folgendermaßen: »Im Laufe der bürgerlichen Revolutionen übernimmt das demokratische Ideal allmählich die nationale Form, um schließlich ganz mit ihr zu verschmelzen; das neue Regime nimmt den Zentralstaat als Erbe der von ihm gestürzten Könige in Besitz, um seine Entwicklung voranzutreiben (…)«, um dann vielsagend weiterzufahren: »So wird als ein Grundzug unserer historischen Dynamik ein Bündnis begründet, das dennoch den Keim tiefgehender Widersprüche in sich trägt«, De Munck, S. 88 f.

137 Habermas umschreibt diese Umwandlung folgendermaßen: »Die Bedeutung von ›Nation‹ hatte sich damit aus einer vorpolitischen Größe zu einem Merkmal gewandelt, das für die politische Identität des Bürgers eines demokratischen Gemeinwesens konstitutiv ist. (…) Die Staatsbürgernation findet ihre Identität nicht in ethnisch-kulturellen Gemeinsamkeiten, sondern in der Praxis von Bürgern, die ihre demokratischen Teilnahme- und Kommunikationsrechte aktiv ausüben. Hier löst sich die republikanische Komponente der Staatsbürgerschaft vollends von der Zugehörigkeit zu einer vorpolitischen, durch Abstammung, geteilte Tradition und gemeinsame Sprache integrierten Gemeinschaft. Von diesem Ende her betrachtet, hatte die anfängliche Verschmelzung des Nationalbewußtseins mit der republikanischen Gesinnung nur eine katalysatorische Funktion.« Habermas, S. 13.

138 Eine zusammenfassende Darstellung dieser Veränderungen findet sich bei Böckenförde 1999, S. 48 ff., eine umfassende bei Schulze 1995.

139 Schulze 1995, S. 171 f.

140 Daß auch die deutsche Nation letztlich auf dem Willen zur Nationenbildung beruht, erläutern Kallscheuer und Leggewie: »Der deutsche politische Code der Vergemeinschaftung der/zur Nation ist (…) *in statu nascendi* nicht weniger ›voluntaristisch‹ als das ›tägliche Plebiszit‹ Ernest Renans. Aber der subjektive Wille zur Nation ist zunächst ein Kulturwille, dessen Staatlichkeit utopisch und großspurig daherkommt und dennoch prekär bleibt.« Kallscheuer/Leggewie, S. 160 (Hervorhebung durch die Autoren).

141 Das Beispiel ist dem Buch von Altermatt entnommen, der im Jahre 1996 darauf hinweist, daß eben diese Konstellation für den Betroffenen nicht unbedingt von Vorteil ist: Altermatt, S. 36.

142 Eine ausführlichere Darstellung der Entwicklung in Mittel- und Südosteuropa findet sich bei Altermatt, S. 53 ff, sowie bei Gellner 1999, S. 68 ff.

143 De Munck verweist in diesem Zusammenhang auch auf die Aufhebung der Gleichung Nationalstaat = Recht: »In Straßburg und Luxemburg sprechen europäische Richter supranationales Recht. Es handelt sich um eine neue Aktualisierung des Universalitätspotentials des liberalen Rechts: Diese von uns aufgezeigte, im Rahmen des Nationalstaats bestehende Dimension, die sich von ihrer ersten Matrix gelöst hat, sieht nunmehr einem neuen Schicksal entgegen.« De Munck, S. 94. Von dieser Bewegung »nach oben« und »nach unten« spricht Theo Sommer analog im Zusammenhang mit den Souveränitätsrechten der Staaten in »Die Zeit« vom 22. 10. 1998.

144 Unter dem Titel »Europa braucht keine gemeinsame Identität« hat Richard Herzinger verschiedene dieser Gründe zusammengefaßt in »Die Zeit« vom 6. 8. 1998. In einer Hinsicht ist der Ausgangspunkt hier allerdings ein anderer: Herzinger lehnt eine europäische Identität auch deshalb ab, weil sie auf eine Abgrenzung abziele, insbesondere von den USA. Im Rahmen einer romantisch verstandenen europäischen Identität wäre dies tatsächlich schädlich, vor allem auch für Europa selbst. Die staatspolitische Identität hingegen bringt eine transatlantische Abgrenzung mit sich, die sich noch verstärkt, wenn sich diese Identität auch auf der europäischen Ebene entfaltet.

145 Mit harten Worten beschreibt Dahrendorf die Situation: »Das Phänomen, das wir gegenwärtig beobachten, ist nicht der Lokalismus im engeren Sinne, sondern vielmehr der Regionalismus, den ich ganz besonders ablehne, weil er die Werte der liberalen Ordnung auf heimtückische Weise bedroht. Wenn es nur um die Selbstbestimmung von Städten und Gemeinden ginge, wäre das Problem weniger brisant. Aber hier treten angebliche Verfechter einer regionalen Autonomie oder – in extremen Fällen – sogar Befürworter der ethnischen Säuberung auf den Plan. (...) Wir beobachten heute einerseits die Abwanderung politischer Entscheidungen von den Nationalstaaten nach außen, zu oftmals unbekannten und fernen Instanzen, andererseits und gleichzeitig eine Verlagerung der politischen Entscheidung nach innen, in Richtung auf politische Einheiten, die oft in sich nicht demokratisch sind. Ich denke dabei nicht nur an die Aggressivität von Leuten wie Bossi und Haider, sondern an einen diffusen regionalistischen Romantizismus, der nichts Liberales an sich hat. Das gilt auch für den schottischen oder walisischen Nationalismus.« Dahrendorf 2002, S. 28 f.

146 Der Gedanke, politische und kulturelle Identität im Rahmen der Europäischen Union zu trennen, ist keineswegs neu. Auf einem Kolloquium zum Thema »Identität und Differenz im demokrati-

schen Europa«, welches im Mai 1991 in Brüssel stattfand, äußerten sich verschiedene Referenten in dieser Richtung, so zum Beispiel Ferry: »Dagegen könnte die europäische Gemeinschaft vielleicht die identitätsbezogenen, nationalen oder regionalen partikularistischen Forderungen ganz einfach dadurch entschärfen, daß sie klar zwischen dem juristischen Bereich der politischen Gemeinschaft und dem kulturellen Bereich der nationalen Identität trennt.« Ferry, S. 33. Auch Schulze führt zur Zukunft der Nation folgendes aus: »Nicht die Idee der Nation muß in Europa überwunden werden, sondern die Fiktion der schicksalhaften, objektiven und unentrinnbaren Einheit von Volk, Nation, Geschichte, Sprache und Staat.« Schulze 1995, S. 337. Eine analoge Überlegung in etwas anderem Zusammenhang findet sich bei Steinvorth: »Solange die prägende soziale Form der Stamm oder die Kaste war, gehörte das Individuum diesen an und war kaum fähig, ihren Werten nicht den Vorrang zu geben. Für sie ist Herders Nationalismus die angemessene Einstellung; in ihnen waren Kollektivschuld und Kollektivverdienst möglich. Die Industriegesellschaft, die den modernen Staat und seine Nation erst schaffen konnte, hebt die segmentabhängige soziale Kohäsion auf und verlangt von den Individuen die direkte Kommunikation miteinander. Sie schliesst aus, dass Nationen von denselben emotionalen Bindungen zusammengehalten werden wie Stämme und Kasten. Sie macht aus ihren Individuen nicht *nationale oder Volksgenossen, sondern Rechtsgenossen.* Einen Nationalismus verlangen heisst, aus einer Nation einen Stamm machen zu wollen.« Steinvorth, S. 82 (Hervorhebung G. H.).

147 Liessmann, S. 126 (Hervorhebung durch den Autor).

148 Vgl. Anmerkung 2.

149 Neben verschiedenen anderen Elementen nennt Gellner auch die »Entterritorialisierung« als geeignete Entwicklung zur Vermeidung von Nationalismus: Gellner 1999, S. 177.

150 Zum »Schlummerzustand« und zum »Erwachen« vgl. Anmerkung 119.

151 Regina Römhild verweist auf die »Frankfurter Türken«, ein Beispiel nebeneinander bestehender kultureller Identitäten: »Die Zeit« vom 14. 3. 2002.

152 Dazu wie auch zur eben erwähnten kulturellen Mehrfachidentität vgl. Anmerkung 124.

153 Diesbezüglich spricht Ferry von einer »Differenzierung zwischen Staatsangehörigkeit und Bürgerstatus«, Ferry, S. 33.

154 Während jedes in Frankreich geborene Kind über die französische Staatsbürgerschaft verfügt, werden an den Erwerb der deutschen Staatsbürgerschaft hohe formale Anforderungen gestellt.

Allerdings werden beide Konzepte in Frage gestellt, und es ist nicht auszuschließen, daß längerfristig eine Angleichung in dem Sinne erfolgt, daß das reine »ius soli« in Frankreich durch Bedingungen ergänzt und umgekehrt die Anforderungen in Deutschland abgeschwächt werden.

155 Der Miteinbezug von Nicht- oder Noch-nicht-Staatsbürgern ins öffentliche Leben erfolgt vor allem über bürgergesellschaftliche Aktivitäten, vgl. dazu die Ausführungen im vierten Kapitel, Abschnitt »Die Rolle der Staatlichkeit«, Unterabschnitt »Die ›Zivilgesellschaft‹«.

156 Vgl. dazu im selben Kapitel den Abschnitt »Gemeinschaft und Staatlichkeit«, Unterabschnitt »Die Rückkehr der Religion«.

157 Daß die Ablösung der Staatlichkeit von der Nation im Rahmen des Säkularisierungsprozesses gesehen werden kann, ist durchaus kein neuer Gedanke. Unter dem Titel »Die Entstehung des Staates als Vorgang der Säkularisation« hat Böckenförde bereits 1976 folgendes geschrieben: »Der Vorgang der Säkularisation war zugleich ein großer Prozeß der Emanzipation, der Emanzipation der weltlichen Ordnung von überkommenen religiösen Autoritäten und Bindungen. Seine Vollendung fand er in der Erklärung der Menschen- und Bürgerrechte. Sie stellte den einzelnen auf sich selbst und seine Freiheit. Damit aber mußte sich, prinzipiell gesehen, das Problem der neuen Integration stellen: Die emanzipierten einzelnen mußten zu einer neuen Gemeinsamkeit und Homogenität zusammenfinden, sollte der Staat nicht der inneren Auflösung anheimfallen, die dann eine totale sog. Außenlenkung heraufführt. Dieses Problem blieb zunächst verdeckt, weil im 19. Jahrhundert eine neue einheitsbildende Kraft an Stelle der alten trat: Die Idee der Nation. Die Einheit der Nation folgte der Einheit aus der Religion und begründete eine neue, allerdings mehr äußerlich-politisch gerichtete Homogenität, innerhalb deren man noch weithin aus der Tradition der christlichen Moral lebte. Diese nationale Homogenität suchte und fand ihren Ausdruck im Nationalstaat. Inzwischen hat die Idee der Nation, nicht allein in vielen Staaten Europas, diese Formkraft verloren.« Böckenförde 1976, S. 59f. Späteren Publikationen desselben Autors ist zu entnehmen, daß er der Nation für den Zusammenhalt der Gesellschaft durchaus wieder eine Rolle zuweist: Böckenförde 1999, S. 58.

158 Ferry, S. 36. Zur französischen Nation führt der Autor an derselben Stelle aus: »Nicht durch eine autonome Bewegung der die Nation bildenden regionalen Kulturen hat sich die Universalie in das Fleisch des [französischen] Volkes eingebrannt, wenn man so sagen darf, sondern durch die Akkulturation der ihrem Ursprung

entrissenen Individuen. Dies konnte nur durch den dogmatischen Prozeß einer ›bestimmenden‹ und nicht ›reflektierenden‹ Bewegung im kantischen Sinne erfolgen, deren Richtung von oben nach unten, vom Staat zur Gesellschaft, von der Politik zur Kultur verlief. Aus diesem Grunde konnte die derart gezimmerte Identität nur einen Monokulturalismus zulassen, in dem das nationalistische Prinzip konstruktionsbedingt präsent ist.«

159 Zum »Schlummerzustand« und zum »Erwachen« vgl. Anmerkung 119.

160 Ein Beispiel ist das im Oktober 2001 verabschiedete ungarische Gesetz zur materiellen Unterstützung der magyarischen Minderheiten jenseits der Grenze, das vom damaligen ungarischen Ministerpräsidenten unter anderem damit begründet worden ist, man wolle die politischen Grenzen »überwölben und so die Teile der ungarischen Nation neu (...) vereinigen«, ohne aber die politischen Grenzen verändern zu wollen: »Neue Zürcher Zeitung« vom 30. 10. 2001.

161 Vgl. Anmerkung 126.

162 So hält denn auch die Rahmenkonvention des Europarates zum Schutz der nationalen Minderheiten ausdrücklich fest, daß dieser Schutz den Personen zukomme, welche Minderheiten angehörten, und daß diese Personen ihre Rechte einzeln oder zusammen mit anderen Personen ausüben könnten. Dies bedeutet auch eine Absage an das Konzept von Gruppenrechten.

163 Der andere Staat, der in der europäischen Diskussion über Minderheiten – insbesondere im Rahmen des Europarates – dieselbe Position vertreten hat, ist die Türkei. Diese Haltung ist weitgehend auf die Kurdenfrage zurückzuführen, da der türkische Staat nicht bereit war, dieser ethnischen Gruppe einen Minderheitenstatus einzuräumen.

164 Altermatt hat es – in Begriffen, die auf Mittelosteuropa zugeschnitten sind – kurzerhand folgendermaßen formuliert: »Man kann föderalistisch sein, ohne multinational zu sein. Wenn der Staat aber multinational ist, muß er föderalistisch sein.« Altermatt, S. 244.

165 Kallscheuer 1994, S. 134.

166 Auch das Kriterium der Staatsangehörigkeit ist dafür letztlich nicht entscheidend. Vgl. dazu im selben Kapitel den Abschnitt »Die Zukunft der Nation in Europa«, Unterabschnitt »›Säkularisierung‹ der Nation?«

167 Morin weist darauf hin, daß im Zusammenhang mit derartigen Erfahrungen auch die Schuldfrage zu stellen ist: »Europa hat einige Begriffe auf die Spitze getrieben und sie in die Welt verbreitet: die

atemberaubende und wahnsinnige Suche nach dem Heil, die religiöse Intoleranz, den Kapitalismus, den Totalitarismus, den Industrialismus, die Technokratie, das zügellose Trachten nach Gewinn, den frenetischen Mythos des Wachstums, die Zerstörung der menschlichen Kulturen und der Umwelt. Europa hat auf der ganzen Welt Unheil verbreitet, das zurückgeht auf eine übertriebene Vereinfachung, auf die Einseitigkeit und auf die Zuspitzung all seiner Entwicklungen und historischen Verwirklichungen. Wir selbst haben die Schäden erlitten, die wir verursacht haben, und haben die Tragödie der Nationalismen und der Totalitarismen bis zum bitteren Ende erleben müssen; wir fangen nun langsam an, uns Gegengifte gegen die Übel, die wir selber verursacht haben, auszudenken und wir können allmählich anfangen, der Welt dazu zu verhelfen, sich des Unheils, das wir ihr zugefügt haben, zu entledigen.« Er zeigt aber auch auf, daß sich daraus zukunftsweisende Perspektiven ergeben können: »Wenn es ein für allemal auf die Rolle des privilegierten Zentrums der Welt verzichtet, kann Europa für immer ein Zentrum der Reflexion und Innovation werden, dazu bestimmt, den Menschen zum Frieden zu verhelfen, Gastfreundschaft (wieder) herzustellen und unsere Heimaterde zu zivilisieren.« Morin, S. 220f. (Klammer durch den Autor gesetzt).

168 In einem Artikel zum 350. Jahrestag des westfälischen Friedensschlusses führt Heinz Schilling aus: »Die Säkularisation des Politischen aber prägte die historisch-politische Kultur des Kontinentes nachhaltig – bis auf den heutigen Tag. Jeder Europäer erschrickt zutiefst, wenn ein Glaubenskrieg, etwa in Nordirland oder auf dem Balkan, aufflackert oder anderswo religiöser Fundamentalismus dazu aufruft. Mit dem Westfälischen Frieden wurde ein Modell geboren, mit dem auch zukünftige Konflikte wenigstens eingegrenzt und einer Lösung zugeführt werden konnten. Damit war eine visionäre Dynamik der Friedenssuche freigesetzt, die sich nicht mehr ersticken ließ. So betrachtet, fußen sowohl Kants großer Entwurf ›Zum ewigen Frieden‹ von 1796 als auch die vertrauensbildenden Maßnahmen und Konferenzen über Gewaltverzicht des ausgehenden 20. Jahrhunderts auf der Leistung des Münsteraner und Osnabrücker Kongresses.« in »Neue Zürcher Zeitung« vom 24./25. 10. 1998.

169 »Das staatliche Gewaltmonopol wird von unten und von oben ausgehebelt und kann sich nur noch in einem schrumpfenden Mittelbereich einigermaßen halten«, führt Eppler aus, der auch vorrechnet, daß in Deutschland auf einen Polizisten ein Angestellter privater Sicherheitsdienste kommt, während in den Ver-

einigten Staaten das Verhältnis bereits 1:3, in Kalifornien sogar 1:4 für die Privaten beträgt: Eppler S. 28 und 80.

170 »In Amerika ist man eher verfassungs- als demokratietreu. Man spricht von der Demokratie, aber das ist eine gewisse Abstraktion. Die Verfassung hat sich seit mehr als 200 Jahren bewährt. Daraus wächst Vertrauen. Ohne daß die Leute so genau wissen, was die Verfassung sagt – aber sie glauben daran«, sagt Fritz Stern in einem Interview: »Die Zeit« vom 16. 11. 2000. Anläßlich eines Demokratie-Forums in Prag im Juni 2000 hat sich Frankreich geweigert, die sogenannte »Warschauer Deklaration« zu unterzeichnen, welche das offizielle Ergebnis der Konferenz beinhaltet. Der Bericht über diesen Anlaß gibt die entsprechenden Standpunkte folgendermaßen wieder: »Die amerikanische Außenministerin Albright hatte als Leiterin einer Podiumsdiskussion von 29 Außenministern unter anderem gefordert, in der Uno und anderen internationalen Organisationen müssten die demokratischen Staaten eine Interessengruppe bilden, um ihrer Weltanschauung zu mehr Geltung zu verhelfen und die Sache der Demokratie effizienter vertreten zu können. Frankreich hingegen meinte, die Konferenz solle nicht als Startschuss zu einem ›Aktionsprogramm‹ verstanden werden. In einer offiziellen Stellungnahme hieß es, die Schaffung adäquater Bedingungen für die Förderung der Idee der Demokratie sei eine komplexe Angelegenheit und erlaube keine Verallgemeinerungen. Außenminister Védrine meinte an einem Pressebriefing, manchmal bestehe im Westen die Tendenz, Demokratie als eine Art Glauben zu sehen, zu dem man sich lediglich bekehren müsse. Doch handle es sich um einen evolutionären Prozess, für den zudem niemand eine Zauberformel habe.« In »Neue Zürcher Zeitung« vom 28. 6. 2000.

171 Kersting 1984, S. 205. Der Begriff der »objektiven Rechtslosigkeit« – obwohl vom Autor zweifellos nicht so verstanden – umschreibt genau besehen nicht unzutreffend das US-amerikanische Rechtsverständnis in einer Sichtweise, die dogmatisch von einer strikt kontinentaleuropäischen Rechtstradition ausgeht. Auch hier sei jedoch nochmals angemerkt, daß die transatlantischen Unterschiede im Rechtsverständnis mit den Unterschieden zwischen dem kontinentaleuropäischen und dem anglo-amerikanischen Rechtskreis nur sehr beschränkt zu tun haben. Der einzige historische Zusammenhang besteht darin, daß die Auswanderer in die Neue Welt mehrheitlich vom englischen Rechtssystem ausgegangen sind. Gerade die Überlegungen zur Bedingtheit des Rechtsverständnisses durch vorangegangenen oder eben nicht vorangegangenen Souveränitätsverzicht machen deutlich, wie

europäisch das britische Rechtsdenken letztlich ist: Nicht nur ist die britische staatspolitische Identität schon fast sprichwörtlich, die Briten gehören darüber hinaus geradezu mit zu den Erfindern des Souveränitätsverzichtes. Ihre diesbezügliche Haltung – und nicht vor allem jene des damals noch herrschenden französischen Adels und Königtums – war es, von welcher sich die Auswanderer in die Neue Welt bewußt distanzierten. Vgl. dazu im zweiten Kapitel den Abschnitt »Recht und Moral«, Unterabschnitt »Gesetzgebung und Gerichtsbarkeit«.

172 Dewandre/Lenoble, S. 6.

173 Šarčević 2001, S. 334.

174 »Neue Zürcher Zeitung« vom 27. 5. 2002.

175 Als »Vetorecht« hat Stahn dieses Instrument bezeichnet, dem er über die Blockierung der Legislative hinaus auch ganz grundsätzlich die Förderung der nationalistischen Sichweise zuschreibt: »In Verbindung mit den ohnehin schwachen Kompetenzen des Gesamtstaates hat das Konzept der ›ethnischen Demokratie‹ im Ergebnis weniger zur Integration als zur Trennung der verschiedenen Volksgruppen in Bosnien-Herzegowina beigetragen; ja schlimmer noch, es hat fast den Anschein, als habe es zur Legitimation des auf der Gliedstaatenebene praktizierten ethnischen Nationalismus beigetragen.« Stahn 2000a, S. 677f.

176 In ihrer Stellungnahme zur Aufnahme Bosnien-Herzegowinas in den Europarat, welche dem Beitritt im April 2002 voranging, hat die Parlamentarische Versammlung betont, die Institutionen des Gesamtstaates müßten verstärkt werden, wobei ausdrücklich auch eine Verfassungsrevision in Betracht gezogen wird.

177 Schulze wird dazu deutlich: »Selbst eine der am meisten verbreiteten westlichen Annahmen scheint widerlegt: Daß nämlich der dringende Bedarf an westlichem Kapital und westlichen Investitionen ausreichend Druck auf osteuropäische Staaten ausüben werde, um nationalistische Ambitionen zu schwächen und sich auf friedliche Weise westlichen Demokratiemodellen anzunähern. Die westeuropäischen Wohlstandsmaterialisten müssen erkennen, daß nationale Gefühle stärker sein können als ökonomische Interessen.« Schulze 1995, S. 333.

178 Einen Überblick über entsprechende Entwicklungen vor allem in Deutschland gibt Teubner, »Polykorporatismus: Der Staat als ›Netzwerk‹ öffentlicher und privater Kollektivakteure«. Eppler meint dazu: »Einer europäischen Demokratie muß eine neoliberale Welle, wenn sie früh genug auf Gegenwind stößt, gar nicht schaden. Da wird es immer etwas zu deregulieren geben, was vielleicht einmal einen Sinn hatte, seine ursprüngliche Funktion aber

um Jahrzehnte überlebt hat. Im übrigen sind vor allem westeuropäische Staaten – man denke an Frankreich – so im Bewußtsein ihrer Bürger präsent, daß sie nicht so rasch zusammenbrechen. Sie verlieren nur einen Teil ihrer Handlungsfähigkeit – und ihrer Steuern –, wenn sie als einer von vielen Standorten um das weltweit agierende Kapital konkurrieren müssen.« Eppler, S. 83

179 Mit dem Verweis auf Jean Bodin, Thomas Hobbes und Hugo Grotius, deren Schriften er als »Schwellendokumente« bezeichnet, »in denen sich der Übergang vom theologisch-konfessionellen Zeitalter in die Ära des rationalen Naturrechts spiegelt«, hält Kersting weiter fest, daß mit dem Westfälischen Frieden diese Revolution rechtlicher Denkart zur politischen, verfassungsrechtlichen Wirklichkeit geworden sei: Kersting 2000, S. 64. Betreffend Afrika und Asien stellt Eppler denselben geschichtlichen Bezug her: »Die Kriegsherren Afrikas und Asiens sind, ähnlich wie die am Ende des Dreißigjährigen Krieges, Unternehmer und Kommandeure in einem.« Eppler, S. 52.

180 Mit »Rückzug des Staates, Vormarsch der Religion« ist im Artikel von Jörg Lau über den »Mitfühlenden Konservatismus« der Teil überschrieben, in welchem er die zur Zeit in den Vereinigten Staaten angestrebte Übertragung der Wohlfahrt von staatlichen Stellen an kirchliche oder »glaubensbasierte« Organisationen erläutert: »Die Zeit« vom 20. 12. 2000.

181 Gellner 1995, S. 10. Hier wird auch detailliert erläutert, von welchen Phänomenen die Zivilgesellschaft sorgfältig abgegrenzt werden sollte.

182 Die Interpretation geht von der »*civil society* als weltliche, säkular gewordene politische Ordnung« (Böckenförde 1999, S. 259) bis zu einer Beschreibung als »eigene Identität außerhalb des politischen Bereichs« (Reese-Schäfer, S. 287) oder die »Akteure (...) im vor- und nichtstaatlichen Raum, also im intermediären Bereich zwischen Individuum und Staat« (Puhle, S. 326). Nochmals anders weist Altermatt der Zivilgesellschaft die Pflege der kulturellen Toleranz zu, für welche der Staat lediglich den politischen Rahmen zur Verfügung stelle (Altermatt, S. 244f.), und Müller bezeichnet die »globale Öffentlichkeit« als »civil society« (Müller, S. 192). Gelegentlich wird sogar darüber diskutiert, ob auch die Wirtschaft zur »Zivilgesellschaft« zu zählen sei oder nicht. Die historischen Wurzeln des breiten Interpretationsspielraumes erklärt Teubner damit, daß bereits vor der Französischen Revolution Montesquieu und John Locke verschiedene Zivilgesellschafts-Modelle entworfen haben, der erstere ein Modell als Kern der politischen Gesellschaft, der zweitere ein Modell als eine vor-

politische Gesellschaft außerhalb der politischen Wirklichkeit: Teubner, S. 347 f. Diese beiden Grundmodelle sind es denn auch, welche die Verhältnisse diesseits und jenseits des Atlantiks unterschiedlich geprägt haben.

183 So Reese-Schäfer, S. 285. Der Autor zieht den Begriff der »Bürgergesellschaft« – die auf Ralf Dahrendorf zurückgehe – demjenigen der Zivilgesellschaft vor, weil er auch erlaube, das Militär im Sinne der Staatsbürgerrolle einzubeziehen.

184 Berger/Neuhaus/Novak (Hg.).

185 Joyce/Schambra, S. 25 f.

186 Novak, S. 138 und 141. »Civic« organizations – was mit »staatsbürgerlich« übersetzt werden kann – meint Vereinigungen, die auch im europäischen Sinn das Gemeinwohl im Auge haben, hier aber ebenfalls als Bestandteil der Civil Society erscheinen.

187 Zum »Mitfühlenden Konservatismus« vgl. »Das Land der gerechten Sünder« in »Die Zeit« vom 20. 12. 2000, sowie »Neue Zürcher Zeitung« vom 5./6. 8. 2000, welche darauf hinweist, daß in Texas unter Gouverneur George W. Bush bereits ein Teil des Fürsorgebudgets an kirchliche Organisationen umgeleitet worden ist. Die Forderung nach einem größeren Engagement der Kirche in der Sozialpolitik sei durchaus nicht auf die Partei des heutigen Präsidenten beschränkt, sondern sie habe ihren Widerhall auch in der Kampagne des Gegenkandidaten Al Gore gefunden.

188 Priddat nimmt Bezug auf die gegenwärtigen Diskussionen über neue Formen der Zusammenarbeit staatlicher und nichtstaatlicher Instanzen und Institutionen und umschreibt den transatlantischen Unterschied in der Bedeutung des Begriffes der Zivilgesellschaft folgendermaßen: »›Zivilgesellschaft‹ ist der Name für die Delegation von Verantwortung an die Gesellschaft. Für uns Europäer schwingt noch das Wagnis mit, der Staat sollte vertraute Domänen abgeben. In der amerikanischen Tradition der Staatsferne der *communities* hat Zivilgesellschaft eine andere Bedeutung: Welche Verantwortung geben die Bürger überhaupt an den Staat? Eine europäische Kopie dieser Mentalität scheint fraglich. Unsere Traditionen berichten von einem Spannungsverhältnis zwischen Bürgertum und Staat (des Adels); es ging um Machtteilung, nicht um Machtdelegation. Der Staat steht über der Gesellschaft oder ihr gegenüber.« Priddat, S. 1028. Hier kommt einmal mehr das »Dritte« zum Ausdruck.

189 Thürer formuliert diesen Gedanken – im Zusammenhang mit der Wechselwirkung zwischen der Rechtsordnung, der Internationalen Gemeinschaft und dem Staat – so: »Wie kann eine rechtliche und demokratische Kultur gedeihen außerhalb des reichhaltigen

›Dickichts‹ und ›Gehölzes‹ oder auch des aufstrebenden Geästs von politischen Traditionen und Werten, die oft eng mit dem Staat verbunden sind? Das ›weite Feld‹ der Märkte jedenfalls oder die ›civil society‹ allein vermögen Gerechtigkeit und Demokratie letztlich nicht herzustellen und zu gewährleisten. Vielmehr ist es, so glaube ich, ein Postulat heutiger Rechtsgestaltung, neuartige Konzentrationen der wirtschaftlichen Macht nach Vorbildern des rechtsstaatlichen Verfassungsrechts neu zu erfassen (...) In den vielgestaltigen Erscheinungsformen der europäischen Integration wurden zukunftsträchtige Formen neuartiger Ordnungssysteme entwickelt.« Thürer 2001, S. 55 f. Klar fomuliert es Eppler bezüglich des afrikanischen Kontinentes: »Europäer, die als Heilmittel die Stärkung der Zivilgesellschaft empfehlen, bekommen gerade in Afrika meist eine ernüchternde Antwort: Wo Staaten zerfallen, ist die Zivilgesellschaft – wenn es Ansätze dazu gibt – nichts, was dem Staat entgegenzusetzen wäre, was ihn ersetzen könnte.« Eppler, S. 56.

190 Die Formel existiert seit Jahren wenn nicht seit Jahrhunderten. Bewußt wahrgenommen habe ich sie zum erstenmal anläßlich eines der halbjährlich stattfindenden Treffen der Außenminister des Europarates in einer Rede des deutschen Außenministers Klaus Kinkel, der damit die Zielsetzung dieser Organisation umschrieb: Ersetzung des Rechtes des Stärkeren durch die Stärke des Rechts.

191 Der deutsche Botschafter in Washington Jürgen Chroborg wird folgendermaßen zitiert: »›Nur starke Partner werden ernst genommen‹, wird er nicht müde seinen Besuchern aus Deutschland einzuhämmern. ›Erst hier in Amerika‹, setzt er hinzu, ›habe ich richtig verstanden, wie wichtig der europäische Integrationsprozeß ist. Es bleibt uns nichts übrig, wir müssen uns auf unsere eigene Kraft in Europa besinnen.‹ Und dann kommt wieder der Refrain: ›Nur starke Partner werden ernst genommen.‹« In »Die Zeit« vom 10. 2. 2000.

192 »Die Zeit« vom 31. 5. 2000.

193 Egon Bahr, Dresdener Rede vom 10. 3. 2002. Den Text mit dem Titel »Die Vergangenheit darf die Zukunft nicht behindern« hat der Autor dankenswerterweise zur Verfügung gestellt. Vgl. dazu auch Gunter Hofman in »Die Zeit« vom 27. 3. 2002.

194 »Die Zeit« vom 7. 2. 2002.

195 Auch außerhalb dieser Bereiche sind vielfältige Ansätze einer US-Amerikanisierung der europäischen Rechtskultur vorhanden. Zum Privatrecht führt beispielsweise Wolfgang Wiegand aus: »Will man verhindern, daß amerikanische Modelle die Konzepte europäischer

Rechtstradition und damit auch gesellschaftspolitische Lösungsansätze europäischer Kultur nach und nach verdrängen, ist eine Vereinheitlichung der Grundlagen des europäischen Privatrechts von allergrößter Bedeutung. Dies zum einen deshalb, weil damit eine unerläßliche Bedingung für das reibungslose Funktionieren des europäischen Binnenmarktes erfüllt werden könnte, dessen Effizienz den zukünftigen Einfluß Europas in den Weltmärkten maßgebend bestimmen und damit auch die geopolitische Positionierung das alten Kontinentes beeinflussen wird. Zum anderen ist wohl nur auf diese Weise ein den veränderten regionalen und globalen sozio-ökonomischen Gegebenheiten gerecht werdendes Rechtssystem auszubilden, das in der Lage ist, adäquate Lösungen anzubieten und sich damit im Rahmen der konzeptionellen globalen Konkurrenz zu behaupten.« Wiegand, S. 17.

196 So äußert sich zum Beispiel die Harvard-Professorin Mary Ann Glendon kritisch zur amerikanischen Tradition, aus politischen Forderungen Rechtsansprüche abzuleiten in »Rights Talk. The Impoverishment of Political Discourse«, New York 1991. Auch Ignatieff – ebenfalls Harvard-Professor – kritisiert die Sicht, daß Menschenrechte als Trumpfkarten in der politischen Auseinandersetzung betrachtet werden: Ignatieff, S. 46.

197 Kontinentaleuropäisch wird unterschieden zwischen dem öffentlichen Recht, welches die Dinge in der Tendenz »zwingend« regelt, während das Privatrecht jene Handlungen regelt, für die man sich frei entscheiden kann.

198 »Neue Zürcher Zeitung« vom 1. 2. 2002.

199 Unter dem Titel »Globalisierung – Notwendigkeit eines neuen ›ius gentium‹« greift Thürer die Frage nach der Einbindung multinationaler Gesellschaften in den internationalen Menschenrechtsschutz auf. In den »codes of conduct« für ethisches Verhalten der Wirtschaftsträger sieht er grundätzlich neue Entwicklungsmöglichkeiten, um dann aber folgendes festzuhalten: »Selbstregulierung des Unternehmensverhaltens und unverbindliche Verhaltensstandards, seien sie privater oder öffentlicher Natur, genügen auf die Dauer nicht, die dynamischen Abläufe einer globalisierten Wirtschaft in festen Bahnen zu halten.« Thürer 2000, S. 588.

200 Natürlich kann der Staat auch Opfer sein, zum Beispiel bei Vermögensdelikten, aber dann betrifft ihn das Delikt in gleicher Weise, wie es einen Privaten betreffen würde.

201 »Notstandsfest« sind das Recht auf Leben, das Verbot der Folter, der Sklaverei und Zwangsarbeit, das Rückwirkungsverbot strafrechtlicher Gesetze, das Verbot der Schuldhaft sowie die Gedanken-, Gewissens- und Religionsfreiheit.

202 So bezeichnen Stahn/Eiffler das Völkerstrafrecht, S. 269.

203 Die Geschichte der Entstehung der Allgemeinen Erklärung der Menschenrechte ist wiedergegeben bei Ignatieff, »Die Politik der Menschenrechte«.

204 Die Rechtsprechung des Europäischen Gerichtshofes für Menschenrechte beeinflußt vor allem die Rechtsordnungen der Mitgliedstaaten. Oft muß das Recht eines Staates in der Folge eines Urteils angepaßt werden, wohingegen sich die finanzielle Entschädigung der Beschwerdeführer manchmal eher symbolisch ausnimmt.

205 Stahn/Eiffler, S. 254 (Hervorhebung G. H.). Die Sicht, daß ein funktionierendes Staatswesen die beste Garantie für den Schutz der individuellen Menschenrechte ist, findet sich auch in US-amerikanischen Publikationen, so bei Ignatieff, S. 48.

209 Die im Mittelalter noch übliche Unterscheidung zwischen gerechten und ungerechten Kriegen wurde damit überwunden und durch das Völkerrecht ersetzt. Tönnies führt dazu erläuternd aus: »Es liegt eine Ironie darin, daß im Zuge der Entwicklung, die zur generellen Kriegsächtung führte, nicht zunächst der ungerechte, sondern ausgerechnet der gerechte Krieg geächtet wurde. Dieser Hergang ist aber plausibel: Die historische Erfahrung hatte gezeigt, daß die moralische Betrachtung die Konflikte nicht verminderte, sondern im Gegenteil vermehrte. Insbesondere der moralische Appell an Neutrale, Partei zu ergreifen, hatte sich als eskalationsgefährlich erwiesen. Nach dem Dreißigjährigen Krieg, in dem die religiös verpackte Moral so eine verhängnisvolle Rolle gespielt hatte, wollte man sich nicht mehr darüber hinwegtäuschen, daß die Frage von Krieg und Frieden in Wirklichkeit von der Staatsräson entschieden wird. In dieser Frage wurde deshalb die Einhaltung striktester Wertneutralität verabredet.« Tönnies, S. 831.

207 Die langsame Entwicklung des Souveränitätsbegriffes seit 1648 beschreibt Meister, S. 326ff.

208 Presseberichten zufolge seien bereits mehrere Al-Kaida-Mitglieder auf Wunsch der Vereinigten Staaten an »Länder übergeben worden, zu deren Geheimdiensten die CIA gute Verbindungen hat und in denen Folter erlaubt ist«. In »The Guardian« vom 12. 3. 2002, wiedergegeben in »Le Monde diplomatique«, deutschsprachige Ausgabe, Mai 2002, S. 3.

209 Unter dem Titel »Der hohe Preis der Moral« analysiert Kurt Imhof den Einzug der Moral in Politik und Wirtschaft. Er verwendet die Begriffe »Empörungskommunikation« sowie »Empörungsbewirtschaftung«, und er weist darauf hin, daß diese Entwicklung auch eine Folge der Deregulierung sei: »Neue Zürcher

Zeitung« vom 7. 6. 2002. Deregulierung bedeutet eine Abschwächung rechtlicher Ordnung. Für die Menschenrechte dürfte ein analoger Bezug ebenfalls gegeben sein: Remoralisierung geht auch hier Hand in Hand mit Deregulierung. Auf einen interessanten Aspekt weist Eppler im Zusammenhang mit dem Ausdruck »failed state« hin, der zur Bezeichnung zusammenbrechender Staatlichkeit üblich geworden ist: »Das englische ›fail‹ hat, wie sein deutsches Pendant ›fehlen‹ einen starken moralischen Beigeschmack. ›Ich habe vielfältig gefehlt‹ war noch im 19. Jahrhundert ein Sündenbekenntnis. ›Fail‹ kann mit ›scheitern‹ oder mit ›versagen‹ übersetzt werden. Beide Übersetzungen, die zweite mehr als die erste, enthalten eine moralische Komponente: Da ist jemand seinen Aufgaben nicht gerecht geworden. (...) Im ›failed state‹ steckt die ganze *Geringschätzung des Staates und seiner Funktionen,* die in den letzten Jahrzehnten Mode geworden ist.« Eppler, S. 83f. (Hervorhebung G. H.).

210 Preuß 2000, S. 136 (Hervorhebungen durch den Autor).

211 Vor einem »Menschenrechtsfundamentalismus« als Antwort auf einen Fundamentalismus, der sich in massiven Menschenrechtsverletzungen manifestiert, warnt Günther 1994, S. 142ff. Zum selben Begriff äußert sich auch Brunkhorst: »Während der Menschenrechtsfundamentalismus die demokratische Solidarität elitär und expertokratisch überragt, ist die Kultur der Menschenrechte mit der Demokratie auf gleicher Augenhöhe. Statt in einer anthropologisch verordneten Menschenwürde finden die Menschenrechte nur mehr im Verfahren ihrer demokratischen Positivierung eine Legitimationsbasis. (...) Deshalb bindet Kant 1795 den menschenrechtlichen Frieden an die Republik. Wer die Republik nicht will, so könnte man mit Kant sagen, wird den Frieden nicht bekommen.« Brunkhorst 1996, S. 259f.

212 Brunkhorst unterscheidet die beiden Einsatzformen auch dahingehend, daß der militärische Einsatz *hard power* auf *soft law* abstütze, während umgekehrt der polizeiliche Einsatz auf *hard law* basiere und *soft power* einsetze. Zu diesen Begriffen Brunkhorst 1996, S. 269.

213 Ein Beispiel dafür nennt Brunkhorst im Zusammenhang mit dem NATO-Einsatz gegen die Bundesrepublik Jugoslawien: »Wird internationales Notrecht mißbräuchlich in Anspruch genommen, kann ihm vielleicht im Fall der Bundesrepublik Deutschland durch Gerichtsbeschluß Nachachtung verschafft werden, kaum aber im Fall Chinas oder der USA. Deshalb war es ein Glücksfall, der dem entschlossenen Handeln einiger kontinentaleuropäischer Regierungen zu verdanken ist, daß die Militäraktion der

NATO durch eine nachträgliche Resolution des Sicherheitsrates vom 10. Juni zumindest indirekt legitimiert werden konnte. Ohne dieses Ergebnis, das durch eine Umfunktionierung der G 7-Wirtschaftsorganisation zu einer G 8-Organisation für Krisenmanagement politisch durchgesetzt wurde, ist zumindest eine irreparable Beschädigung des UN-Sicherheitssystems vermieden worden.« Brunkhorst 2000, S. 208.

214 »Neue Zürcher Zeitung« vom 19./20. 5 2001. Der Aufsatz von Imre Kertész findet sich unter dem Titel »Zeit der Entscheidung. Wird es auferstehen?! – Europa, von Osten aus betrachtet« in »Neue Zürcher Zeitung« vom 20./21. 1. 2001.

215 Diese Art der Einsicht wird auch als »Verfassungspatriotismus« bezeichnet. Eine Zusammenstellung verschiedener diesbezüglicher Konzepte findet sich bei Frankenberg, S. 146f.

216 Böckenförde 1976, S. 60.

217 Kants Gesammelte Schriften ab 1902, Akademie-Textausgabe, Berlin 1968, Kritik der praktischen Vernunft, Bd. V, S. 161. Biographische Hintergründe zu diesem Satz finden sich bei Carola Meier-Seethaler, S. 52ff.

218 Wenn hier von Europa die Rede ist, so muß der Vollständigkeit halber auch erwähnt werden, daß die Charta der UNO auf genau derselben Wertung basiert, daß nämlich das Universale den Vorrang hat vor dem Partikularen. Die sehr heikle und heute fast nicht mehr ansprechbare Frage, wie dieser Grundsatz während des Kalten Krieges zur Anwendung gelangte und warum er heute Gefahr läuft, in Vergessenheit zu geraten, erläutert Tönnies in ihrem Aufsatz »Weltfrieden und Völkerrecht«.

219 Vgl. das Zitat von Gellner, Anmerkung 132.

220 Das US-»State Department« ist nur für die Außenpolitik zuständig, im Außenverkehr bedient man sich der weltweiten Verkehrsform des traditionellen Nationalstaates.

221 Der Artikel in »Die Zeit« vom 15. 11. 2001 gibt die Rede wieder, welche Helmut Schmidt am 9. 11. 2001 in Lausanne gehalten hat, anläßlich der Verleihung einer Medaille durch die »Fondation Jean Monet pour l'Europe«, welche gleichzeitig an den früheren deutschen Bundeskanzler und den früheren französischen Präsidenten Valéry Giscard d'Estaing vergeben wurde.

222 Schutz des Lebens und der körperlichen Integrität beispielsweise gehören unzweifelhaft zum absoluten Kerngehalt. Umgekehrt nennt Otfried Höffe Situationen, in welchen die Berücksichtigung kultureller Traditionen zu anderen Beurteilungen führen können, als man sie im gesamten Westen vornehmen würde: »Dort, wo das Gemeinschaftsbewußtsein so stark wie in Afrika

ausgebildet ist, könnte ein Verstoß gegen die Menschenrechte sein, was im Westen als rechtsmoralisch legitim gilt, nämlich einen Straffälligen für viele Jahre hinter Gittern zu isolieren. Oder: Wo die Großfamilie heilig ist, verstößt gegen die Menschenrechte, wer Eltern im hohen Alter in ein Heim abschiebt. Ebenso wird dort der Gedanke der Menschenrechte verletzt, wo eine Kolonialregierung akephalen (›häuptlingslosen‹) Stämmen das Institut des Häuptlings aufzwingt.« Otfried Höffe: »Kein Geschenk, sondern Gabe. Identität im Verschiedenen – Menschenrechte im interkulturellen Diskurs« in »Frankfurter Rundschau« vom 1. 10. 1996 (Klammer durch den Autor gesetzt). Auf eine unterschiedliche kulturell-staatspolitische Gegebenheit Europas im Verhältnis zu den Vereinigten Staaten wurde bereits im zweiten Kapitel hingewiesen: Freiheitsrechte, insbesondere die Religionsfreiheit finden ihre Grenze in Europa an der Aufrechterhaltung der öffentlichen Ordnung, eine Schranke, die in den Vereinigten Staaten wenn überhaupt, dann viel zurückhaltender gehandhabt wird.

223 Im Hinblick auf die europäische Einigung sagt Eppler im Sinne einer Schlußfolgerung seines Buches: »Wir brauchen sie dringend, und die übrige Welt auch. Wenn wir uns einmal an so etwas wie europäische Innenpolitik gewöhnt haben, wird uns Welt-Innenpolitik nicht mehr schwerfallen.« Eppler, S. 154. Vgl. auch Anmerkung 167.

224 »Erneuerung verspricht nur das Volk, verstanden als ursprüngliche und reine Kraft. (...) Das Volk *ist* nur als Einheit, sonst ist es nichts. Damit sind alle demokratischen Partizipationsrechte zugunsten eines imaginären ›wir‹ getilgt. Weil es als imaginäres aber nur ›von oben‹ geschaffen werden kann, dient es letztlich als Legitimationsgrundlage einer autoritären Regierung.« So Christian Schlüter in »Die Zeit« vom 5. 10. 2000 (Hervorhebung durch den Autor).

225 Den Begriff »Betriebsangehöriger« verwendet Thomas Assheuer in »Die Zeit« vom 4. 4. 2002.

226 Zum Begriff der »Rechtsperson« vgl. Anmerkung 70.

227 Richard Herzinger: »Der Haß zum Tode. Liberale Diskursgesellschaft und rechte Gewalt« in »Die Zeit« vom 10. 8. 2000. Der Hinweis auf die aggressive Verwerfung der Aufklärung ist ebenfalls diesem Artikel entnommen.

228 Müller, S. VIII.

229 In einem 1988 erschienenen Aufsatz beschreibt Blanke die religiösen Grundlagen des amerikanischen Sendungsbewußtseins über die Jahrhunderte hinweg. Unter Berufung auf Henry Kissinger geht er davon aus, daß sich diese Tendenz eher abschwächen

werde, so daß er das folgende Zitat aus einer eigenen Publikation als die Vergangenheit betreffend wiedergibt: » Die McCarthyisten begannen damals ihren moralischen Kreuzzug gegen den ›Weltkommunismus‹; sie bezichtigten die Sowjetunion einer weltweiten Verschwörung gegen die ›Kinder des Lichts‹. Unter der Einwirkung dieser Rhetorik mit ihren simplizistischen Gegensatzpaaren von Gut und Böse, Lüge und Wahrheit, Licht und Finsternis, Freiheit und Knechtschaft gewann die amerikanische Weltpolitik damals Züge eines für das ›Welttheater‹ geschriebenen Moralitätenstückes.« Der Autor konnte damals nicht wissen, daß er bereits die Zukunft beschrieb, wie sie schon bald wieder zu beobachten sein sollte: Blanke, S. 203.

230 Stüwe, S. 469.

231 Kodalle, S. 21 (Hervorhebung durch den Autor).

232 In einem Ausblick auf das 21. Jahrhundert beurteilt Ulrich Schmid diese Situation folgendermaßen: »Daß die USA das kommende Jahrhundert noch einmal in dem Maße dominieren werden wird wie das zu Ende gehende, ist dennoch unwahrscheinlich. Länder wie China und Indien, eventuell sogar ein vereintes Europa und, etwas später, auch Rußland könnten das globale Kräfteverhältnis deutlich zu ihren Gunsten verschieben. Dies würde wohl dazu beitragen, daß Amerika den Rest der Welt wieder etwas bewußter wahrnehmen wird. Zu den erstaunlichsten Phänomenen des ausgehenden 20. Jahrhunderts gehört nämlich die Tatsache, daß inmitten von Globalisierung und Internationalismus, inmitten des Kults der computergesteuerten neuen ›Kommunikation‹ in Amerika die Abwendung von der Außenwelt das Leben bestimmt. Was Europa oder Asien tun oder denken, ist sekundär; was interessiert, ist Amerikanisches. Aus dieser kulturellen Introspektive werden die USA wohl erst wieder erwachen, wenn sich der Rest der Welt wieder etwas selbstbewußter zu Wort meldet.« In »Neue Zürcher Zeitung« vom 24./25. 7. 1999.

233 Das im zweiten Kapitel erwähnte »Statement of Interest« des Präsidenten der Vereinigten Staaten, in welchem dieser die Gerichte des Landes auffordert, anhängige Klagen gegen deutsche Unternehmen wegen Entschädigung von Zwangsarbeitern zu beenden und neue Klagen nicht mehr zuzulassen, weil dies »im Interesse der US-Außenpolitik« liege, ist vor diesem Hintergrund durchaus wirkungsvoll. Vgl. dazu auch Anmerkung 65.

234 Der Begriff »pragmatisch« wird meistens in positivem Bedeutungszusammenhang verwendet. In kritischem Bedeutungszusammenhang verwendet ihn der tschechische Präsident Václav Havel, der die beiden Begriffe »pragmatisch« und »moralisch«

gegenüberstellt, und zwar in einem Aufsatz über »Beneš und das ›tschechische Dilemma‹«: »Ich neigte immer und neige auch heute eher zu einer kritischen Meinung über seine (Beneš') Entscheidungen in diesen schicksalhaften Momenten. Diese Entscheidungen hatten nämlich etwas Gemeinsames: der moralischen wurde die sogenannte pragmatische Lösung vorgezogen. Was mich heute jedoch viel mehr als die ständige Kritik an Beneš wegen seiner Kapitulation vor dem Bösen interessiert, ist der Ursprung dieses Übels, dessen Entwicklung und die gesellschaftlichen Mechanismen seines Tolerierens.« In »Neue Zürcher Zeitung« vom 19. 4. 2002.

235 Die Situation ist erwähnt im »Bericht an die Parlamentarische Versammlung des Europarates zur Aufnahme Bosnien-Herzegowinas«, welcher dem Beitritt im April 2002 voranging (Avis de la Commission des questions juridiques et des droits de l'homme vom 5. 12. 2001).

236 Stüwe, S. 465. Die Vereinigten Staaten sind so sehr eine Glaubenssache, daß sogar einer der wenigen in der Beurteilung des Folgegeschehens der Terroranschläge »dissidenten« US-Parlamentarier seine Kritik in der Form eines Gebetes formulierte: »Laßt uns beten, daß unser Land diesen Krieg beendet. Wir haben nie einem endlosen Krieg zugestimmt, nie einen Angriff gegen den Irak, Iran oder Nordkorea autorisiert oder die Bombardierung afghanischer Zivilisten beschlossen. Wir haben nie für eine permanente Kriegswirtschaft, für Militärtribunale, für die Einschränkung unserer Verfassung gestimmt. Laßt uns beten für ein Amerika ohne Massenvernichtungswaffen, das keine ›Achse des Bösen‹ jagt, keine internationalen Verträge bricht, sondern eine Achse der Hoffnung bildet.« In »The Nation« vom 1. 3. 2002, wiedergegeben in »Le Monde diplomatique«, deutschsprachige Ausgabe, Mai 2002, S. 3.

237 Bender, S. 896.

238 Schulze 1990, S. 57.